携手构建人类命运共同体

——中国共产党与世界政党高层对话会文集

主 编◎宋 涛

当代世界出版社
THE CONTEMPORARY WORLD PRESS

图书在版编目（CIP）数据

携手构建人类命运共同体：中国共产党与世界政党高层对话会文集／宋涛主编. —北京：当代世界出版社，2018.3

ISBN 978 - 7 - 5090 - 1203 - 1

Ⅰ. ①携… Ⅱ. ①宋… Ⅲ. ①中外关系 - 文集 Ⅳ. ①D822 - 53

中国版本图书馆 CIP 数据核字（2018）第 042183 号

书　　名：**携手构建人类命运共同体：中国共产党与世界政党高层对话会文集**

出版发行：当代世界出版社

地　　址：北京市复兴路 4 号（100860）

网　　址：http://www.worldpress.org.cn

编务电话：（010）83907528

发行电话：（010）83908410

　　　　　（010）83908377

　　　　　（010）83908423（邮购）

　　　　　（010）83908410（传真）

经　　销：新华书店

印　　刷：北京毅峰迅捷印刷有限公司

开　　本：787 毫米×1092 毫米　　1/16

印　　张：18.75

字　　数：286 千字

版　　次：2018 年 6 月第 1 版

印　　次：2018 年 6 月第 1 次

书　　号：ISBN 978 - 7 - 5090 - 1203 - 1

定　　价：68.00 元

携手构建人类命运共同体

——中国共产党与世界政党高层对话会文集

编 辑 委 员 会

主　编：宋　涛

副主编：郭业洲　　徐绿平　　李　军　　王亚军　　沈蓓莉

编　委：（按汉语拼音顺序）

安月军	巢卫东	楚俊峰	丁　云	高铁英
季　平	金　鑫	李明祥	栾建章	缪卫诚
庞永三	钱放亮	钱乃成	孙海燕	王赫明
王家雷	王祖茂	俞小萱	袁智兵	张旭羿
赵　飞	赵世通	钟伟云	朱　锐	

出版说明

中国共产党与世界政党高层对话会以"构建人类命运共同体、共同建设美好世界：政党的责任"为主题，于 2017 年 12 月 1 日至 3 日在北京举行。中共中央总书记、国家主席习近平出席中国共产党与世界政党高层对话会开幕式，并发表题为《携手建设更加美好的世界》的主旨讲话，全面阐述了中国共产党关于构建人类命运共同体的主张，表达了中国共产党愿同各国政党一道，共促世界发展、共享世界繁荣、共掌世界命运的坚定决心。来自 120 多个国家的近 300 个政党和政治组织的领导人共 600 多名中外方代表出席了本次高层对话会。

为使广大读者更好地学习、理解中国共产党关于构建人类命运共同体的主张，全面反映中国共产党与世界政党高层对话会取得的丰硕成果，我们编辑了《携手构建人类命运共同体——中国共产党与世界政党高层对话会文集》一书。

本书编辑委员会
2018 年 3 月

目　录

二　嘉宾致辞

闭幕式

三　专题发言

新时代的中国共产党与世界

一　习近平新时代中国特色社会主义思想

二　新时代中国新发展、新理念

三　政党如何密切联系群众

四　干部选拔与培养

建设美好国家：政党的实践和经验

共建“一带一路”：政党的参与和贡献

一　促进政策沟通

二　增进民心相通

三　凝聚社会共识

四　附　录

一 重要文献

携手建设更加美好的世界

——在中国共产党与世界政党高层对话会上的主旨讲话
（2017 年 12 月 1 日，北京）

中共中央总书记、国家主席　习近平

尊敬的各国政党领导人，
女士们，先生们，朋友们：

大家下午好！今天，有机会同来自世界各国的政党和政治组织领导人一起出席中国共产党与世界政党高层对话会，我感到十分高兴。年终岁末，大家工作都很繁忙，仍抽出宝贵时间齐聚北京，共商合作大计，充分体现了大家对人类发展和世界前途的关心。

在这里，我谨代表中国共产党，并以我个人的名义，向远道而来的各国朋友表示热烈的欢迎！中共十九大召开时，很多政党和政治组织及其领导人来信来电表示祝贺，我愿利用今天的机会，向大家表示衷心的感谢！

中共十九大规划了中国从现在到本世纪中叶的发展蓝图，宣示了中方愿同各方推动构建人类命运共同体的真诚愿望。政党在国家政治生活中发挥着重要作用，也是推动人类文明进步的重要力量。在座各位是来自世界各国近 300 个政党和政治组织的领导

人。我愿同大家分享我们的心得。

女士们、先生们、朋友们！

古往今来，过上幸福美好生活始终是人类孜孜以求的梦想。在几千年文明发展史上，人类创造了灿烂的文明成果，但战争和冲突从未间断，加上各种自然灾害、疾病瘟疫，人类经历了无数的苦难，付出了惨痛的代价。今天，互联网、大数据、云计算、量子卫星、人工智能迅猛发展，人类生活的关联前所未有，同时人类面临的全球性问题数量之多、规模之大、程度之深也前所未有。世界各国人民前途命运越来越紧密地联系在一起。

面对这种局势，人类有两种选择。一种是，人们为了争权夺利恶性竞争甚至兵戎相见，这很可能带来灾难性危机。另一种是，人们顺应时代发展潮流，齐心协力应对挑战，开展全球性协作，这就将为构建人类命运共同体创造有利条件。我们要抓住历史机遇，作出正确选择，共同开创人类更加光明的未来。

中华民族拥有悠久历史和灿烂文明，但近代以后历经血与火的磨难。中国人民没有向命运屈服，而是奋起抗争、自强不息，经过长期奋斗，而今走上了实现中华民族伟大复兴的康庄大道。回顾历史，支撑我们这个古老民族走到今天的，支撑5000多年中华文明延绵至今的，是植根于中华民族血脉深处的文化基因。中华民族历来讲求"天下一家"，主张民胞物与、协和万邦、天下大同，憧憬"大道之行，天下为公"的美好世界。我们认为，世界各国尽管有这样那样的分歧矛盾，也免不了产生这样那样的磕磕碰碰，但世界各国人民都生活在同一片蓝天下、拥有同一个家园，应该是一家人。世界各国人民应该秉持"天下一家"理念，张开怀抱，彼此理解，求同存异，共同为构建人类命运共同体而努力。

2013 年，我首次提出构建人类命运共同体的倡议。我高兴地看到，中国同世界各国的友好合作不断拓展，人类命运共同体理念得到越来越多人的支持和赞同，这一倡议正在从理念转化为行动。

我提出"一带一路"倡议，就是要实践人类命运共同体理念。4 年来，共建"一带一路"已成为有关各国实现共同发展的巨大合作平台。涓涓细流汇成大海，点点星光点亮银河。我深信，只要各方树立人类命运共同体理念，一起来规划，一起来实践，一点一滴坚持努力，日积月累不懈奋斗，构建人类命运共同体的目标就一定能够实现。

女士们、先生们、朋友们！

人类命运共同体，顾名思义，就是每个民族、每个国家的前途命运都紧紧联系在一起，应该风雨同舟，荣辱与共，努力把我们生于斯、长于斯的这个星球建成一个和睦的大家庭，把世界各国人民对美好生活的向往变成现实。

——我们要努力建设一个远离恐惧、普遍安全的世界。纵观人类文明发展进程，尽管千百年来人类一直期盼永久和平，但战争从未远离，人类始终面临着战火的威胁。人类生存在同一个地球上，一国安全不能建立在别国不安全之上，别国面临的威胁也可能成为本国的挑战。面对日益复杂化、综合化的安全威胁，单打独斗不行，迷信武力更不行。我们应该坚持共同、综合、合作、可持续的新安全观，营造公平正义、共建共享的安全格局，共同消除引发战争的根源，共同解救被枪炮驱赶的民众，共同保护被战火烧灼的妇女儿童，让和平的阳光普照大地，让人人享有安宁祥和。

——我们要努力建设一个远离贫困、共同繁荣的世界。今天的世界，物质技术水平已经发展到古人难以想象的地步，但发展不平衡不充分问题仍然普遍存在，南北发展差距依然巨大，贫困和饥饿依然严重，新的数字鸿沟正在形成，世界上还有很多国家的民众生活在困境之中。如果奉行你输我赢、赢者通吃的老一套逻辑，如果采取尔虞我诈、以邻为壑的老一套办法，结果必然是封上了别人的门，也堵上了自己的路，侵蚀的是自己发展的根基，损害的是全人类的未来。我们应该坚持你好我好大家好的理念，推进开放、包容、普惠、平衡、共赢的经济全球化，创造全人类共同发展的良好条件，共同推动世界各国发展繁荣，共同消除许多国家民众依然面临的贫穷落后，共同为全球的孩子们营造衣食无忧的生活，让发展成果惠及世界各国，让人人享有富足安康。

——我们要努力建设一个远离封闭、开放包容的世界。中国有句古话："万物并育而不相害，道并行而不相悖。"文明的繁盛、人类的进步，离不开求同存异、开放包容，离不开文明交流、互学互鉴。历史呼唤着人类文明同放异彩，不同文明应该和谐共生、相得益彰，共同为人类发展提供精神力量。我们应该坚持世界是丰富多彩的、文明是多样的理念，让人类创造的各种文明交相辉映，编织出斑斓绚丽的图画，共同消除现实生活中的文化壁垒，共同抵制妨碍人类心灵互动的观念纰缪，共同打破阻碍人类交往的精神隔阂，让各种文明和谐共存，让人人享有文化滋养。

——我们要努力建设一个山清水秀、清洁美丽的世界。地球是人类的共同家园，也是人类到目前为止唯一的家园。现在，有人正在外太空为人类寻找新的家园，但这还是一个遥远的梦想。在可预见的将来，人类都要生活在地球之上。这是一个不可改变的事实。我们应该共同呵护好地球家园，为了我们自己，也为了子孙后代。我们应该坚持人与自然共生共存的理念，像对待生命一样对待生态环境，对自然心存敬畏，尊重自然、顺应自然、保护自然，共同保护不可替代的地球家园，共同医治生态环境的累累伤痕，共同营造和谐宜居的人类家园，让自然生态休养生息，让人人都享有绿水青山。

女士们、先生们、朋友们！

当前，世界格局在变，发展格局在变，各个政党都要顺应时代发展潮流、把握人类进步大势、顺应人民共同期待，把自身发展同国家、民族、人类的发展紧密结合在一起。我们应该志存高远、敢于担当，着眼本国和世界，着眼全局和长远，自觉担负起时代使命。我们应该深入体察民情，把民众需求转化为政党的理念、宗旨、目标，制定符合实际的实施方案。构建人类命运共同体，需要世界各国人民普遍参与。我们应该凝聚不同民族、不同信仰、不同文化、不同地域人民的共识，共襄构建人类命运共同体的伟业。

实现伟大梦想需要各方面智慧和力量。我们应该全方位、多层次、多角度集思广益，从实践中总结经验、寻找思路、升华思想、获取动力。不同国家的政党应该增进互信、加强沟通、密切协作，探索在新型国际关系的基础上建立求同存异、相互尊重、互学互鉴的新型政党关系，搭建多种形式、多种层次的国际政党交流合作网络，汇聚构建人类命运共同体的强大力量。

事要去做才能成就事业，路要去走才能开辟通途。构建人类命运共同体是一个历史过程，不可能一蹴而就，也不可能一帆风顺，需要付出长期艰苦的努力。为了构建人类命运共同体，我们应该锲而不舍、驰而不息进行努力，不能因现实复杂而放弃梦想，也不能因理想遥远而放弃追求。

女士们、先生们、朋友们！

中国共产党是为中国人民谋幸福的党，也是为人类进步事业而奋斗的党。中国共产党是世界上最大的政党。我说过，大就要有大的样子。中国共产党所做的一切，就是为中国人民谋幸福、为中华民族谋复兴、为人类谋和平与发展。我们要把自己的事情做好，这本身就是对构建人类命运共同体的贡献。我们也要通过推动中国发展给世界创造更多机遇，通过深化自身实践探索人类社会发展规律并同世界各国分享。我们不"输入"外国模式，也不"输出"中国模式，不会要求别国"复制"中国的做法。中国共产党将始终做到以下几条。

第一，一如既往为世界和平安宁作贡献。将近 100 年前，中国共产党在中国社会的剧烈动荡中诞生，成立时的任务之一就是结束中国从 19 世纪中叶起陷入的战乱频仍、民不聊生的悲惨境地。从 1921 年到 1949 年，为实现中国和平稳定、中国人民安居乐业，中国共产党团结带领中国人民进行了长达 28 年的武装斗争，付出了巨大牺牲。所以，中国共产党人深知和平的可贵，也具有维护和平的坚定决心。中国将高举和平、发展、合作、共赢的旗帜，始终不渝走和平发展道路，积极推进全球伙伴关系建设，主动参与国际热点难点问题的政治解决进程。目前，中国累计派出 3.6 万余人次维和人员，成为联合国维和行动的主要出兵国和出资国。此时此刻，2500 多名中国官兵正在 8 个维和任务区不畏艰苦和危险，维护着当地和平安宁。中国将积极参与全球治理体系改革和建设，推动国际政治经济秩序朝着更加公正合理的方向发展。中国无论发展到什么程度，都永远不称霸，永远不搞扩张。我们倡议世界各国政党同我们一道，做世界和平的建设者、全球发展的贡献者、国际秩序的维护者。

第二，一如既往为世界共同发展作贡献。中国共产党从人民中走来、依靠人民发展壮大，历来有着深厚的人民情怀，不仅对中国人民有着深厚情怀，而且对世界各国人民有着深厚情怀，不仅愿意为中国人民造福，也愿意为世界各国人民造福。长期以来，中国为广大发展中国家提供了大量无偿援助、优惠贷款，提供了大量技术支持、人员支持、智力支持，为广大发展中国家建成了大批经济社会发展和民生改善项目。今天，成千上万的中国科学家、工程师、企业家、技术人员、医务人员、教师、普通职工、志愿者等正奋斗在众多发展中国家广阔的土地上，同当地民众手拉手、肩并肩，帮助他们改变命运。根据中共十九大的安排，到 2020 年中国将全面建成小康社会，到 2035 年中国将基本实现社会主义现代化，到本世纪中叶中国将建成富强民主文明和谐美丽的社会主义现代化强国。这将造福中国人民，也将造福世界各国人民。我们倡议世界各国政党同我们一道，为世界创造更多合作机会，努力推动世界各国共同发展繁荣。

第三，一如既往为世界文明交流互鉴作贡献。他山之石，可以攻玉。中国共产党历来强调树立世界眼光，积极学习借鉴世界各国人民创造的文明成果，并结合中国实际加以运用。马克思主义就是中国共产党人从国外学来的科学真理。我们结合中国实际，不断推进马克思主义中国化时代化大众化，使之成为指导中国共产党领导中国人民不断前进的科学理论。中国共产党将以开放的眼光、开阔的胸怀对待世界各国人民的文明创造，愿意同世界各国人民和各国政党开展对话和交流合作，支持各国人民加强人文往来和民间友好。未来 5 年，中国共产党将向世界各国政党提供 1.5 万名人员来华交流的机会。我们倡议将中国共产党与世界政党高层对话会机制化，使之成为具有广泛代表性和国际影响力的高端政治对话平台。

女士们、先生们、朋友们！

2000 多年前，中国古代思想家孔子就说，益者三友，友直、友谅、友多闻。中国共产党愿广交天下朋友。长期以来，中国共产党同世界上 160 多个国家和地区的 400 多个政党和政治组织保持着经常性联系，"朋友圈"不断扩大。面向未来，中国共产党愿同世界各国政党加强往来，分享治党治国经验，开展文明交流对话，增进彼此战略信任，同世界各国人民一道，推动构建人类命运共同体，携手建设更加美好的世界！

最后，祝中国共产党与世界政党高层对话会圆满成功！

谢谢大家。

（新华社北京 12 月 1 日电）

（原载《人民日报》2017 年 12 月 2 日第 2 版）

中国共产党与世界政党高层对话会北京倡议

（2017 年 12 月 3 日，北京）

1. 我们，来自世界上 120 多个国家近 300 个政党和政治组织的领导人共 600 多名中外代表，于 2017 年 11 月 30 日至 12 月 3 日在中国北京出席由中共中央对外联络部主办的中国共产党与世界政党高层对话会。

2. 本次高层对话围绕"构建人类命运共同体、共同建设美好世界：政党的责任"这一主题，就"习近平新时代中国特色社会主义思想"、"新时代中国：新发展、新理念"、"创新世界、中国贡献"和"加强政党建设：政党的挑战和未来"、"建设美好国家：政党的实践和经验"、"共建'一带一路'：政党的参与和贡献"、"引领构建人类命运共同体：政党的角色和责任"等议题进行了广泛深入的对话交流，共同探讨人类社会未来发展方向和现实问题的应对之道，推动构建人类命运共同体，携手建设美好世界。会议达成广泛共识，取得圆满成功。

3. 我们看到，世界正处于大发展大变革大调整时期，和平与发展仍然是时代主题。世界多极化、经济全球化、社会信息化、文化多样化深入发展，全球治理体系和国际秩序变革加速推进，各国相互联系和依存日益加深，人类对美好生活的向往和需要日益上升。同时，世界面临的不稳定不确定性突出，世界经济复苏进程仍不稳固，经济增长动能不足，贫富分化日益严重，世界范围内发展不平衡不充分的问题进一步突显。世界安全形势复杂多变，地区热点问题此起彼伏，恐怖主义、网络安全、重大传染性疾病、气候变化等非传统安全威胁持续蔓延。我们生活的世界充满希望，也充满挑战，建设一个美好世界是我们共同的理想和心愿。

4. 我们认为，面对深刻复杂变化的国际形势，没有哪个国家能够独自应对人类面临的各种挑战，也没有哪个国家能够退回到自我封闭的孤岛。国家的命运掌握在本国人民手中，人类社会的命运掌握在世界各国人民手中。站在人类社会发展的十字路口，我们如何看、怎么走，决定了人类的前途和未来。我们应该树立命运与共的理念，改变独善其身的意识，摒弃二元对立的思维，推动构建人类命运共同体、携手建设美好世界。

5. 我们认为，只有各国共同坚持走和平发展道路，我们生活的世界才能更加安定美好。和平与发展是有机统一体，两者互为前提，互相促进。和平犹如空气和阳光，受益而不觉，失之则难存，和平是各国人民的永恒期望，也是实现发展的前提条件。同时，解决世界各种矛盾最终要靠发展，只有推动持续发展，才能从根本上维护世界和平。各国应恪守维护世界和平、促进共同发展的宗旨，坚定不移推进合作共赢，积极参与全球治理体系建设和变革，推动国际秩序朝着更加公正合理的方向发展。

6. 我们认为，推动建设相互尊重、公平正义、合作共赢的新型国际关系是构建人类命运共同体、建设美好世界的必然要求。相互尊重，就是要相互尊重主权、独立和领土完整，尊重各自选择的发展道路和价值理念，超越社会制度、意识形态和文化传统差异，以更加开放和包容的态度推动国与国之间的交流合作，在追求自身利益的同时兼顾别国的利益和合理关切。公平正义，就是要推动各国权利平等、机会平等和规则平等，世界上的事情由各国政府和人民共同商量来办；坚持联合国宪章宗旨和原则，确保国际法平等统一适用，不能"合则用、不合则弃"；要根据事情本身的是非曲直决定立场政策，不拉帮结派、不搞双重标准。合作共赢，就是要摒弃零和游戏、你输我赢的旧思维，树立双赢、共赢的新理念，通过协商和合作，实现利益共享和共同发展。

7. 我们看到，构建人类命运共同体无前例可鉴、无经验可循，但勇气和责任感将照亮我们前进的道路，给予我们不竭的动力。大家一起走，就能走得更远。在推动构建人类命运共同体、建设美好世界的过程中，政府、政党、议会、社会组织、公民等都应发挥积极作用。其中，政党作为国家政治生活的基本组织和重要力量，发挥着重要的政治引领作用。当前，持久和平、普遍安全、共同繁荣、开放包容、清洁美丽等日益成为世界各国人民对美好未来的期待，引领和推动世界朝着这个方向不断前进，是政党不可推卸的责任和使命所在。我们倡议世界各国政党同我们一道，做世界和平的建设者、全球发展的贡献者、国际秩序的维护者。不同国家的政党应增进互信、加强沟通、密切协作，探索在新型国际关系的基础上建立求同存异、相互尊重、互学互鉴的新型政党关系，汇聚构建人类命运共同体的强大力量。

8. 我们提倡，政党要做伙伴关系的推动者。对话不对抗、结伴不结盟是国与国交往的正确道路。各国应摒弃冷战思维和强权政治，不拉帮结派，不搞"小圈子"，在不断深化相互认知和谋求合作共赢的过程中，建设更加紧密的伙伴关系。大国要尊重彼此核心利益和重大关切，大国对小国要平等相待，义利兼顾、义重于利，邻国之间要与邻为善、以邻为伴。要把深海、极地、外空、互联网等领域打造成各方合作的新疆域，而不是相互博弈的竞技场。政党要保持思想和行动自觉，推动各国政府和人民增进相互理解，促进政策沟通和民心相通，为建设全球伙伴关系发挥更加积极的作用。

9. 我们提倡，政党要做世界和平的建设者。追求安全是人类的本能需求，我们要树立共同、综合、合作、可持续的新安全观，既有效维护国家安全，也推进全球安全治理。要坚持以对话解决争端、以协商化解分歧，尊重联合国发挥斡旋主渠道作用，推动解决传统安全和地区热点问题，合力应对恐怖主义等非传统安全威胁。政党应更具责任感和使命感，发挥更具建设性的作用，不断推动世界向远离恐怖、普遍安全的目标迈进。

10. 我们提倡，政党要做全球发展的促进者。各国要坚持同舟共济、合作共赢，不搞孤立主义、排他主义和保护主义。各国特别是主要经济体要加强宏观政策协调，维护世界贸易组织规则，支持多边贸易体制，促进贸易和投资便利化，推动建设开放型世界经济。同时，进一步完善全球经济金融治理，以共商共建共享为原则，推动有关机制和安排更加公正合理。更加关注弱势群体，集中力量精准扶贫，推动经济全球化朝着更加开放、包容、普惠、平衡、共赢的方向发展，减少全球发展不平衡不充分现象，使各国人民共享世界经济增长红利。在这一过程中，政党要更具创新性和行动力，兼顾本国人民发展和世界人民共同发展的需求，为世界创造更多合作机会，为建设一个远离贫困、共同繁荣的世界贡献更多智慧和方案。

11. 我们提倡，政党要做文明互鉴的践行者。文明差异不应成为世界冲突的根源，而应成为人类文明发展进步的动力。要尊重人类文明多样性，促进不同文明不同发展模式交流对话，在竞争比较中取长补短，在交流互鉴中共同发展。政党作为不同文明的传承者和弘扬者，尤其应该秉持和而不同的精神，推动各国以文明交流超越文明隔阂、文明互鉴超越文明冲突、文明共存超越文明优越，携手建设一个远离封闭、开放包容的世界。

12. 我们提倡，政党要做生态环境的守护者。人类共有一个家园，要树立生态文明理念，坚持尊崇自然、顺应自然、保护自然，形成人与自然、人与人、人与社会和谐共生、命运与共的局面。要倡导绿色、低碳、循环、可持续的生产生活方式，平衡推进 2030 年可持续发展议程，不断开拓生产发展、生活富裕、生态良好的文明发展道路。要共同推动《巴黎协定》实施，在公平分担前提下，积极做出更多自主贡献承诺。政党要着眼长远、面向未来，承担起为本代人、后代人和生态环境负责的重任，创新手段方式，为建设一个山清水秀、清洁美丽的世界作出更大贡献。

13. 我们高度评价以习近平总书记为核心的中国共产党和中国政府为推动构建人类命运共同体、建设美好世界所付出的巨大努力和作出的重要贡献。我们高兴地看到，"一带一路"建设逐渐从理念转化为行动，从愿景转变为现实，建设成果丰硕。中国在"一带一路"建设过程中提出的思想理念也日益深入人心，"共商共建共享"原则被纳入联合国决议，以和平合作、开放包容、互学互鉴、互利共赢为核心的丝路精神日益凝聚起广泛的共识，政策沟通、设施联通、贸易畅通、资金融通、民心相通也为国际和地区合作提供了重要思路。实践证明，"一带一路"倡议顺应时代潮流，符合各国人民利益，为推动构建人类命运共同体提供了实践平台，我们对此抱有热切期待和良好祝愿。

14. 我们高兴地看到，习近平新时代中国特色社会主义思想强调，要推动构建人类命运共同体，这表明中国共产党既是为中国人民谋幸福的政党，也是为人类进步事业而奋斗的政党，不仅关注本国人民福祉，也具备世界眼光和大党担当。我们也高度赞赏中共自我革命的勇气。中共十八大以来，以习近平总书记为核心的中共中央坚定不移推进全面从严治党，不断提高党的执政能力和领导水平，为中国取得的历史性成就、发生的历史性变革奠定了最坚实的基础，也为中国发挥负责任大国作用，为世界作出新的更大贡献提供了最重要的保障。

15. 我们满意地看到，作为中国共产党与世界政党高层对话会的配套活动，中方与非洲国家政党代表围绕"构建中非命运共同体：政党的使命和作用"、与中亚国家政党围绕"引领地方合作、共建'一带一路'"主题进行了坦诚深入的对话交流，取得了广泛共识。这些共识对于深化区域合作、推动构建区域和人类命运共同体具有深远的意义。我们认为，中国作为世界第二大经济体和世界上最大的发展中国家，其发展理念和成功实践对发展中国家消除贫困、加快发展具有重要的借鉴意义。政党对话在加深相互理解、交流治国理政经验、推动务实合作、增进政治互信等方面发挥着重要作用，国际社会应鼓励各国政党之间开展更多交流，搭建多种形式、多种层次的国际政党交流合作网络。我们倡议将中国共产党与世界政党高层对话会机制化，使之成为具有广泛代表性和国际影响力的高端政治对话平台。

16. 我们谨向中国共产党和中国政府领导人为本次对话会成功举办所给予的巨大支持表示诚挚谢意，向会议主办方中共中央对外联络部的热情接待、周到安排和各有关方面的大力支持、志愿者们的悉心服务表示衷心感谢，期待对话会再次举办！

（新华社北京 12 月 3 日电）

（原载《人民日报》2017 年 12 月 4 日第 3 版）

在中国共产党与世界政党高层对话会
闭幕式上的致辞

中共中央政治局委员、国务委员　杨洁篪

尊敬的各位嘉宾，女士们、先生们、朋友们：

大家上午好！

在大家的共同努力下，本次中国共产党与世界政党高层对话会已顺利完成各项议程，即将落下帷幕。刚才，大家一致通过了本次对话会的重要成果：《北京倡议》。这一成果反映了与会政党对构建人类命运共同体、携手建设美好世界的共同心愿，凝结着大家立足当前、面向未来的战略眼光和思想智慧，标志着在事关人类和平与发展的重大问题上，首次发出了世界政党的声音、提供了世界政党的方案。

三天来，我们共同分享了一场思想的盛宴，经历了一次心灵的启迪。在对话会开幕式上，中共中央总书记习近平同志发表了题为"携手建设更加美好的世界"的主旨演讲，再次全面阐述了中国共产党关于构建人类命运共同体的主张，表达了中国共产党愿同各国政党一道共促世界发展、共享世界繁荣、共掌世界命运的坚定决心。

在各场活动中，不同国家和不同派别的政党、政要、智库、学者、工商、媒体人士围绕会议主题，同台论道、共划未来，携手为各国人民迈向美好世界之路积极建言献策，气氛热烈，成果丰硕。在交流过程中，与会人员都不约而同地谈到习近平总书记、中国共产党和中国，给我们留下了非常深刻的印象，也感谢你们在发言中介绍了你们各国的经济、社会、政治发展的情况，并介绍了你们的治国治党的经验。下面，我想讲几点自己的看法：

（一）我们大家都高度评价习近平总书记的主旨讲话。大家一致认为，习近平总书记的演讲气势恢弘、视野开阔、思想深邃、意义重大，深刻阐述了中国共产党的世界观、价值观、发展观、治理观以及新时代中国特色大国外交的政策理念，展现了中国共产党直面人类共同挑战的政治勇气，凝结着中国博大精深的传统文化养成的思想智慧，彰显了中国义利兼顾的大国形象和责任担当，为人类前途命运问题提供了中国的方案和中国的路径，有利于进一步凝聚国际共识，团结各方力量共同应对全球性挑战，实现人们对更加美好世界的向往。

（二）高度肯定中国共产党的历史性贡献。大家一致认为，中国取得的历史性成就和发生的历史性变革，要归功于中国共产党坚强有力的领导，不能离开中共谈中国。此次对话会通过系统介绍中共十九大精神，向世界清晰呈现了新时代中国共产党的执政理念以及中国未来发展的宏伟蓝图，也使大家更加深刻地认识了中国共产党的地位和作用。十九大的理论和实践创新成果，不仅对中国发展具有里程碑意义，而且为其他国家，特别是广大发展中国家走向现代化提供了非常重要的参考，希望中国共产党更多地同国际社会分享自身治国理政的智慧理念和实践经验。

（三）高度期待中国进一步发挥引领作用。在中国共产党领导下，中国实现了从站起来、富起来到强起来的伟大飞跃，站在了新的历史起点上，国际影响力、感召力、塑造力获得空前提升，有能力也有责任为世界和平、发展、进步作出新的更大贡献。在世界处于大发展、大变革、大调整的时代背景下，解决共同难题、应对共同挑战离不开中国智慧、中国力量，期待中国在国际舞台上发挥更大的引领作用，不断推动构建人类命运共同体，共同建设更加美好的世界。

我想，我的中国同事们也从我们的来宾发言中得到了很多的启示，我们也了解了你们所代表的各个政党和代表的国家在经济、社会、政治发展道路上的各种深刻的思考和你们提出的各种想法。今天，我听了刚果（布）、斐济、意大利、苏丹朋友们的发言，对我来讲，感到受益匪浅。刚果（布）是我们的好朋友，习近平主席在中共十八大以后，就任国家主席以后首先访问的非洲国家之一就是刚果（布）。我们也高度赞扬斐济在应对气候变化方面所发挥的重要作用，中斐两国有着非常良好的合作关系，我们赞赏你们在联合国旗帜下、在维和方面所发挥的重要作用。苏丹是最大的非洲国家之一，苏丹克服各种困难，在自身国家的建设中不断地取得新的成就，我们对此表示祝贺。意大利的代表谈到，我们要摒弃老的思维方式，共同维护好我们这个美丽的星球。我们要站在二十一世纪的潮头上来观察世界，只有用新的思维，和衷共济，才可能创造一条为世界人民谋幸福的共同发展的道路。

女士们、先生们、朋友们！

构建人类命运共同体、携手建设更加美好的世界是一项伟大的事业，也是一项复杂的系统工程，需要发扬时不我待的精神，需要为之付出持之以恒、艰苦卓绝的努力。中国人常讲，计利当计天下利，求名当求万世名。这条路虽然任重道远，艰难曲折，但世界的和平与繁荣系于此，人民的安危和福祉系于此，为之倾注心血的每一个政党、每一位政治家都终将为历史所铭记。

三天来，大家围绕如何共建人类命运共同体，携手建设美好世界，进行了深入的讨论，借此机会，我们提出五点倡议：

第一，政党要自觉扛起历史责任。习近平总书记指出，政党和政治家应具有远见卓识和政治担当。当前，各国荣辱相连、命运与共的格局愈发凸显，政党和政治家需要把握时势，将自己的政治生命同人民的利益和人类的前途紧密联系起来，摒弃冷战思维和强权政治，坚持以对话解决争端，以协商化解分歧，统筹应对传统和非传统安全威胁，反对民粹主义、保护主义和极端民族主义，引领经济全球化朝着更加开放、包容、普惠、平衡、共赢的方向发展，推动构建相互尊重、公平正义、合作共赢的新型国际关系，始终做世界和平的建设者、全球发展的贡献者、国际秩序的维护者。

第二，政党要切实发扬实干精神。习近平总书记指出，我们需要的是立足实际又胸怀长远目标的实干，而不需要不甘寂寞、好高骛远的空想。美好世界决不会从天而降，自然成真，必须一步一个脚印的走，一件事情接着一件事情办，一年接着一年干。政党和政治家应当坚决摒弃坐而论道、夸夸其谈的虚浮作风，切实负起思想引领、组织动员、人才培养的政治责任，不仅把自己的家园建设好，而且积极推动各国增进共同利益、履行共同责任，建设好大家共同的家园，不断为构建人类命运共同体、共同建设更加美好的世界铺路搭桥。

第三，政党要全面树立创新意识。习近平总书记指出，创新是民族进步的灵魂，是一个国家兴旺发达的不竭源泉。创新不仅体现在实践层面，认识层面同样需要创新，不能总是以一个视角、固守一种理论看世界，而是要坚持多元的视角，发展的眼光，开放的视野。政党和政治家要把创新作为一种政治品格，敢于打破思维惯性、解放思想，以开放包容的心态、平等谦虚的姿态对待具有不同历史、不同宗教、不同制度的国家和民族，真正成为人民准确认识世界的"慧眼"和有效改造世界的"能手"。

第四，政党要始终坚持问题导向。问题是实践和创新的起点，抓住问题就能抓住"牛鼻子"。习近平总书记强调，我们中国共产党能干革命、搞建设、抓改革，从来都是为了解决中国的现实问题。当前，和平赤字、发展赤字、治理赤字、责任赤字，是人类面临的严峻挑战，政党和政治家要直面这些挑战，不断提升国内治理体系和治理能力现代化水平，不断完善全球治理体系和国际秩序，不断推进人类的和平和发展的崇高事业。中国提出"一带一路"倡议就是为了推动沿线国家和地区的和平、繁荣和安全，希望各国政党同中国共产党一道把"一带一路"建设事业继续推动下去，为构建人类命运共同体、共同建设更加美好的世界探索出一条新路来。

第五，政党要精心打造沟通平台。习近平总书记指出，国之交在于民相亲，民相亲在于心相通，实现民心相通是衡量和打造人类命运共同体、携手建设更加美好世界的关键指标。政党是文明的重要承载者，是实现民心相通的重要推动力量。中国共产党之所以创设中国共产党与世界政党高层对话会这一平台，就是想为文明对话创造条件，拉近人民之间心灵距离。几天来，大家都高度评价这一平台的重要作用，希望今后继续办下去。我知道有一些代表发了言，有一些代表虽然发了言，意犹未尽，有些代表机会还不够多，所以我们要把这一平台建设得更好，开展更多的对话来进行思想交流，实现人类共同的美好未来。

女士们、先生们、朋友们！

中国是一个具有天下情怀的国家，中国共产党是一个具有世界眼光的政党，为了人类的前途命运，中国共产党一直在路上，也会永远在路上。当前，中国特色社会主义已进入新时代，中国与世界的关系正在发生历史性的变化，中国共产党和国际社会比以往任何时候都更需要聆听对方的声音。我们衷心希望各国政党朋友能一如既往地关心和支持中国共产党，继续对我们的工作提出宝贵的意见，期待双方的友好合作关系进一步得到巩固和深化，共同为构建人类命运共同体、建设美好世界承担起政党的责任，贡献出政党的力量。

最后，祝大家健康幸福，工作顺利。祝我们的友谊长存，祝我们再相会。

谢谢大家。

(2017 年 12 月 3 日　北京)

坚定"四个自信"　作出中国贡献

——在中国共产党与世界政党高层对话会
十九大精神专题研讨会上的讲话

中共中央对外联络部　部长　宋　涛

尊敬的各位同事、各位嘉宾,

女士们、先生们、朋友们:

欢迎大家出席中共十九大精神专题研讨会。昨天下午,中共中央总书记习近平在对话会开幕式上发表了重要主旨讲话,深刻阐述了构建人类命运共同体、携手建设美好世界的丰富内涵和中国贡献,在与会代表中引起强烈反响和热烈讨论。今天我们举办这个研讨会,就是为了便于大家更好地了解中国共产党第十九次全国代表大会所宣示的执政理念和发展蓝图,更好地理解习近平总书记推动构建人类命运共同体、携手建设美好世界的重要主张。

中国共产党第十九次全国代表大会是在全面建成小康社会决胜阶段、中国特色社会主义进入新时代的关键时期、世界面临大发展、大变革、大调整的时代背景下召开的一次十分重要的大会。大会前后,外国政党政要和各界人士向我们发来祝贺大会召开和习近平总书记当选的贺电(函)1400多份,表达了对中国共产党的肯定和信心、表达了对习近平总书记的祝福和期待。借此机会表示衷心的感谢!

中共十九大召开前后,许多外国朋友热情邀请我们往访介绍十九大精神,希望及时了解中国共产党的理论和实践创新成果。我们愿与世界各国政党坦诚交流治党治国理政经验,互学互鉴,促进共同发展。中国取得的历史性飞跃和巨大发展成就,都是在中国共产党领导下取得的,最根本的就在于我们党找到了一条符合我国国情的发展道路，集中体现为对我们党道路、理论、制度和文化的"四个自信"。下面，我从这个角度就中共十九大精神对中国和世界的意义谈几点看法。

第一，坚定道路自信，始终走符合国情的发展道路。

习近平总书记指出，无论搞革命、搞建设、搞改革，道路问题都是最根本的问题，是关系党的事业兴衰成败第一位的问题。道路决定命运。近代以来，积贫积弱的中国为了寻找一条通向现代化的道路，"君主立宪制、复辟帝制、议会制、多党制、总统制都想过了、试过了，结果都行不通"，最终在中国共产党的带领下走上了将马克思主义基本原理同中国实际相结合的革命与建设道路，并在改革开放以后走上了中国特色社会主义道路。这条道路既坚持以经济建设为中心，又全面推进经济、政治、文化、社会、生态文明以及其他各方面建设；既坚持四项基本原则，又坚持改革开放；既不断解放和发展社会生产力，又逐步实现全体人民共同富裕、促进人的全面发展。改革开放以来中国取得的巨大发展成就表明，这条路我们走对了，而且越走越快、越走越宽。

中国特色社会主义道路之所以走得通，从根本上讲是因为它根植于中国大地，符合中国国情，反映中国人民意愿。正如习近平总书记指出的，它是在改革开放30多年的伟大实践中走出来的，是在中华人民共和国成立60多年的持续探索中走出来的，是在对近代以来170多年中华民族发展历程的深刻总结中走出来的，是在对中华民族5000多年悠久文明的传承中走出来的。这"四个走出来"表明这条路具有深厚的历史渊源和广泛的现实基础，具有强大的生命力和光明的前景，是我们道路自信的源泉。我们坚定不移走这条路，用几十年时间走完了发达国家几百年走过的历程，把中国特色社会主义推进到新时代，近代以来久经磨难的中华民族实现了从站起来、富起来到强起来的伟大飞跃，拓展了发展中国家走向现代化的路径，给世界上那些既希望加快发展又希望保持自身独立性的国家和民族提供了全新选择。

中国走过的路程表明，一个国家、一个民族，只有找到符合本国国情的发展道路，才能实现国家繁荣富强和人民幸福安康。习近平总书记强调，"鞋合不合脚，自己穿了才知道"。任何道路都不能脱离特定的经济社会条件和历史文化传统。一个国家的发展道路合不合适，只有这个国家的人民最有发言权。所以我们在国际上大声呼吁要尊重各国人民自主选择发展道路的权利，反对强加于人，反对干涉内政。我们愿意同各国政党开展治国理政经验交流，但不会"输出"中国模式，也不会要求别国"复制"中国的做法。

第二，坚定理论自信，不断推进马克思主义中国化。

习近平总书记指出，中国特色社会主义理论体系是指导党和人民实现中华民族伟大复兴的正确理论。"理论是行动的先导"。作为一个马克思主义政党，中国共产党从诞生那天开始就非常重视理论建设与创新，先后解决了新民主主义革命道路、在经济文化落后国家建设社会主义、在社会主义国家实行市场经济改革等重大理论难题，形成了包括毛泽东思想、邓小平理论、"三个代表"重要思想、科学发展观、习近平新时代中国特色社会主义思想在内的科学理论体系。这个理论体系，是马克思主义基本原理同中国实际相结合的产物，是全体共产党人集体智慧的结晶，体现了我们党锐意创新、与时俱进的理论品格，是我们党始终保持蓬勃生命力、创造力的关键所在。

习近平新时代中国特色社会主义思想是中共十九大最突出的理论贡献，这一重要思想深化了对共产党执政规律、社会主义建设规律、人类社会发展规律的认识，系统回答了在新的时代条件下，坚持和发展什么样的中国特色社会主义、怎样坚持和发展中国特色社会主义的重大时代课题，是马克思主义中国化的最新成果，是全党全国人民为实现中华民族伟大复兴而奋斗的行动指南。十八大以来，党和国家各项事业之所以取得历史性成就，发生历史性变革，就在于有习近平新时代中国特色社会主义思想的科学指引。

中国共产党不断推进理论建设和创新的成功事实表明，要想取得重大实践突破，必须在理论上进行自主创新，不能拾人牙慧、照搬照抄。作为后发国家，只有克服"本土理论自卑"和"理论创新惰性"，跳出他人的话语体系和理论束缚，根据本国本党实际情况进行理论建设和创新，方能形成符合自身实际、能够解决问题的强大思想武器。

第三，坚定制度自信，全面推进党的建设伟大工程。

习近平总书记指出，中国特色社会主义制度是当代中国发展进步的根本制度保证。经过长期探索，中国形成了一套适合基本国情、符合经济社会发展要求的制度，包括人民代表大会制度的根本政治制度，以公有制为主体、多种所有制经济共同发展的基本经济制度和中国特色社会主义法律体系。这套制度最本质的特征和最大的优势就是中国共产党的领导。习近平总书记强调，党政军民学，东西南北中，党是领导一切的。这一条已作为根本政治原则写入新修订的《中国共产党章程》，为我们最大限度地凝聚各方力量，发挥集中力量办大事的制度优势，抓住机遇、攻坚克难，夺取新时代中国特色社会主义新胜利提供了强大的制度保障。

习近平总书记多次强调，办好中国的事，关键在党，要坚持党要管党、从严治党，把党建作为最大的政绩。十八大以来，我们党把全面从严治党纳入四个全面战略布局，由作风建设切入，从最高领导层做起，开启了整饬党的作风、加强党的建设的新征程。特别是面对反腐败这一世界难题，我们党重拳出击，坚持无禁区、全覆盖、零容忍，取得反腐败斗争的压倒性胜利。党的十九大对新时代党的建设提出新要求、作出新部署，强调要把政治建设摆在首位，确保全党服从中央，强化党中央权威和集中统一领导，一个风清气正、团结奋进的政治局面正在形成。

党的建设永远在路上。习近平总书记告诫全党，"在全面从严治党这个问题上，我们不能有差不多了，该松口气、歇歇脚的想法，不能有打好一仗就一劳永逸的想法，不能有初见成效就见好就收的想法。"我们相信，只有坚持不懈抓好党建，我们党才有凝聚力、感召力、战斗力，才能为世界作出更大的贡献。

第四，坚定文化自信，为解决人类问题贡献中国智慧。

习近平总书记指出，"文化自信，是更基础、更广泛、更深厚的自信"。我们坚定中国特色社会主义道路、理论和制度自信，说到底是坚持文化自信。"在5000多年文明发展中孕育的中华优秀传统文化，在党和人民伟大斗争中孕育的革命文化和社会主义先进文化，积淀着中华民族最深层的精神追求，代表着中华民族独特的精神标识。"在十九大报告中，习近平总书记进一步指出"没有高度的文化自信，没有文化的繁荣兴盛，就没有中华民族伟大复兴。"

　　我们党之所以高度重视和反复强调文化自信的重要性，是因为文化是一个国家、一个民族的灵魂，也是一个国家、一个民族最大的实际。中国特色社会主义的道路、理论和制度选择是与我们的历史文化传统分不开的，从本源的意义上，中国的成功就是中国文化的成功，要寻找中国共产党成功的密码必须到中国文化中去寻找。党的十八大以来，我们党坚持以人民为中心的价值取向就与中国文化的民本思想一脉相承，我们协调推进"四个全面"战略布局与中国文化中的整体思维密不可分，我们坚持走和平发展道路与中国文化的"和为贵"、协和万邦传统，我们倡导构建人类命运共同体与中国文化的"世界大同"理想，我们推动构建新型国际关系与中国文化"和而不同"、开放包容理念等等都是一以贯之的，都是在"不忘本来、吸收外来、面向未来"基础上的创造性转化和创新性发展，必将为实现中华民族伟大复兴的中国梦提供强大内生动力。

　　我们相信，中国文化中蕴含的智慧可以为解决当前国际社会面临的一些突出问题和挑战提供新的思路和选择。

　　女士们，先生们，朋友们！

　　中国共产党是为中国人民谋幸福的党，也是为人类进步事业而奋斗的党。我们有理由自信，但不会自满，更不会对外输出道路、理论、制度和文化。我们愿与各国各党坦诚交流，互学互鉴、深化合作，为构建人类命运共同体、携手建设美好世界作出新的更大贡献。

　　谢谢大家！

（2017 年 12 月 2 日　北京）

共同开创人类更加光明的未来

——一论习近平总书记中国共产党与世界政党高层对话会主旨讲话

本报评论员

政党是推动人类文明进步的重要力量。面对人类对美好生活的向往，政党如何担负起自己的责任和使命？这是全球各类政党面临的一个共同命题。

在中国人民迈入新时代、开启新征程之际，中国共产党首次与全球各类政党举行高层对话，来自世界各国近 300 个政党和政治组织的领导人齐聚北京、共商大计，这是政党政治史上具有开创性意义的大事。规模空前的全球性盛会，体现了世界对中国发展成就的认可、对中国共产党执政成绩的认可。人们期望分享中国共产党治国理政的成功经验，分享解决人类面临难题的中国智慧和中国方案。

"我们要抓住历史机遇，作出正确选择，共同开创人类更加光明的未来。"对话会上，习近平总书记发表主旨讲话，立足世界政党的共同责任，着眼人类发展和世界前途，深情描绘了人类命运共同体的美好图景，深入阐述了建设一个什么样的美好世界、怎样建设美好世界的四点意见，明确宣示了中国共产党为世界作贡献的三点主张，充分彰显了中华民族的天下情怀，充分展示了中国共产党的责任担当，赢得与会嘉宾的高度共识。

我们共同生活的这个星球，已经越来越成为你中有我、我中有你的命运共同体。为了过上幸福美好的生活，人类一方面创造了灿烂的文明成果，另一方面经历了无数苦难，付出了惨痛代价；一方面人类生活的关联前所未有，另一方面人类面临的全球性问题数量之多、规模之大、程度之深也前所未有。面向未来，构建人类命运共同体是大势，共同开创人类更加光明的未来是大道。把自身发展同国家、民族、人类的发展紧密结合在一起，自觉担负起时代使命，是世界各个政党的责任。

如何把各国人民对美好生活的向往变成现实？关键就是按习近平总书记倡议的四点意见，努力建设一个远离恐惧、普遍安全的世界，建设一个远离贫困、共同繁荣的世界，建设一个远离封闭、开放包容的世界，建设一个山清水秀、清洁美丽的世界。这样的美好世界，道出了各国人民的共同心声。不同国家的政党只有增进互信、加强沟通、密切协作，建立求同存异、相互尊重、互学互鉴的新型政党关系，搭建多种形式、多种层次的国际政党交流合作网络，才能汇聚起构建人类命运共同体的强大力量。

"天下非一人之天下也，天下之天下也"。中华民族秉承"世界大同，天下一家"的历史底蕴，抱守"协和万邦""和实生物"的文化精神，憧憬"大道之行，天下为公"的美好世界。在全球交往中，始终认为各国人民都生活在同一片蓝天下、拥有同一个家园，应该是一家人。中国共产党所做的一切，就是为中国人民谋幸福、为中华民族谋复兴、为人类谋和平与发展。几年来，从提出构建人类命运共同体的倡议，到推动"一带一路"建设，再到这次与全球各类政党举行高层对话，中国共产党坚持以实际行动兑现自己的诺言，以不懈努力担负起自己的政党责任。今后，中国共产党还将一如既往为世界和平安宁作贡献，为世界共同发展作贡献，为世界文明交流互鉴作贡献。

"理者，物之固然，事之所以然也。"顺应时代发展潮流、把握人类进步大势、顺应人民共同期待，世界各个政党共同肩负起自己的责任和使命，一个更加光明的未来可期，建设一个更加美好的世界可为。

（原载《人民日报》2017 年 12 月 2 日第 2 版）

把各国人民对美好生活的向往变成现实

——二论习近平总书记中国共产党与世界政党高层对话会主旨讲话

本报评论员

过上幸福美好生活是人类孜孜以求的梦想，把世界各国人民对美好生活的向往变成现实是世界各个政党的责任。

"人类命运共同体，顾名思义，就是每个民族、每个国家的前途命运都紧紧联系在一起，应该风雨同舟，荣辱与共，努力把我们生于斯、长于斯的这个星球建成一个和睦的大家庭，把世界各国人民对美好生活的向往变成现实。"在中国共产党与世界政党高层对话会上，习近平总书记深情描绘了人类命运共同体的美好图景，明确提出了建设美好世界的"四点倡议"，热情呼吁世界各个政党共襄构建人类命运共同体的伟业，赢得与会政党和政治组织领导人的赞同，在国际社会引起广泛关注。

不同国家的人民，尽管语言有别，生活方式不同，但对我们共同生活的这个世界，都有一些共同期待。我们要努力建设一个远离恐惧、普遍安全的世界，建设一个远离贫困、共同繁荣的世界，建设一个远离封闭、开放包容的世界，建设一个山清水秀、清洁美丽的世界。习近平总书记提出的建设美好世界的这"四点倡议"，把握的是世界各国人民对美好世界的共同期待，倡导的是把美好梦想变成灿烂现实的天下情怀和政党责任。

建设这样的美好世界，构建人类命运共同体是必由之路。只有坚持共同、综合、合作、可持续的新安全观，营造公平正义、共建共享的安全格局，才能让和平的阳光普照大地，让人人享有安宁祥和；只有坚持你好我好大家好的理念，推进开放、包容、普惠、平衡、共赢的经济全球化，创造全人类共同发展的良好条件，才能让发展成果惠及世界各国，让人人享有富足安康；只有坚持世界是丰富多彩的、文明是多样的理念，让人类创造的各种文明交相辉映，编织出斑斓绚丽的图画，才能让各种文明和谐共存，让人人享有文化滋养；只有坚持人与自然共生共存的理念，像对待生命一样对待生态环境，对自然心存敬畏，尊重自然、顺应自然、保护自然，才能让自然生态休养生息，让人人都享有绿水青山。

建设这样的美好世界，关键就在世界各个政党自觉担负起时代使命。构建人类命运共同体，需要各个政党凝聚不同民族、不同信仰、不同文化、不同地域人民的共识，共襄构建人类命运共同体的伟业；需要不同国家的政党增进互信、加强沟通、密切协作，建立求同存异、相互尊重、互学互鉴的新型政党关系，搭建多种形式、多种层次的国际政党交流合作网络，汇聚构建人类命运共同体的强大力量。构建人类命运共同体是一个历史过程，不可能一蹴而就，也不可能一帆风顺，需要付出长期艰苦的努力。各个政党锲而不舍、驰而不息，不因现实复杂而放弃梦想，不因理想遥远而放弃追求，构建人类命运共同体的目标就一定能够实现。

文学家说：现实是此岸，理想是彼岸，中间隔着湍急的河流，行动则是架在河流上的桥梁。只要世界各个政党齐心协力应对挑战，携手建设更加美好的世界，就没有什么样的河流不能迈过，没有什么样的彼岸不能抵达，就一定能把世界各国人民对美好生活的向往变成灿烂的现实。

（原载《人民日报》2017 年 12 月 3 日第 1 版）

为人类进步事业继续奋斗

——三论习近平总书记中国共产党与世界政党高层对话会主旨讲话

本报评论员

为中国人民谋幸福，也为人类进步事业而奋斗。这是中国共产党赋予自己的神圣使命，彰显了马克思主义政党的胸襟与气度。

　　一如既往为世界和平安宁作贡献；一如既往为世界共同发展作贡献；一如既往为世界文明交流互鉴作贡献。在中国共产党与世界政党高层对话会上发表的主旨讲话中，习近平总书记以"三个一如既往"向世人郑重宣示，中国共产党为人类进步事业继续奋斗的坚强决心和坚定信念。铿锵有力的话语，坚定不移的意志，生动写照了中国共产党人宽广的世界视野、深厚的天下情怀和勇毅的时代担当。

　　中国共产党是世界上最大的政党。习近平总书记一再强调："大就要有大的样子。"大国大党，何谓其大？就是要有大抱负，大格局，大境界，大担当。归结为一点，就是习近平总书记在主旨讲话中所宣示的："中国共产党所做的一切，就是为中国人民谋幸福、为中华民族谋复兴、为人类谋和平与发展。"自诞生以来，我们党就以此为使命，为之而奋斗，创造了一个又一个彪炳史册的人间奇迹，成就了世界政党政治史上的治理传奇。党的十八大以来，从提出构建人类命运共同体理念，到推动"一带一路"建设，再到通过推动中国发展给世界创造更多机遇、通过深化自身实践探索人类社会发展规律并同世界各国分享，中国共产党不"输入"外国模式，也不"输出"中国模式，不要求别国"复制"中国的做法，始终坚持为世界和平与发展贡献中国智慧和中国力量，为人类进步事业不断创造新成就。

　　100多年来全人类的共同愿望，就是和平与发展。中国共产党秉承"以和邦国""和实生物"的文化精神，深知和平的可贵、发展的价值，始终不渝走和平发展道路、奉行互利共赢的开放战略。历史已经证明，中国越是发展壮大，就越会成为促进世界和平与发展的坚定力量。习近平总书记宣示中国共产党一如既往为世界和平安宁作贡献、为世界共同发展作贡献，彰显的正是促进世界和平与发展的信念与决心。习近平总书记倡议世界各国政党同我们一道，"做世界和平的建设者、全球发展的贡献者、国际秩序的维护者""为世界创造更多合作机会，努力推动世界各国共同发展繁荣"，期许的正是维护世界和平与发展力量的不断壮大，让和平的薪火代代相传，让发展的动力源源不断。

　　"万物并育而不相害，道并行而不相悖。"文明的繁盛、人类的进步，离不开求同存异、开放包容，离不开文明交流、互学互鉴。中国共产党历来强调树立世界眼光，积极学习借鉴世界各国人民创造的文明成果，并结合中国实际加以运用。习近平总书记宣示中国共产党一如既往为世界文明交流互鉴作贡献，展示的正是对待世界各国人民文明创造的开阔胸怀，体现的正是"以文明交流超越文明隔阂、文明互鉴超越文明冲突、文明共存超越文明优越"的崇高追求。历史呼唤着人类文明同放异彩，不同文明理应和谐共生、相得益彰，共同为人类发展提供精神力量。

2000 多年前，中国古代思想家孔子就提出，益者三友，友直、友谅、友多闻。迈进新时代、开启新征程的中国共产党，愿广交天下朋友，同世界各国人民一道，携手推动构建人类命运共同体，为建设一个更加美好的世界继续奋斗、不懈努力。

（原载《人民日报》2017 年 12 月 4 日第 1 版）

同在蓝天下，应是一家人

——携手建设更加美好的世界（1）

陈家兴

"世界各国人民都生活在同一片蓝天下、拥有同一个家园，应该是一家人"；

"世界各国人民应该秉持'天下一家'理念，张开怀抱，彼此理解，求同存异，共同为构建人类命运共同体而努力。"

在中国共产党与世界政党高层对话会上，习近平总书记的一番深情话语，展现了共产党人的天下胸怀，体现着东方哲学的文化精髓，也蕴藏了深厚的中国智慧，引发人们对中国人天下观念的探究。

"光天之下，至于海隅苍生"。中国古人很早就涵养了天下观，观察的范围是整个世界，体察的对象是全人类；很早就意识到"以国为天下，天下不可为也"，要"以天下观天下"。如梁漱溟所言："中国人是富于世界观念的，狭隘的国家主义和民族主义在中国都没有，中国人对于世界向来是一视同仁。"钱穆在《现代中国学术论衡》中称"西方人则于国之上并无一天下观，至今仍仅有一国际观。"可以说，今天中国人的天下观，富于优秀传统文化的滋养，自有其独特的视野与境界、气度与格局。

事实上，这种"至大无外"的天下观，从逻辑上就"排除了不可化解的死敌、绝对异己或者精神敌人的概念"，从文化上决定了今天中国人与世界交往的观念与方法。"世界大同，天下一家""无偏无党，王道荡荡""和羹之美，在于合异""亲仁善邻，国之宝也"……习近平总书记在各个场合引用这些中国古代哲学概念，用以深刻思考人类命运和各国交往之道，生动阐明中国人与天下共处的理念法则。这样的观念，迥异于今日西方一些主流国际关系理论，充满了中国智慧，也决定了我们解决国家之间问题的思维与方法，着眼的不是战胜征服，而是合作共赢。在我们的文化意识里，全人类通常被看成一个大家庭，尽管各国有这样那样的分歧矛盾，免不了这样那样的磕磕碰碰，但既为一家人，有矛盾要去化解而不是去征服，有磕碰要去协和而不是去敌对。

"每个民族、每个国家的前途命运都紧紧联系在一起，应该风雨同舟，荣辱与共，努力把我们生于斯、长于斯的这个星球建成一个和睦的大家庭"，习近平总书记对人类命运共同体的描绘，彰显的正是中国共产党人的天下格局与情怀。秉承"以天下为一家"的历史底蕴，抱守"协和万邦""不和不生"的文化精神，憧憬"大道之行，天下为公"的美好世界，中国共产党人始终具有为人类作贡献的远大抱负。

从 2013 年首次提出构建人类命运共同体倡议，到阐述"独行快，众行远""吹灭别人的灯，会烧掉自己的胡子"等理念，再到搭建"一带一路"等共同发展的合作平台，习近平主席"构建人类命运共同体"高屋建瓴的擘画与亲力亲为的推动，赢得了越来越多的支持和赞同。构建人类命运共同体，内蕴的正是 5000 年中华民族文明史与中华文化天下观的血脉基因，着眼的正是本国和世界、全局和长远的大势，体现的正是解决人类面临难题的中国智慧。今天，构建人类命运共同体正成为大势，共创人类更加光明未来正成为大道，共襄构建人类命运共同体伟业正成为大任。

瞻望人类未来，是恶性竞争、兵戎相见，还是顺应潮流、同舟共济？面对两种局势，正确选择只有一个。各国人民前途命运如此紧密相连，唯有搭乘构建人类命运共同体这艘"诺亚方舟"，方能驶向光明未来的彼岸。同在蓝天下，应是一家人，也定能成为一家人。

（原载《人民日报》2017年12月7日第4版）

点点星光点亮银河

——携手建设更加美好的世界（2）

李洪兴

在中国，RH阴性血型十分稀有，被称为"熊猫血"。哈萨克斯坦留学生鲁斯兰正是这种血型。他在海南大学读书期间，自2009年起参加无偿献血，每年两次。鲁斯兰说："我觉得应该帮助别人，献血是我应该做的。"

在也门撤侨行动中，中国军舰搭载176名巴基斯坦公民从亚丁港撤离，巴基斯坦军舰协助从穆卡拉港撤离8名中国留学生。巴方军舰指挥官下达命令："只要中国留学生不到，我们的军舰就不离港。"

习近平主席讲述过很多"一带一路"的动人故事，这是其中两个，生动体现了"一带一路"的民心相通。"一带一路"倡议之初，沿线国家有的也曾半信半疑、犹豫观望，但最终在中国的信念与行动中日渐同频共振，日益实现政策沟通、设施联通、贸易畅通、资金融通、民心相通。几年来，各国不断汇聚、共建共享，恰如点点星光，点亮了"一带一路"，成为有关各国实现共同发展的巨大合作平台。

"涓涓细流汇成大海，点点星光点亮银河。"在中国共产党与世界政党高层对话会上，习近平总书记这句诗意的表达，是"一带一路"建设的生动写照，也是对构建人类命运共同体的殷切期许。作为人类命运共同体理念的有力实践，"一带一路"建设启示我们，只要各方树立人类命运共同体理念，一起来规划，一起来实践，一点一滴坚持努力，日积月累不懈奋斗，就一定如点点星光般，一起点亮人类命运共同体的苍穹。

"每个民族、每个国家的前途命运都紧紧联系在一起，应该风雨同舟，荣辱与共"，习近平总书记的主旨讲话，对构建人类命运共同体思想作出了深入阐释，提出了构建人类命运共同体的目标、路径、办法，充满了对世界前途命运的深刻思考。从联合国决议首次写入构建人类命运共同体理念，到国际社会评价"习近平为创建和维持一个更美好、更和平的世界勾画了蓝图"，人类命运共同体理念更加深入人心。今天，当世界各国人民的前途命运越来越紧密地联系在一起，齐心协力、互利合作才能应对挑战，实现共赢。以天下为己任，构建人类命运共同体、建设更加美好的世界，是我们的时代使命。

在高层对话会开幕当天，一幅巨型国画摆放在人民大会堂东大厅，各国政党政要纷纷驻足。40 个国家的 33 种花卉树木跃然纸上，展现了人类命运休戚与共、各国人民和谐共生的美好愿景。构建人类命运共同体，好比这样一幅壮美画卷，有百花的绽放才有满园春色。"大厦之成，非一木之材也；大海之阔，非一流之归也""一花独放不是春，百花齐放春满园""独行快，众行远""金字塔是一块块石头垒成的"……习近平总书记在多个场合引用这些富有哲理的文句，表达合作共赢的理念。构建人类命运共同体，非一夕之功能成，亦非一己之力能至，需要付出长期艰苦的努力。只要我们坚定"不积跬步，无以至千里；不积小流，无以成江海"的意志，在协作、协同、协和中战胜各种困难，就一定可以抵达"一望无际南海水，帆船点点别样美"的境界，共创人类更加光明的未来。

在瑞士联邦大厦穹顶上，刻着拉丁文铭文"人人为我，我为人人"。"点亮第一盏灯"的中国已经为人类命运共同体提出了构想、描绘了蓝图，不同肤色的手紧握在一起，各方"互相补台、好戏连台"，我们生于斯、长于斯的这个星球，就完全可以建成一个和睦的大家庭。

（原载《人民日报》2017 年 12 月 8 日第 4 版）

让人人享有安宁祥和

——携手建设更加美好的世界（3）

姜　赟

在也门，一边是战火不断，另一边是约 700 万人面临饥饿威胁，也门民众经历着严重的人道主义危机。当今世界，"灼热的历史依旧在燃烧"，战争的阴霾从未彻底散去，安全的格局依然基础不牢，千百年来人类渴求和平安宁的呼声从未停歇。

"让和平的阳光普照大地，让人人享有安宁祥和"，在中国共产党与世界政党高层对话会上，习近平总书记呼吁共同消除引发战争的根源，共同解救被枪炮驱赶的民众，共同保护被战火烧灼的妇女儿童。总书记的倡议，道出了各国人民对和平安宁的普遍向往，彰显了大国大党的责任担当。构建人类命运共同体，首先就要让我们的世界远离恐惧、普遍安全，让和平成为世界各国的基本共识，让安宁祥和成为各国人民生活的基本元素。

和衷共济、和合共生是中华文明的精髓，和平安宁是构建人类命运共同体的基石。摆在许多国家将军案头的《孙子兵法》，要义却是世间和平、天下归心，主张慎战、不战。"以和邦国""和羹之美，在于合异""己所不欲，勿施于人"……习近平主席在多个场合引用古人哲语，阐明中国人民有着和平的血脉基因。"和平而不是战争，合作而不是对抗，共赢而不是零和，才是人类社会和平、进步、发展的永恒主题""弱肉强食、丛林法则不是人类共存之道。穷兵黩武、强权独霸不是人类和平之策"……习近平主席在多个场合宣示和平的理念与主张。"一如既往为世界和平安宁作贡献"，习近平总书记在这次高层对话会上铿锵有力的宣示，体现了中国共产党人维护和平的坚定决心和构建人类命运共同体的不懈努力。

"和平学之父"约翰·加尔通说，"有些人总希望有一个暴力选择，但中国以自己特有的视角来观察现实"。中国人不仅以"和"的眼光来观照世界，更以"和"的行动践行承诺。中国维和女警察和志虹在海地执行任务时不幸殉职，她曾经写道："大千世界，我也许只是一根羽毛，但我也要以羽毛的方式承载和平的心愿。"作为联合国安理会常任理事国中派遣维和人员最多的国家，超过 20 位中国军人和警察在维和行动中牺牲。正是这样一根根"中国羽毛"，在埃博拉疫情肆虐的紧急关头，坚持与非洲兄弟站在一起；在 2015 年也门纷飞的炮火中，帮助 279 名外国公民撤离；在阿富汗、叙利亚、乌克兰等危机中，主持公道、伸出援手，把安宁祥和带到所需要的地方。

一战后，法国元帅福煦在《凡尔赛和约》签字时说："这不是和平，而是 20 年的休战。"而后的历史，正应验了一句谚语"吹灭别人的灯，会烧掉自己的胡子"。如今，传统安全威胁和非传统安全威胁相互交织。突尼斯小贩的一根火柴，就能点燃席卷西亚北非的动荡；恐怖主义的魔爪四处肆虐，军事打击铲除艰难；斯诺登主演的"窃听风云"，警示网络安全威胁日益突出。只有按照习近平总书记在高层对话会上所强调的"坚持共同、综合、合作、可持续的新安全观，营造公平正义、共建共享的安全格局"，才能让和平的阳光普照大地，为构建人类命运共同体奠定坚实基础。

美国前国务卿基辛格曾感叹："和平总是地区性秩序，从未能建立在全球的基础上"。齐心协力构建人类命运共同体，让这个世界远离恐惧、普遍安全，人人享有安宁祥和，我们生于斯、长于斯的这个星球，就可以"诗意地栖居"。

（原载《人民日报》2017 年 12 月 11 日第 4 版）

让人人享有富足安康

——携手建设更加美好的世界（4）

李浩燃

打开人类文明的历史卷轴，贫困是不分民族和地域的共同挑战，发展则是跨越文化和语言的最大公约数。

"我们要努力建设一个远离贫困、共同繁荣的世界。"在中国共产党与世界政党高层对话会主旨演讲中，习近平总书记着眼于构建人类命运共同体，深刻洞察当今世界的发展现状，聚焦破解发展不平衡不充分问题，对更好推动全人类共同发展提出热切倡议。最是情怀动人心。来自世界最大政党的响亮声音，彰显了以人为本、执政为民的民本理念，体现着对人类发展和世界前途的深刻思索。

"足寒伤心，民寒伤国"。今天，我们见证了现代化创造的奇迹，也面对着南北发展失衡的现实；我们为全球一半人口用上互联网而欢欣鼓舞，也为仍有8亿多人忍饥挨饿而深感担忧。正如习近平总书记指出的，"大家都好，世界才能更美好"。让所有的人都免于贫困的煎熬，让这个星球上的每个角落都欣欣向荣，这是人类的共同使命。

一位外国政要深入研读《摆脱贫困》一书后，认为中国的减贫经验、发展思路非常值得借鉴。如今，中国对全球减贫的贡献率超过70%，成为世界上减贫人口最多的国家。"小康不小康，关键看老乡"，党的十八大以来，从太行脚下到大别山区，从雪域高原到西北边陲……习近平总书记走遍全国14个集中连片特困地区，深刻阐释精准扶贫思想，以空前力度推进脱贫攻坚。过去5年，我国脱贫攻坚战取得了决定性进展，不仅使6000多万贫困人口稳定脱贫，也生动诠释了"中国的奋斗就是全人类的奋斗"。

人类的发展历史表明，无论远离贫困还是共同繁荣，开放都是必由之路，封闭只会窒息生机。今天，世界经济早已连成一片汪洋大海，不可能退回一个个小湖泊、小河流。与此同时，也面临着逆全球化暗潮涌动、贸易保护主义抬头的挑战。"一荣俱荣，一损俱损""适应和引导好经济全球化，消解经济全球化的负面影响""建设开放、包容、普惠、平衡、共赢的经济全球化"……从亚太经合组织领导人会议到二十国集团领导人峰会，从达沃斯世界经济论坛到"一带一路"国际合作高峰论坛，习近平主席深刻阐述推动经济全球化的中国方案，外媒评价"中国成为了经济全球化最重要的捍卫者"。

在海拔2000多米的高原城市埃尔多雷特，肯尼亚首个经济特区被命名为"珠江经济特区"。这个中国味十足的名字，寄托着促进经济发展的迫切愿望。当中欧班列驰骋于亚欧大陆，筑路机械轰鸣于非洲东海岸，排排塔吊耸立于南亚次大陆的港区……"一带一路"建设，已经从理念转化为行动，从愿景转变为现实，不仅拉近着中国与世界的距离，也为开放型世界经济注入了强大活力。越来越多的人认识到，以邻为壑、画地为牢，只会错失机遇，损人不利己；同舟共济、相向而行，才能携手共赢，水涨荷花高。

德国诗人海涅说："每一个时代都有它的重大课题，解决了它，就把人类社会向前推进一步。"消除贫困依然是当今世界面临的最大全球性挑战。凝聚发展共识，致力合作共赢，中国将与世界携手书写新的发展故事，让更多人享有富足安康。

（原载《人民日报》2017 年 12 月 12 日第 4 版）

让人人享有文化滋养

——携手建设更加美好的世界（5）

陈　凌

2000 多年前，中国古代先哲写道："若以水济水，谁能食之？若琴瑟之专壹，谁能听之？"人类文明多样性是世界的基本特征。世界上有 200 多个国家和地区、2500 多个民族、多种宗教，如果只有一种生活方式、一种语言、一种音乐、一种服饰，那不仅是单调的，更是不可想象的。

"我们要努力建设一个远离封闭、开放包容的世界""让各种文明和谐共存，让人人享有文化滋养"……在中国共产党与世界政党高层对话会上，习近平总书记站在人类进步的历史高度，顺应文明互鉴的时代潮流，提出构建人类命运共同体的"文明倡议"。这一倡议，不仅是对文明交流历史规律的深刻总结，更是超越"文明冲突"旧论、书写文明新华章的不二法门。

　　不同文明之间能否和谐共生、相得益彰？又该有怎样的相处之道？这是人类社会的永恒话题，也是构建人类命运共同体绕不开的内容。很长时间以来，"文明冲突论"以其浓重的宿命论色彩，让一些人在看待不同文明相互交流的前景时，产生了深深的疑惑与迷惘，甚至在看待他者文明时滑向了对抗与冲突。从在联合国教科文组织总部演讲中提出"文明因交流而多彩，文明因互鉴而丰富"，到在中国共产党与世界政党高层对话会上呼吁"共同消除现实生活中的文化壁垒，共同抵制妨碍人类心灵互动的观念纰缪，共同打破阻碍人类交往的精神隔阂"，习近平总书记的"文明交流互鉴共存"思想，不仅突破了"文明冲突论"的窠臼，更指明了人类文明发展进步的新路。

　　文明没有高下、优劣之分，只有特色、地域之别。文明差异不应该成为世界冲突的根源，而应该成为人类文明进步的动力。对此，习近平主席曾打过一个生动的比方，茶的含蓄内敛和酒的热烈奔放代表了品味生命、解读世界的两种不同方式。但是，茶和酒并不是不可兼容的，既可以酒逢知己千杯少，也可以品茶品味品人生。换句话说，"不要看到别人的文明与自己的文明有不同，就感到不顺眼，就要千方百计去改造、去同化，甚至企图以自己的文明取而代之。"应该看到，文明是多彩、平等、包容的，不同文明都是人类的精神瑰宝。只要秉持包容精神，就不存在什么文明冲突，就完全可以在实现文明和谐的基础上，让人类文明同放异彩，共同为人类发展提供精神力量。

　　这些年来，从访问英国时谈到莎士比亚和汤显祖两位东西方文学巨匠，到在联合国教科文组织总部演讲时谈到法门寺的域外琉璃器；从与印度总理莫迪的"西安会见"，到与美国总统特朗普的"宝蕴楼茶叙"，每逢出访或在国内举行外事活动，习近平主席经常在署名文章、演讲、活动中观照"文明交流互鉴共存"这一话题，这几乎成为外事活动"标配"。"以文明交流超越文明隔阂、文明互鉴超越文明冲突、文明共存超越文明优越"，随着习近平主席的身体力行，越来越多的人认识到，善于发现、欣赏、借鉴其他文明的价值，既是一种美德，更是一种智慧。

　　"和羹之美，在于合异。"文明的繁盛、人类的进步，离不开求同存异、开放包容，离不开文明交流、互学互鉴。历史呼唤着人类文明同放异彩，不同文明和谐共生、相得益彰，就能为人类发展提供更加丰富的精神滋养。

（原载《人民日报》2017 年 12 月 13 日第 4 版）

让人人享有绿水青山

——携手建设更加美好的世界（6）

李 拯

近日，第三届联合国环境大会授予塞罕坝林场建设者"地球卫士奖"。曾经"黄沙遮天日，飞鸟无栖树"的荒漠沙地，变成了塞北高原的一颗璀璨"绿宝石"。这一习近平总书记曾肯定的生态文明建设范例，不仅成为中国递给世界的一张生态名片，更传递着中国加强生态文明建设的坚定决心。

"我们要努力建设一个山清水秀、清洁美丽的世界"，在中国共产党与世界政党高层对话会上，习近平总书记向全世界近 300 个政党和政治组织的领导人阐述中国的"生态观"。面对气候变化、大气污染等全球性环境问题，一位大国大党领袖的铿锵话语，不仅表达着对人民群众、对子孙后代高度负责的鲜明态度，也体现着构建人类命运共同体的丰富内涵。正如习近平总书记指出的："人与自然是生命共同体，人类必须尊重自然、顺应自然、保护自然。"

强调"保护生态环境就是保护生产力、改善生态环境就是发展生产力"，呼吁"像保护眼睛一样保护生态环境，像对待生命一样对待生态环境"，指出"推动形成绿色发展方式和生活方式是贯彻新发展理念的必然要求"……党的十八大以来，习近平总书记关于生态文明建设的思想，不仅成为中国发展的"绿色动力",也在国际社会产生广泛共鸣。在"一带一路"国际合作高峰论坛上,联合国环境规划署执行主任索尔海姆引用"绿水青山就是金山银山"来描绘他心目中的理想图景;联合国前秘书长潘基文则说,中国的发展转型表明,"走上一条更加可持续、环境友好型的新的发展道路是可能的"。中国的"社会主义生态文明观"正在走向世界。

地球是人类的共同家园,也是人类到目前为止唯一的家园。今天,科技的发展极大地扩大了人类在宇宙的活动半径,著名物理学家霍金推出"突破摄星"计划、探索最近的恒星系,美国开启"重返月球"计划、期待将来抵达火星。但从当前技术水平看,在外太空为人类寻找新的家园,还是一个遥远的梦想;在可预见的将来,人类都要生活在地球之上。而在这颗蓝色星球,现代化的潮流正将越来越多的国家卷入其中,与之相伴生的,则是竞争的加剧、资源的消耗与环境的破坏。如何兼顾经济发展与环境保护,更加严峻地摆在人类面前。"我们应该共同呵护好地球家园","坚持人与自然共生共存的理念,像对待生命一样对待生态环境",习近平总书记的话语如同空谷足音,值得全世界侧耳倾听。

习近平总书记在党的十九大报告中指出,建设美丽中国,既是"为人民创造良好生产生活环境",也是"为全球生态安全作出贡献"。今年,在美国宣布要退出气候变化《巴黎协定》时,中国郑重承诺将"坚定不移地做全球气候治理进程的维护者和推动者"。这一承诺,既是可持续发展的内在需要,也是打造人类命运共同体的责任担当。党的十八大以来,天更蓝了、水更绿了、空气更清新了,中国的环境治理以"看得见"的实效,为"携手建设更加美好的世界"作出实打实的贡献,让外国观察家感慨:"中国可以成为全球生态文明建设领域的领头者。"

从现在起到2020年"打好污染防治攻坚战",2035年"生态环境根本好转",本世纪中叶"建成美丽中国"……与世界一起,共同保护不可替代的地球家园,共同医治生态环境的累累伤痕,共同营造和谐宜居的人类家园,中国生态文明建设的坚定步伐,既是中华民族之幸,也是全人类之福。

(原载《人民日报》2017 年 12 月 14 日第 4 版)

封别人的门就是堵自己的路

——携手建设更加美好的世界（7）

吕晓勋

从 2015 年 11 月至 2016 年 10 月，二十国集团 19 个成员国新增保护主义措施 401 项，新增自由化措施仅 118 项。与之相伴的，则是发达经济体经济增速明显回落，从 2015 年的 2.1% 下降至 2016 年的 1.6%。今年上半年，来自英国经济政策研究中心和国际货币基金组织的两份研究报告，从一个侧面反映出经济全球化进程正在经历"前所未有的挑战"。

"如果奉行你输我赢、赢者通吃的老一套逻辑，如果采取尔虞我诈、以邻为壑的老一套办法，结果必然是封上了别人的门，也堵上了自己的路""我们应该坚持你好我好大家好的理念"。在中国共产党与世界政党高层对话会上，习近平总书记以"门""路"为喻，形象而深刻地指出只顾自己发展、不顾他国利益行为的危害，倡议"共同推动世界各国发展繁荣"。相互尊重、公平正义、合作共赢的中国理念，开放包容、务实进取、勇于担当的中国态度，赢得国际社会的广泛认同。

放眼历史，世界从未像今天这样，联系如此广泛而深刻。纽约股市的波动，可能冲击到印度的很多家庭；中国自贸区的税收优惠条件，则可能让德国进口的中高端啤酒具备更强大的价格竞争力，让消费者有更多高性价比的选择。正如习近平总书记所言："每个民族、每个国家的前途命运都紧紧联系在一起"，世界各国已经成为一个命运共同体，没有哪个国家能够独自应对人类面临的各种挑战，也没有哪个国家能够退回到自我封闭的孤岛。多"打开窗子"，让"空气对流"、"新鲜空气"进来，以合作共赢作为"处理国际事务的基本政策取向"，各国才能实现更可持续的经济增长。反之，则会出现谁都不想看到的双输结果。

21 世纪是合作的世纪。心胸有多宽，合作舞台就有多广。"树立命运共同体意识，真正认清'一荣俱荣、一损俱损'的连带效应，在竞争中合作，在合作中共赢""秉持开放包容、合作共赢精神，不能互相踩脚，甚至互相抵消""吹灭别人的灯，会烧掉自己的胡子""搞保护主义如同把自己关进黑屋子，看似躲过了风吹雨打，但也隔绝了阳光和空气"……党的十八大以来，习近平主席在多个场合反复强调开放包容、合作共赢等构建人类命运共同体的具体理念。当各国利益高度融合，唯有求同存异、抱团取暖，共同构建人类命运共同体，才能巩固自身发展根基，促进全人类福祉。

如学者言"当我们与同时代的其他人分享梦想的时候，我们的梦想就会更有力量"。近日，美国《大西洋月刊》网站描绘了巴基斯坦瓜达尔港，从"不久前还到处都是土灰色的煤渣砖房"，到如今"建起了焕然一新的集装箱码头和新酒店"的惊人变化，认为中国借助"一带一路"倡议将维护和平，也将改变世界。中国的发展离不开世界，也成为世界的机遇，"在开放中分享机会和利益、实现互利共赢"正是中国秉持的信念。对各国而言，"把本国利益同各国共同利益结合起来，努力扩大各方共同利益的汇合点"，世界如何不美好？

"中国就是哈萨克斯坦的大海！"一些哈萨克斯坦朋友将中哈（连云港）物流合作基地比作国家的出海口。是的，我们生活的地球在"变小"，合作的世界却在不断"变大"。坚持开放、包容、普惠、平衡、共赢，就一定能推动世界共同发展繁荣，让发展成果惠及世界各国。

（原载《人民日报》2017年12月15日第4版）

路要去走才能开辟通途

——携手建设更加美好的世界（8）

盛玉雷

"事要去做才能成就事业，路要去走才能开辟通途。"

在中国共产党与世界政党高层对话会上，习近平总书记用这句富有哲理的话，深入浅出地阐明如何开创构建人类命运共同体的伟业，立意高远，寓意深刻，启人思考。

善学者尽其理，善行者究其难。自习近平主席 2013 年首次提出构建人类命运共同体倡议以来，这一理念凝聚的共识越来越广泛，转化为行动的力量越来越大。同时也必须清醒地认识到，在构建人类命运共同体的前进道路上，必然还会面临这样那样的困难和挑战。正如习近平总书记在这次高层对话会上所分析的："构建人类命运共同体是一个历史过程，不可能一蹴而就，也不可能一帆风顺，需要付出长期艰苦的努力"。

应当看到，不同国家的文化差异常常会导致认知的不同，一些地区保守主义和孤立主义盛行，对构建人类命运共同体还存在这样那样的顾虑。有的认为，国与国之间的关系，利益是永恒的，友好是暂时的；有的认为，各国之间的冲突和矛盾只能靠实力说话、靠实力较量、靠国力决定；有的认为，即使某些国家达成了默契和一致的解决方案，也难以让所有国家自觉自愿地信守执行；还有的认为，许多国家之间在历史交往中积累的深层次民族矛盾和利益冲突，一时难以缓和化解。凡此种种表明，要成就构建人类命运共同体伟业，还有很长的路要走。

马克思曾指出：如果斗争是在极顺利的成功机会的条件下才着手进行，那么创造世界历史未免就太容易了。构建人类命运共同体，以其超越国家观、国际观的天下情怀，为解决人类面临难题提供了中国智慧，同时在推进过程中，无论是促进观念转变、弥合分歧，还是增进共识、凝聚力量，都需要做大量艰苦细致的工作。惟其艰难，才更显勇毅；惟其笃行，才弥足珍贵。我们不能因现实复杂而放弃梦想，也不能因理想遥远而放弃追求。构建人类命运共同体之所以能够成其为伟业，之所以能够创造世界历史，原因正在于此。

"不是碌碌无为的清谈馆，而是知行合一的行动队"……在 G20 杭州峰会开幕式上，在金砖国家领导人会晤中，习近平总书记用形象的比喻向世界传递知行合一的理念。构建人类命运共同体，要的就是这种"大道至简，实干为要"的行动力，要的就是这种"见之不若知之，知之不若行之"的主动作为。连接起哈萨克斯坦的"光明之路"，打通了土耳其的

"中间走廊"，对接波兰的"琥珀之路"，嵌进越南的"两廊一圈"，融入沙特阿拉伯的"2030愿景"，奔驰在古丝绸之路上的中欧班列……几年来，100多个国家和国际组织参与的"一带一路"建设热潮，不仅让人类命运共同体理念化为实践，更让世界看到中国的不懈付出。在构建人类命运共同体的进程中，唯有锲而不舍、驰而不息，方能抵达胜利的彼岸。

在一部名为《环球同此凉热》的纪录片中，面对越来越热的天、越来越暖的水、越来越大的风，有人发出了"人类该何去何从"的提问。构建人类命运共同体，无疑是坚定、理性而务实的答案。勇敢迈出第一步，坚持相向而行，就一定能走出一条相遇相知、共同发展之路，走向幸福安宁、和谐美好的未来。

（原载《人民日报》2017年12月18日第4版）

破除"输入""输出"模式迷思

——携手建设更加美好的世界（9）

陈　颖

"橘生淮南则为橘，生于淮北则为枳。"《晏子春秋》里的这个故事，道出了"水土异也"的客观事实。"鞋子合不合脚，自己穿了才知道。"习近平总书记的一个比喻，与"橘枳说"相映成趣，从相反角度说明了"合适的才是最好的"——淮北的土壤、气候不适合橘树生长，不妨试一试苹果。

这一思想，在中国共产党与世界政党高层对话会上，有了最新表述。习近平总书记强调："我们不'输入'外国模式，也不'输出'中国模式，不会要求别国'复制'中国的做法。"中国共产党将一如既往为世界和平安宁、共同发展、文明交流互鉴作贡献，通过推动中国发展给世界创造更多机遇，通过深化自身实践探索人类社会发展规律并同各国分享。铿锵话语，彰显了为人类进步事业而奋斗的中国情怀，让那些"警惕中国模式向外输出"的诋毁和指责中国搞"新殖民主义""新帝国主义"的谎言不攻自破。

"物有甘苦，尝之者识；道有夷险，履之者知"。"中国道路"是中国人民自己走出来的，其中甘苦、其间夷险，都是源于中国的国情、植根中国的大地。今日中国所取得的举世瞩目的成功，是独立自主走符合国情的发展道路的成功。从这个角度看，中国道路的世界意义，并不在于它提供了什么"国际标准"，而在于它代表了一种信念，那就是坚持从国情出发、以解决现实问题为导向，同时以世界眼光和开放心态积极吸收借鉴一切有益经验。

习近平总书记曾讲述过一个"驴马理论"：马比驴跑得快，于是把驴蹄换成了马蹄，结果驴反而跑得更慢；接着又换了腿、身体、内脏……整个都换掉，跑得快了，可是驴也就变成马了。这一精妙的比喻，正说明了每个国家都有最适合自己的道路，简单地"输入""输出"和"复制"，照搬照抄他国的政治制度，最终可能会水土不服，画虎不成反类犬，甚至把国家前途命运葬送掉。

放眼世界历史，"照猫画虎"的事儿并不少。很长一段时间，西方发达国家所走过的道路，被认为是现代化的唯一途径，成为发展中国家纷纷效仿的对象。可惜，简单的移植，非但没有让这些国家成功走向现代化，反而带来党争纷起、战祸不断、社会动荡。这样的结果，让亨廷顿都感慨："早期现代化国家对晚期现代化国家的'示范作用'先是提高了人们的期望，尔后又加剧了人们的挫折感。"

正是因为不"输入"、不"输出"，也不要求别国"复制"，中国理念、中国方案，才会得到如此多的认同。其要，正在"包容"二字。犹记中美两国元首漫步故宫三大殿，习近平总书记专门为客人介绍了中国的"和"文化。这既是文化基因，也是价值坚守。表态"愿同世界各国分享发展经验，但不会干涉他国内政，不会输出社会制度和发展模式"，申明"不会重复地缘博弈的老套路""反对各种形式的霸权主义和强权政治"……这让今天的中国"朋友圈"越来越大，"伙伴网"越来越密。

中国共产党是有"天下情怀"的政党，不仅为中国人民谋幸福，也致力于为人类进步事业而奋斗。中国共产党人所秉持的马克思主义真理、所弘扬的社会主义运动，本就属于全人类对于理想社会的追寻。沿着我们的道路走下去，和而不同，美美与共，我们就一定能共同抵达光辉灿烂的明天。

（原载《人民日报》2017 年 12 月 19 日第 4 版）

抱守"益者三友"的交往之道

——携手建设更加美好的世界（10）

张　凡

柬埔寨王宫外广场首次摆放起外国领导人的巨幅画像；俄罗斯国防部和作战指挥中心首次向一位外国元首打开了大门；法国打破常规在荣军院举行盛大的欢迎仪式……这位一次次受到破例破格接待的国家元首，正是中国国家主席习近平。高规格特殊礼遇的背后，是各国对中国领导人的尊重，对中国和中国人民的尊重，也是国家友谊的生动写照。

"2000 多年前，中国古代思想家孔子就说，益者三友，友直、友谅、友多闻。中国共产党愿广交天下朋友……"在中国共产党与世界政党高层对话会上，习近平总书记引用《论语》中"益者三友"的名句，表达了中国共产党的交友观。分享治党治国经验、开展文明交流对话、增进彼此战略信任，推动构建人类命运共同体……这种友爱亲善、胸怀四海的交友之道，深深地感染着会场的每一个人。

"嘤其鸣矣，求其友声"，自古以来，中国人就重视交友、注重友情。党的十八大以来，从大国外交到政党外交，中国的"朋友圈"越来越大。此次政党大会，有来自 120 多个国家近 300 个政党和政治组织的代表参加；

党的十九大期间，165 个国家 452 个主要政党发来贺电贺信。目前，我国已经同 100 个左右的国家、地区和地区组织建立了不同形式的伙伴关系，实现了对世界各个地区、不同类型国家的全覆盖。"应该相互补台、好戏连台""中国欢迎世界各国搭乘中国发展的快车""建设各国共享的百花园"……习近平主席在不同场合表达着中国人对待朋友的真诚、真心、真情，让国家之间的友谊久而弥笃。

21 世纪国与国应如何相处？如何建设更加美好的世界？当"霸权稳定论""全球治理论""普世价值论"等纷纷失效，甚至带来经济低迷、地缘动荡、恐怖危机、文明摩擦，"推动建设相互尊重、公平正义、合作共赢的新型国际关系"，习近平主席表达的中国主张赢得广泛认同。以此为指针，中国的国际交往更有作为。推动构建"新型大国关系"，携手共促世界和平发展；坚持"亲诚惠容"的四字箴言，实现与邻为善、以邻为伴；秉持"真实亲诚"理念和正确义利观，加强同发展中国家合作……构建人类命运共同体、实现共赢共享的中国方案，为变革世界贡献了中国智慧，为国家交往树立了良好典范。

在当今经济全球化的背景下，人类社会越来越成为你中有我、我中有你的命运共同体。无论是破解发展难题，还是应对恐怖主义、网络安全、气候变化等全球性挑战，都呼唤各国人民加强友好交流，携手合作。过去五年，从北京 APEC 会议、G20 杭州峰会，到金砖国家领导人厦门会晤，中国书写着全球治理的新篇章；擘画"一带一路"，建设亚太自贸区，成立亚投行、丝路基金，中国为世界联动发展凝聚磅礴力量；阐述核安全观，推动达成《巴黎协定》，积极参与维和行动，中国在各个领域彰显大国担当……同声相应，同道相成，中国正在和世界各国一起，汇聚起构建人类命运共同体的强大力量。

"积力之所举，则无不胜也；众智之所为，则无不成也。"广交天下朋友，共襄和平发展大计，我们就能"众人拾柴火焰高"，携手建设更加美好的世界、共同迈向更加美好的未来。

（原载《人民日报》2017 年 12 月 20 日第 4 版）

二 嘉宾致辞

第一次全体会议

洪　森
柬埔寨人民党主席、政府首相

各位阁下，中共中央政治局常委、中央书记处书记王沪宁阁下，
女士们、先生们，各位政党代表：

今天，我非常荣幸和高兴能够出席以"构建人类命运共同体，共同建设美好世界：政党的责任"为主题的中国共产党与世界政党高层对话会。我谨向中国共产党和中国政府给予我本人和柬埔寨人民党代表团的热烈欢迎表示衷心感谢。借此机会，我要祝贺习近平总书记以及中国共产党不久前成功召开党的第十九次全国代表大会。我高度赞赏习近平总书记高超的政治智慧和卓越的领导才能。他指出要加快生态文明体制改革，作出中国特色社会主义进入新时代的重要论断，提出在 2035 年中国基本实现现代化、2050 年把中国建成富强民主文明和谐美丽的社会主义现代化强国的伟大目标，并将最终实现中华民族伟大复兴的中国梦。

本次对话会讨论的主题具有十分重要的意义。过去十年来，我们更加清晰地看到，在地区和全球繁荣的背景下，世界经济、贸易、地区政治结构发生了巨大变化，特别是世界正从单极向多极转变，包括中国在内的新兴经济体不断涌现。虽然世界不断向前发展，但全球面临经济、社会发展不平衡的问题更加突出，不论是发达国家还是发展中国家都面临这种问题。同时我们也看到，暴力恐怖事件以及一些超级大国干涉他国内政的行为不断增多，这些行为反映了地区和国际的一些矛盾，这也是受害国陷入连绵战火的原因，使一些国家经济、社会遭受了巨大的损失。我相信，我

们所有人都希望各国和各国人民都处在一个和平稳定和谐的世界里，相互尊重各自国家的主权和领土完整，共同努力推动互利合作，将发展视为本国的第一要务和最高目标，正像联合国宪章所阐述的那样。本着这一精神，柬埔寨对中国外交政策以及"一带一路"倡议、亚洲基础设施投资银行等伟大构想的提出和实施表示祝贺。同时，我们积极响应习近平总书记提出的关于构建人类命运共同体、把增进人民福祉作为优先目标的中国外交理念。从这个意义上说，习近平总书记明确点出了此次对话会所有与会政党的共同价值观，因为世界各国在经济、社会等领域已经或正在形成紧密依存的关系，这正是全球得以健康、可持续发展的重要基础。

各位阁下，女士们、先生们，为了更好地参与以"构建人类命运共同体，共同建设美好世界"为主题的此次对话会，我愿同大家分享以下几点看法。

第一，尊重别国主权和自主选择发展道路的权利。我们应该尊重他国的主权和自主选择发展道路的权利，无论这个国家是大是小、是强是弱。换句话说，所有国家都应该坚持不干涉其他国家内部事务的原则，尊重他国在不受外界压力的情况下自主选择本国的制度和发展道路。有一点非常清楚，一个国家的东西，并不一定适合其他国家，因为每个国家都有独特的国情和社会文化背景。

第二，维护和平与安全。国家和地区的和平与安全是发展不可或缺的基础，因此全力构建和维护和平与安全是各国的最重要目标。从柬埔寨自身发展历程来看，在20多年时间里，柬埔寨通过双赢政策实现了国家全面和平、民族和解和政治稳定，带来了前所未有的全面改革机遇，并提振了老百姓对本国的信心，尤其是国内外私人投资者对柬埔寨的投资信心，使柬埔寨经济保持年均7.7%的增长速度，人民生活水平不断提高。

第三，大力消减贫困，缩小贫富差距，维护社会稳定。要实现国家长治久安，就必须解决各类社会问题，比如社会不公问题、贫困问题、民生改善问题等，这些问题正是世界上一些地方爆发动乱和"颜色革命"的根源。因此，解决贫困和社会不公问题、加强社会治理，不仅能够确保国家长治久安和当前的发展，也能够为子孙后代铺就一条和平舒适的康庄大道。

第四，提高教育质量。当前青年在参与和带领国家实现新型发展方面发挥着重要作用。同时，大部分国家拥有巨大的人口红利，为青年提供教育机会、提高青年教育质量被普遍认为是保持经济发展和解决各类社会问题的关键。因此，出台面向青年和各社会阶层的优质教育政策，是一项十分必要的工作。

各位阁下，女士们、先生们，可以说，柬埔寨的发展经验在世界现代史发展进程中是非常重要的经验，同时我们正在积极学习借鉴，进一步加强柬埔寨人民民主，使其更具活力、更加稳固。柬埔寨人民民主的核心价值主要体现在以下几个方面。一是增强人民当家作主的权利，捍卫柬埔寨人民不受外部势力侵犯和干涉，维护领土和主权完整。二是坚决维护和平稳定和社会和谐，这是确保国家发展、民族和谐相处、人民安居乐业不可或缺的先决条件。三是坚定不移地奉行依法治国原则和自由民主多党制，确保人民在法律规定范围内享有充分权利，特别是通过定期举行的自由、公正、规范的选举选出本国领导人的权利。四是坚决在相互制衡、良性治理、精英管理基础上发展和管理政府机关，使其成为服务柬埔寨各阶层人民的高效有力工具。

回顾30多年来柬埔寨人民党领导国家的政治发展进程，柬埔寨取得了许多发展成就，当然我们的发展也离不开在座各位合作伙伴的援助支持。我们为了结束战争进行了艰难的努力和抗争，最终实现全面和平和国家统一，为国家的发展奠定了坚实基础，使柬埔寨摆脱了最不发达国家的行列，成为中等偏低收入国家，现在柬埔寨正在昂首阔步朝着2030年成为中等偏高收入国家的目标迈进。基于上述，柬埔寨将继续努力更好推动自身政治进程和国家发展，并且根据我刚才提到的核心价值和各种基本原则，全力巩固和增强符合柬埔寨特色和实际需求的人民民主。同时，柬埔寨已经做好充分的准备，愿意和所有合作伙伴共同携手为维护和平、战胜当前面临的各种挑战而努力，推动各自国家和人民实现更好的发展。

谢谢大家。

昂山素季

缅甸国务资政

各位阁下，尊敬的各位领导人和各国代表：

首先，我想感谢中国共产党与世界政党高层对话会组委会邀请我作为特邀嘉宾参会。这次盛会为我们思考政党政府的作用、政党政府之间的关系和他们各自在国家生活中扮演的角色，提供了难得的良机。在此，我还要祝贺中国国家主席习近平再次当选中共中央总书记，同时对新当选的中共中央政治局常委表示祝贺。

缅甸和中国是有 2200 多公里边界线的邻国，两国的交往历史源远流长。我们这种悠久的交往历史将长盛不衰，连绵不息，我们也将继续加强两国之间的睦邻友好关系，使之代代相传。中缅两国致力于两国政府、政党、议会领导人及民众之间的密切交往，我们在各领域的交往和合作不断深化，增进了两国人民之间相互了解，也丰富了我们的合作内涵。我们热切地希望加入"一带一路"倡议，相信这个倡议将促进发展、繁荣，构建和谐社会，增进地区乃至整个世界的互联互通。我们尤其期待进一步开展富有成效的民间交往。2015 年，应中国共产党邀请，我以缅甸全国民主联盟主席身份首次访华。这充分反映了两国对于政党在国家发展中的重要作用有着重要共识。

在今年 10 月 18 日中共十九大开幕会上，习近平总书记在讲话中指出，"不忘初心，方得始终，中国共产党的初心和使命就是为中国人民谋幸福，为中华民族谋复兴。"缅甸民盟的初心也不无相似之处。29 年前，为了实现缅甸人民团结、和平、繁荣的梦想，我们创立了民盟。包括我在内的民盟创始成员，一直坚信可以通过民族和解进程实现这些目标，以和平的方式建立民主联邦。在这个实至名归、长期稳定的联邦中，我们将把国家的多样性打造为我们光荣的财富。我们一直坚守着初心。政党只有代表人民的愿望，赢得他们的信任，才有存在意义和价值。即使政党没有进入政府并不主政，它也必须保持透明，认真负责，这是所有有志于影响国家大计、塑造国家命运的政治组织必须坚守的前提。透明和问责不仅仅是良政的要求，也是行事的根本。如果一个组织不正直，它是无法推动国家和政府发展的。

虽然现在的缅甸并不是当今世界上的富国、强国，但是我们有着宏伟志向，我们希望成为国际社会负责任的成员国，有意愿也有能力为世界和平作贡献。我们希望缅甸人民成为本国和国际社会中充满担当的公民，有能力、有主见、富于同情心。

政党和政府在实现人民愿望中发挥着重要的作用，同时也把本国人民的梦想和世界人民的梦想连接在一起，构建远离战乱纷争的和平世界。今天的高层对话会给我们提供了交流宝贵经验和知识、增进友谊信任、构建和谐世界的良机。虽然每个政党目标和愿景不同，但我们的最终目标是一致的，那就是赢得本国人民的信任，帮助他们改善生活质量，提高政治和社会地位。我们期待着学习其他政党的经验，也愿意分享一个从人民中走来的政党自身发展的一些经验。

20个月前，民盟当选执政，致力于推动国家发展。我们不仅要变革缅甸长达半个多世纪之久的制度，还要努力转变人民的思想，后者其实更为艰巨。缅甸需要建立一个清廉、有力的政府，赢得信任和尊重，因此，我们需要政党把国家利益置于一己私利之上。所有的政党都有责任为国家服务，不管他们是否执政。民盟政府在推动构建和平稳定与和谐社会方面已经取得了一些进展，这与民盟的初心是一致的，但我们仍任重道远。我们非常感谢所有给我们提供支持的朋友们，我们永远不会忘记，你们在我们面临困难的时候给予我们的理解和帮助。

最后，我想再次感谢中方邀请我在高层对话会上发言，也祝愿中国共产党在为中国人民谋幸福、为中华民族谋复兴的事业上顺利成功。

谢谢。

谢尔盖·热列兹尼亚克
统一俄罗斯党总委员会主席团副书记
国家杜马议员、前国家杜马副主席

尊敬的朋友们，来自中国共产党的朋友们，尊敬的与会者，
尊敬的女士们、先生们：

首先请允许我感谢中国共产党和习近平总书记本人，让我有机会在中

国土地上参加有意义、非常重要的对话会，可以和志同道合者、和其他代表进行对话。与会者人数很多，表明了各国政党对中国共产党的尊敬，以及我们需要探索共同的道路来维护世界和平与安全，落实解决全球问题的方案，研究解决全球问题及危机的合作方式。当前世界发生着快速而迅猛的变化，单极体系正在崩塌，各国人民希望维护国家主权，维护历史和文化传统。

当今的时代，我们应当承担起世界未来发展的共同责任。习近平总书记在今天的主旨讲话中也再次提到这一点。我们应当共同努力，严格管控核武器，避免将世界推向全球战争，积极参与建设一个和平稳定的世界。中国和俄罗斯以及世界上其他一些国家奉行新型国际关系原则，这种新型国际关系建立在和平、开放和双边平等合作的基础上。习近平总书记提到世界是丰富多彩的，每一个国家的成功都影响到别人，这是我们应当明白的一个哲学道理。因此我们应当和中国共产党以及世界上其他政党保持密切的交往。我们和中国共产党在金砖国家组织、欧亚经济联盟与"一带一路"建设对接合作框架下开展了积极的合作。我们正在建立新的世界秩序，这一世界秩序是自由的、平等的，建立在尊重每一个国家的利益、开展互利合作的基础上。俄罗斯也致力于推动这种合作的发展，尊重每一个国家的利益，这一点俄罗斯总统普京在讲话中不止一次提到。我们国家奉行平等和尊重各国主权的政策，反对任何非法的制裁手段。我们认为，在这一点上中国和俄罗斯的共识对于我们非常重要。俄中关系持续发展，有着两国强大的领导保障。普京总统和习近平主席有高度互信的工作关系和深厚的个人友谊，已经成为造福两国利益的典范。当前两国关系已经真正具有了正式的全面战略协作伙伴的性质。

在当前世界格局风云变幻的基础上，我们应该加强两党之间的合作，同时应当坚决定行发展和经济现代化的方针，将最新的数字科技和其他成果最大限度地利用好。两国全面战略协作伙伴关系的重要组成部分是两国在国际和地区层面的外交合作。俄中在大多数地缘政治问题上的观点相近，是当前推动世界向多极化方向发展的关键因素之一。当今世界也面临着问题和挑战，包括一些国家政治责任感缺失，以及公开干涉主权国家内政的行为。我们也注意到一些国家已经开始形成反俄热，这是没有远见的政治。在国际舞台上，越来越多的政治家提到取消制裁的必要性。我们相信，中国和俄罗斯的共同努力能够继续推动两国发展，为两国人民造福，为世界人民造福。

俄中两国合作体现在两国政党合作上，最重要的就是统俄党和中国共产党的互信合作，两党已经成为战略合作伙伴。两党不断拓展共同工作，首先就是建立了定期举行的俄中执政党对话机制会议和俄中政党论坛。两党各层级代表团互访频繁，就政治问题以及双方共同关心的问题开展讨论，还定期举行专题会议，开展青年组织交流。我们应当继续拓展合作平台，继续办好对话机制会议和论坛。

俄中两国执政党在两国人民面前肩负着维护社会稳定和发展、繁荣的责任。正是出于这一点，我们认真学习中国改革开放的经验，认真学习中共十九大英明的、富有建设性的决议。习近平总书记构建人类命运共同体理念对于人类未来发展将有深远影响。只有负责任的政治、负责任的政党才能应对当前国际上存在的挑战以及人类面临的威胁。中国共产党和中国人民在中共十九大期间确定了宏伟的目标，祝愿中国人民早日实现这个目标！我想再次感谢中国共产党的热情接待，相信与会所有政党能够共同致力于推动世界的繁荣发展，实现我们既定的目标。

祝愿各位万事如意，工作顺利。

安东尼·帕克
美国共和党全国委员会司库

尊敬的中共中央政治局常委、中央书记处书记王沪宁阁下，
各位贵宾：

我叫安东尼·帕克，现任美国共和党全国委员会的司库，2017年1月当选，这是我的第四个两年任期。

我非常荣幸参加此次中国共产党与世界政党高层对话会，并且在来自各国各个政党的代表面前发言。我看到了参会的各国代表名单并环视会场，此次集会的规模和范围让我感到非常吃惊。来自120多个国家的300多个政党代表齐聚于此，可以说是世界上前所未见的政党领袖聚会。祝贺

中联部将各政党政治组织齐聚于此。尽管我们代表不同的政治制度和世界观，但是我们都向往一个和平、繁荣、合作的世界。

我从政的起点要回溯到上个世纪 70 年代初，当时我在尼克松政府任职。大家可能还记得，尼克松总统 1971 年打开中美关系的大门，从此中国全方位参与到世界舞台之中，并恢复了联合国安理会常任理事国的身份。不到 10 年的时间里，中国就从一个外交上被孤立的国家成为国际社会一个重要的参与者。

自从 1971 年以来，美国一直欢迎并鼓励中国更多参与到国际社会之中。这种参与的集大成者就是我们今天的对话，来自 120 多个国家的代表齐聚于北京，我希望在未来几天中，我们可以分享观点并进行建设性讨论，讨论一下政党在应对我们所面对的挑战方面可以发挥的作用。为了建立互信，开诚布公地讨论复杂和重要问题非常重要，因为这是我们寻求公约数并且加强合作的唯一办法。通过这样做，我们不仅可以加强互信，增进相互理解，也可以找到解决棘手问题的创造性方案。这可以说是我多年来参加中美政党对话的重要经验。

2013 年以来，我有幸参与到中国共产党与美国两大政党的系列对话之中。这种双边对话的进程是 2010 年创立的，目标就是加强中美两国主要政党（即中国共产党与美国共和、民主两党）的联系。自从 2010 年以来，我们已经进行了 9 次对话，下周我们将进行第 10 次对话。通过坦诚交流，我们可以交流观点，同时发现共同点和合作机会。通过坦诚开放的对话，我们继续加强互信，增强对彼此的了解。这样一个进程不是一件易事，但它是必要的、值得的，也是富有成效的。

去年 11 月在美国大选刚刚结束后，中国共产党与美国两大政党就在华盛顿举行对话，就选举结果及其对美国内外政策的影响交换了看法。今年我们在北京进行交流，我期待着中国共产党代表介绍第十九次全国代表大会结果及其对中国内外政策的影响。我相信，中方也期待了解特朗普总统执政一年来取得的成果以及特朗普政府对国家发展确定的目标，以及共和党如何采取措施实现这些目标。同时，你们也会了解到民主党为美国制定的目标和议程。

我期待同各位进行交流并向你们学习。我们都有很多可以相互交流学习的地方。此次聚会的多元性让我想到美国建国之初时的一个叫市民大会的传统，这种传统在美国保留至今。通过这种市民大会的形式，我们欢迎和接受不同的观点。也许我们的观点并不总是一致，但我们通过这个平台彼此交流，能够找到前进的最佳办法。

我愿再次祝贺中联部使这么多政党和组织齐聚于此。我希望"在全球交流大会"上与大家分享观点。

谢谢。

德梅克·梅孔嫩
埃塞俄比亚人民革命民主阵线副主席、政府副总理

大家下午好！

中共中央政治局常委、中央书记处书记王沪宁阁下，来自世界各地的各位政党领导人和代表，各位智库和公民社会组织的代表，女士们、先生们：

首先，我想感谢中国共产党举办这样一次历史性聚会，即中国共产党与世界政党高层对话会。此次会议的主题是"构建人类命运共同体，共同建设美好世界：政党的责任"。我很高兴能够介绍一下非洲政党的观点，即如何加强政党之间的合作，打造人类共同的未来。

全人类都有共同的信念，希望打造更加美好的生活。在这方面，非洲人民一直努力希望实现更好的生活。回顾历史，非洲深受殖民主义之害，殖民主义阻止非洲人民实现自己的目标。非洲付出无数兄弟姐妹生命代价获得政治独立，此后加强进步政党之间的合作可以说是我们塑造共同未来的一个重要因素。在实现政治独立以后，非洲人民努力建设共同的未来，建立非洲统一组织，非洲人民在建设人类命运共同体方面也发挥了重要作用。我们既反对殖民主义，也努力推动发展，推进民主化进程。在这方面，政党在动员和组织人民实现共同目标、共同未来方面发挥了重要作用。尽管我们在内部在全球都面临很多挑战，但非洲政党共同合作，制定了共同的愿景。今天，世界已经进入了非常动荡的环境之中，这需要所有政党打造更加美好的未来。我们每天在日常生活中，都越来越体会到世界

已经成为一个地球村，我们都需要作出我们的贡献，让我们的地球村实现可持续发展，实现我们所有人的共同繁荣。在此方面，世界各国政党应该共同努力，实现共同的目标，根据自身国情推动自己的发展。

非洲政党致力于建设非洲共同的未来，当然也希望打造全球共同的未来。我们通过非盟以及联合国来推动这一目标的实现。除了民主发展议程以外，非洲人民努力加强地区经济一体化，维护和平与稳定，与国际社会共同推动实现上述目标。非洲政党在应对全球挑战方面发挥着积极作用，比如在应对气候变化等方面，我们推动绿色发展倡议、打击恐怖主义、解决全球经济问题，与国际社会共同努力，尤其是与中国共同努力，非洲很多国家有类似的经历。在中国共产党领导下，中国在自身实现包容性增长的同时，慷慨与世界分享发展经验，尤其是与非洲分享经验，非洲政党和中共相互学习借鉴发展经验，有助于许多非洲政党实现可持续发展，比如埃塞俄比亚就是这样一个案例。埃塞俄比亚是非洲之角和平稳定之锚，对打击恐怖主义作出了自己的贡献。过去14年，我们一直保持两位数的增长速度。埃塞俄比亚致力于维护本地区和平与稳定，为本地区国际贸易提供了重要保障。在应对全球气候变化方面，埃塞俄比亚一直代表非洲在气候变化问题上发声，推动打造绿色经济体，努力在2025年实现无碳经济的目标。在这方面，中国对非洲兄弟姐妹的帮助非常大。因此，作为非洲政党，我们重申致力于加强彼此的合作，与其他持相似理念的进步政党进行合作，尤其是与中国共产党进行合作，推动把非洲变得更加美好，构建人类命运共同体，共同建设美好的世界。

欢迎晚宴

阿奎里诺·皮门尔特三世
菲律宾民主人民力量党总裁、参议长

女士们、先生们：

晚上好。

我与我所领导的政党——菲律宾民主人民力量党非常荣幸受到中国共产党邀请，参加中国共产党与世界政党高层对话会。

本次大会的主题是"构建人类命运共同体、共同建设美好世界：政党的责任"。这一主题凸显了政党在当今世界需要承担的责任和使命。

回顾人类历史，执政合法性大多源于"君权神授"。显赫的家庭出身、战争的胜利或精英的推举赋予了统治者治理国家的权力。此后，人类社会政治制度不断发展。人民的意志和授权成为现代政府执政合法性来源。过去，统治者可以无视臣民福祉，仅凭"君权神授"便可统治国家；但现在，政府若漠视公民利益和福祉将难以为继。

政党的诞生也源自这种"执政为民"的理念。治国理念相近的人们成立了政党，并将这些理念付诸实践。他们制定出一整套原则和价值体系，并以此指导治国实践中遇到的问题。

菲律宾选民正是因为这些原则和价值观而选择支持民力党。因此，今天我们在此不仅代表菲律宾政府，还承载了菲律宾人民的理想。

在当今地球村时代，本次对话会的举办显得尤为重要。各国均无法再与世隔绝、各自为政了。一国发生之事，往往波及他国。各国虽发展阶段不同，但面临许多共同挑战。一些国家应对挑战的理念、方法和经验正被

其他国家所借鉴。

民力党成立于 1982 年。与在座各位代表的政党相比，民力党还是一个年轻的政党。2016 年，民力党首次在菲律宾执政。

我密切关注本次大会议程，相信可以从各位身上学到很多方法经验。同时，我们并不"只取不予"，我们也期待与各位分享我们在菲律宾坚定信念、锐意改革的经验。

我们能够在对话会上相互交流，分享各自理念和实践。我相信通过参加本次对话会，我们将学到新的知识和本领，回国后为我们的同胞创造一个更加美好的未来；我们将深化不同国家政党间的交往与合作，携手创造一个符合各方期待的美好世界；我们将更加深刻理解，政党可以在各自国家和世界舞台上发挥怎样的重要作用。

我十分期待这场世界思想交流的盛会。各国政党虽然意识形态不同，但有共同的目标，那就是提升本国人民生活水平。

最后，请允许我重申民力党的政治理念、主要原则和价值观。我们推崇神道主义、人文主义、开明民族主义、民主社会主义、参与民主与协商民主和联邦制。民力党相信，如果菲律宾社会能够实现公平与安全，包括人民的富裕和幸福都将随之而来。因此，请允许我邀请所有在场的政党，携手共建一个公平安全的世界。世界繁荣与人民幸福必将由此实现。

非常感谢。

团结一心构建人类命运共同体，建设美好世界

巴妮·雅陶都
老挝人革党中央政治局委员、国会主席

女士们、先生们：

我很高兴，也非常荣幸应中共中央邀请，率老挝人革党代表团来华出席中国共产党与世界政党高层对话会。借此机会，我谨对中共中央给予代表团的热情友好接待表示衷心感谢。

我们高度评价中国共产党举办主题为"构建人类命运共同体，共同建

设美好世界：政党的责任"的高层对话会。会议为世界各国政党交流互鉴发展经验、促进各国凝聚共识提供了重要平台和良好契机，将为构建人类命运共同体、建设美好世界以及维护国际和地区和平稳定作出积极贡献。

此次对话会是在中共十九大胜利召开背景下举行的。中共十九大将习近平新时代中国特色社会主义思想作为党的指导思想，其中关于构建人类命运共同体的理念受到全世界关注。

我们高度评价习近平总书记、国家主席在高层对话会开幕式上所作的主旨讲话，讲话内容有助于与会各国政党深入领会中国共产党关于构建人类命运共同体、建设更加美好世界的重要理念、内涵和意义，有利于推动各国共同维护世界和平、稳定、合作、发展，建设一个共同繁荣、山清水秀、清洁美丽的世界，有利于各国政党加强治党治国经验交流和文化交流，巩固战略互信。

长期以来，中国共产党不断开拓创新，在中国共产党英明领导下，中国实现跨越式发展，取得巨大成就，并为维护世界和平、合作和发展作出巨大贡献，老挝人革党对此深表赞赏。

老挝党和政府全力支持习近平总书记、国家主席在 2013 年提出的"一带一路"倡议。在"一带一路"框架下，中老铁路等中方援助项目正在贯彻落实中，这有利于老挝实现"变陆锁国为陆联国"战略，加强同周边国家和世界各国互联互通。同时"一带一路"倡议与老挝经济社会发展规划高度契合，有利于实现老挝人革党十大提出的"力争到 2020 年摆脱最不发达国家行列，2030 年按照绿色可持续发展方针力争成为中等偏上收入水平发展中国家"的目标。

老挝人革党始终高度重视老中两党、两国和两国人民之间的传统友谊。当前老中是长期稳定的全面战略合作伙伴和命运共同体，双边关系不断得到深化和拓展。2017 年 11 月，中共中央总书记、国家主席习近平对老挝进行国事访问，充分彰显了老中关系的重要性。双方就加强战略沟通、构建命运共同体达成重要共识。

最后，我要诚挚感谢主办方精心筹备本次会议，祝愿此次中国共产党与世界政党高层对话会取得圆满成功。

第二次全体会议

乌里塞斯·吉拉特
古巴共产党中央政治局委员、古巴工人中央工会总书记

尊敬的中国共产党的各位同志、尊敬的世界政党的各位领导：

非常感谢中国共产党邀请古巴共产党参加此次中国共产党与世界政党高层对话会。我们认为，这是一次非常重要的盛会，通过这次活动我们可以共同交流经验和看法，同时能够帮助我们更好地应对各国国内的挑战以及全球共同的挑战。通过这次盛会，我们也可以更好地学习中国进一步建设新时代中国特色社会主义的经验。

今天我们举行的是首次中国共产党与世界政党高层对话会，我想这在政党层面来说是一次史无前例的盛会，表明了中国共产党希望建设新型国际关系和构建人类命运共同体的美好意愿。我们认为，举行这次会议是非常必要的，也是非常重要的，尤其是当前全球地缘政治结构正在发生非常重大的变化，因此在这样的情况下，我们应当加强交流来进一步促进合作，共同捍卫全球公平与正义。

与此同时，我们参加这次活动，大家也都积极建言献策，更好地凝聚共识，为我们共同构建人类命运共同体贡献力量。我们认为，构建人类命运共同体将是未来保障全球持续和平与安全，同时保障各国开放、繁荣、稳定的源泉。此次盛会也具有非常广泛的参与度，再次向全球证明，我们的社会主义道路是可行的。因为最近一段时期，许多媒体，包括一些西方国家的新自由主义论调，都在宣扬资本主义优越论并质疑马列主义的合法性。而我们看到，举行此类活动，可以对这种论调进行有

力回击。

不久之前，中国共产党成功举行了第十九次全国代表大会，我们高度评价大会所取得的成就。我们相信，这次会议将有助于中国更好地建设中国特色社会主义。同时，也能够帮助全球更好地应对我们所面对的共同挑战，包括环境污染以及腐败等等。我们古巴代表团参加此次活动，再次表明了我们的强烈意愿，那就是希望进一步加强与中国共产党和中国政府的友好合作关系，我们的合作关系是造福于双方的，中国与古巴在全球的社会主义建设中都可以为其他国家提供借鉴和榜样。

中国在几十年之前开启了改革开放进程，并且取得了举世瞩目的成就，这对古巴而言是非常有益的经验。古巴在不久之前也决定进行经济社会模式更新，在这一过程中，我们始终将人民作为古巴经济社会模式更新的主角。我们认为，建设社会主义不能基于过去的经验，这是一条未知且充满艰难险阻的道路，我们要在实践中不断摸索经验，来找到解决人类共同面临挑战的办法。现在，一些西方国家也在不断对拉美和加勒比地区的左翼和进步政府进行攻击，他们试图将新自由主义模式强加给我们。在这种情况下，我们就需要在尊重各自差异和多样性的前提下，更好地把各国人民团结起来。美国单方面对古巴进行经济、贸易和金融封锁，这是众所周知的，但大家同时也可以看到，在联合国，我们连续很多年以几乎全票通过的方式来要求美国停止对古巴的封锁。

中国共产党正在带领中国人民建设中国特色社会主义，宣布中国进入了新时代，表达了对未来的期望和信心，这让我们想到了古巴革命领袖菲德尔·卡斯特罗提出的革命精神和坚定信念。正如卡斯特罗所说的那样，只有那些坚持斗争的人才有资格创造更加美好的世界。

最后，祝贺中共十九大取得圆满成功，祝贺习近平同志再次当选中共中央总书记，在古巴这个小岛国，我们将永远祝愿中国共产党不断取得更大成就。

谢谢。

奥尔加·叶皮凡诺娃
俄罗斯公正俄罗斯党中央委员会成员、国家杜马副主席

尊敬的同事们，尊敬的朋友们：

首先请允许我代表公正俄罗斯党和公正俄罗斯党的领导人并以我个人的名义，诚挚感谢中共中央邀请我们参会。

我们积极评价中共中央总书记、尊敬的习近平同志在中国共产党与世界政党高层对话会开幕式上的主旨讲话，完全认同习近平总书记的讲话理念。开展世界政党高层对话，有助于我们共同构建人类命运共同体。

人类对未来永远充满期待，有智慧的人总是向往建立一个公平公正、人民普遍幸福的世界，但是由于种种原因，这一美好的时代迟迟不能到来。尽管人类正在解决一些问题，一些领域发生着积极变化，但总体来说，人类还是面临着诸多严峻挑战。甚至可以说，现在人类已经陷入了系统性危机之中。危机不仅仅是由客观原因造成的，更多是由政治原因造成的。

当前国际法已经无法保证一些国家不使用暴力，各国政治精英团结起来避免冲突的能力并不高，地区武力冲突频发，并有可能造成大规模流血事件。大规模杀伤性武器数量正在增长，同时人类还不断研制新型武器，这是非常危险的。

人类也面临着新自由主义全球化的挑战。一些国家将所谓的唯一民主标准强加给他国，自由、平等、公正、主权以及其他一些基本的政治概念被重新定义。政治"救世主"观念成为一些干涉别国内政行为的借口，一些国家用武力推翻别国领导人，认为这是某种通往自由民主之路，实际结果恰恰相反。这种行为导致一些地区的不稳定、武力冲突增长、混乱和人民的苦难。一些拥有强大经济实力和获取信息能力的大型跨国公司不仅影响到经济，而且还干涉了一些主权国家的内政。这些大型企业利用强力部门实现自己的全球利益。新技术革命在信息领域取得新成就，为人类打开了广阔发展前景，与此同时也带来了新威胁，包括网络成为新武器。

人类面临的另一个威胁就是恐怖主义。这是 21 世纪真正的瘟疫。尽管世界上许多国家就共同打击恐怖主义形成了共识，但一些有影响力的国家还是不愿意联合其他力量与恐怖主义抗争。当前，整个国际社会都面临着移民问题。欧盟国家移民危机不仅阻滞了欧洲一体化进程，还造成了欧盟内部问题重重。不是所有的欧洲国家都愿意遵照欧洲委员会的指示，在自己国家安顿难民。

当前新的世界秩序正在形成，西方霸权主义时代正在结束，政治向心力正在增强。现在的世界不会屈服于一个或几个力量中心狭隘的利益，也不会服务于全球垄断主义。因此，相关国家必须尽快开展对话，讨论如何加强国际战略稳定。俄罗斯提出了建立大欧亚伙伴关系倡议，这和习近平同志提出的"一带一路"倡议相契合。

当今世界互相关联度正在增强，不仅仅涉及经贸、信息，也涉及到威胁。必须呼吁国际社会联合起来，通过友善的、富有建设性的对话来解决问题。在这方面，政党承担着特殊的任务，因为政党代表着人民的利益。公正俄罗斯党和中国共产党开展的合作是政党外交的成功范例，我们支持两党开展建设性的互利合作。这种合作是基于公平、互相尊重国家利益、不干涉内部事务的基础上进行的。我们完全支持中共中央总书记习近平同志的理念。只有加强政策沟通、设施联通、贸易畅通、资金融通和民心相通，我们才能建设一个稳定、美好和持久和平的世界。

谢谢大家。

纳菲阿·阿里·纳菲阿
非洲政党理事会秘书长

我谨代表非洲政党理事会感谢邀请我们来华出席此次高层对话会，并对此表示高兴和赞赏。此次对话会为我们营造了一个进行相互有建设性对话的平台，可以让我们相互学习对方的实践经验。政党作为了解当地政治和文化根源的政治实体，是深入到社会最深处的，因此最能反映社会关切，最能实现发展和稳定，提出看法和建议，也有能力构建政治社会和文化关系。这种关系是建立在相互尊重别国文化和信仰，以及经济互惠基础上的。

毫无疑问，政党对建设人类命运共同体有着引领性的作用，政党在官方层面上发挥着引领作用，比如在立法和监督机构里，由政党代表组成的机构，我们将它统称为议会。除此之外，政党也在执行机构和政府中发挥作用。当今的世界正在经历经济、政治、气候变化等多种挑战，各国为此成立了很多行政部门，也在积极应对，但官方的努力还需要加以支持和补充，以更好地应对挑战。因此，产生了很多民间社会实体，官方依靠这些实体的能力和活动自由的优势，努力将挑战转化为机遇，这些实体中最主要的是政党组织，比如亚洲政党国际会议、非洲政党理事会、拉美和加勒比政党会议。如果看这三个组织的纲领，就会发现这些组织都是以应对上述挑战为主要任务的，并且已经就此进行磋商，就共同关心的问题展开了三方合作，我们也希望这种磋商与合作可以覆盖到欧洲政党。我们这三个政党组织开展合作的原因是我们这些组织的成员政党在所在国有着非常广泛的代表性，有能力通过立法解决人民关心的问题，也能通过自己的群众基础来提升人们的意识，并且从当地社会和文化遗产中获益，制定符合全社会期待的解决方案。

政党合作还应该包括与政党有密切关系的民间组织，因为民间组织是最有能力引领各国人民间透明对话的，并且通过这种对话，对当前世界政治、经济秩序进行改革，因为很多原因，发展中国家对这样的秩序是持保留态度的。这里我要指出的是，非洲政党理事会和中国共产党有着积极的合作，中国共产党是亚洲政党国际会议的主要成员，我们与中共的合作堪称典范，特别是青年领域的合作。青年在不久的将来就会成为我们非洲大陆政治发展的引领者，在双方合作的框架下，非洲青年来华接受培训、接受中国的经验、学习中国的经验，也学习中国共产党干部队伍建设和推动政治经济发展的经验，比如"一带一路"的倡议，这一倡议的积极影响早已超越中国国界，延伸到了很多国家。

再次对中国共产党给我这个机会来华出席对话会表示感谢，希望我们可以进一步加强双方之间的合作，共同携手构建人类命运共同体。

谢谢。

秋美爱
韩国共同民主党党首

很高兴见到中共中央总书记习近平阁下和来自世界 120 多个国家的政党领导人。我是大韩民国执政党共同民主党党首秋美爱，很高兴同世界各国政党领导人一道共同出席中国共产党与世界政党高层对话会。

我们正在进入新的时代。对于这一新时代我们肩负的使命和政党的作用，我进行了很多的思考，坚定了内心的想法。在新时代构建人类命运共同体，需要破解政治、经济、社会、文化、生态环境等一系列问题。不忘初心，牢记使命。我们所处的时代面临很多复杂的难题，越是如此政党就越要不忘初心，将时代使命铭记于心，并为之不断努力，决不能懈怠。我坚信，此次会议一定会成为在座全世界政党领导人重温初心、铭记使命的良好机遇。

可以自信地说，在大韩民国，我作为执政党党首，一直以来比任何人都更加积极地思索政党的作用和使命，致力于同国民一道，通过不断的实践和创新，把共同民主党打造成为韩国的一流政党。过去一年，韩国人民通过令世界惊叹的"烛光革命"，弹劾了违背民意的政府，选举产生了文在寅政府，树立了依法治国的典范。这一过程是通过和平方式依法进行的，体现了对时代和历史的强烈使命感。其力量的源泉正是来自于普通民众的众志成城。我为有这样的国民而感到无比自豪。

政党犹如行驶在民心大海上的航船。因此，政党不能手握权力而固步自封，要不断地革新发展，与人民同行。我期待，中国共产党最高领导人、新时代的设计师习近平总书记阁下提出的"两个一百年"奋斗目标和中华民族伟大复兴的中国梦，将为世界和平繁荣作出贡献。

今年，韩国共同民主党迎来建党 62 周年，到 2055 年将迎来建党 100 周年。一个政党的一百年应是为国为民的一百年，应是铭记时代使命的一百年。但是，在我们面前还有很多时代课题，仅凭一党之力或一国之力是无法解决的。

习近平总书记阁下指出，"时代是思想之母"。我对此深表赞同。思想没有使命和实践，是没有意义的。为了构建繁荣幸福的人类命运共同体，我们比以往任何时候都更加需要政党间的团结、合作与实践。通过此次同各国政党领导人交流，我有了一个强烈的希望，那就是要通过政党间的团结合作，共同应对时代挑战，构建人类命运共同体的幸福未来。

尊敬的各位政党领导人，共同民主党的"共同"二字就是"一起"的意思。共同民主党愿从自我做起，同世界各国政党和领导人一道，带头解决人类面临的共同课题。我们将同贫富两极分化、不平等、环境污染、生态破坏、战争、恐怖主义等对我们人民生存造成威胁的一切问题作坚决斗争，决不容许以自卫为理由对他国和平构成威胁的行为。为了实现半岛和平、东北亚稳定、世界人民的安宁，共同民主党将竭尽自己作为模范政党的作用。与此同时，我郑重请求来自全世界的各位政党领导人，对实现半岛无核化给予支持。平昌冬奥会将于 2018 年 2 月 9 日至 25 日在韩国平昌举行，希望各位同样对平昌冬奥会给予支持和声援。今天在同各位政党领导人即将惜别之际，我将会把我们的初心铭记于怀。

感谢各位的倾听。

布鲁－伯纳尔
法国共和国前进党全国委员会委员、国民议会第一副议长

李军副部长先生，各位朋友：

大家好。

首先，请允许我感谢中共，感谢你们热情的招待。在过去 3 天，我们感受到了你们的热情，我们认识了很多中国同事，同时也在这个平台上进行了丰富的讨论，我也想要祝贺这次对话会的成功举办，大家都能够从这次高层对话会当中受益。我来自的党派叫共和国前进党，是一个相对年轻的党，现在的党首叫做克里斯托弗·卡斯塔内，创始人是现在法国的总统埃玛纽埃尔·马克龙。我们这个党派是如何能够成为领导法国的党派的呢？我们看到现在人民对政治的信任有下降的趋势，人们也期待有更加年轻的政治家，这也是今天围绕在马克龙总统身边的政治家年轻化的体现。我们希望不管你来自左派还是右派，都能够实现共同的目标，实现性别的

平等，并且能够充分发挥年轻人的作用来实现国家的发展，现在我们的行动就像党派的名字一样，要向前进。

我们作为前进党，希望能够和民众保持密切的联系，希望了解到他们心里所想，了解到他们的需要，以及解决他们的问题。我们必须要扎根于法国的土地上，跟人民、跟草根站在一起，因此我们也希望能够在议会的工作以及在政党的工作中邀请更多的民众来关注和参加。现在在法国有很多的政党，他们的角色非常积极和活跃。五个月前，我们曾经和中国驻法大使有过接触，我们说过要进一步推动中法之间的合作，就像习总书记之前说到的，我们要在经济、生态、安全、科技以及反恐方面加强合作，因为这些问题都是涉及全人类共同利益的，没有一个国家可以独善其身。我们如果能够关注彼此共同面临的问题，才能够建立起更好的世界。

此外，在文化方面，我们也可以有更多的助力，共同构建人类命运共同体。今天我们知道和平是非常可贵却非常脆弱的，因此我们要加强交流，加强对话，加强合作，在对话的过程中应当非常坦诚和开放。我们的总统马克龙先生也将会支持这一观点，他非常开明地表达过，法国将会始终和中国站在一起。今天我们召开这个会议，已经为一个更美好世界的实现奠定了一块基石，我们希望和其他国家共同来分享我们的观点、我们的价值观，并且共同来进行探讨，我们也将会不遗余力地和其他国家来分享我们的发展经验。

谢谢。

达·阿玛尔巴伊斯格楞
蒙古人民党总书记

尊敬的中共中央对外联络部副部长李军先生，尊敬的各位政要、各位嘉宾，

女士们、先生们：

大家上午好。

首先，我谨代表蒙古人民党并以我个人的名义，对中共十九大的圆满

召开以及以习近平阁下为核心的中共中央新一届领导机构的诞生表示热烈祝贺。非常高兴能够代表蒙古人民党来参加此次中国共产党与世界政党高层对话会。此次会议主题是构建人类命运共同体、共同建设美好世界，共有来自 120 多个国家的 200 多个政党和政治组织的大概 800 余位代表参加。这几天我们围绕习近平新时代中国特色社会主义思想、新时代中国新发展新理念，"创新中国""中国贡献"、加强政党建设、共建"一带一路"等主题进行探讨，充分交换意见，这也翻开了世界各国政党间合作的新的一页，具有非常重要的历史意义。

蒙中是山水相连的睦邻友好国家，两国的边境线长达 4700 公里，两国全面战略伙伴关系在各领域深入发展，政治互信进一步提升，高层互访日益频繁，人民之间的相互理解不断增强，政党间合作也不断扩大。与中国发展友好合作是蒙古外交的一个优先方向。蒙中两国的交往历史非常悠久，也经历了一些曲折。蒙中关系发展至今天，起点是 1921 年蒙古人民党与中国共产党的积极合作。中国共产党奉行积极的开放政策，已经使 6 亿人实现了脱贫，以习近平阁下为核心的中国共产党在巩固以往成就的基础上，提出到 2020 年全面建成小康社会的目标，以及 2020 年至 21 世纪中叶的发展规划，相信中国的发展成就也会对蒙古经济社会发展起到促进作用。作为睦邻友好国家，我们非常愿意在习近平总书记提出的互利共赢的框架内，与中国加强经济、社会、文化、人文、投资等各个领域的合作，构筑面向未来的更长远的合作关系。

尊敬的各位嘉宾、各位女士、各位先生，中国在国际上的影响力和国际地位日益提升。国际社会仍存在贫富差距，还有恐怖活动，我们希望中国在参与解决这些问题上，发挥更重要的领导作用，各国政要也要带领本国人民共同迎接这些挑战。我想这不仅是中国一家的事情，也是人类大家庭共同的事情，我们要相互尊重各国的核心利益，尊重各国选择的发展道路，共同建设一个更加美好的世界。因此，我们要不断致力于加强联系和友好合作关系。我们蒙古人民党作为蒙古的执政党，对此非常支持。祝此次大会圆满成功，愿我们的合作进一步加强。

谢谢大家。

穆罕默德·穆萨乌贾

阿尔及利亚民族解放阵线党领导人、国民议会副议长

尊敬的李军副部长先生，女士们、先生们，

各国代表团的朋友们，兄弟们：

你们好。

首先，我谨代表我们党总书记阿贝斯先生，并且以我个人的名义，对中国共产党给予我们的热情接待和盛情款待表示感谢，这充分地反映了中国举世闻名的待客之道。阿中两国虽然相距遥远，但两国间的团结友好关系可以追溯到阿尔及利亚追求独立和自由斗争时期，这样的历史友谊为我们两国关系奠定了牢固基础。阿尔及利亚永远都不会忘记中国是最早承认阿临时政府的非阿拉伯国家，永远都不会忘记中国对阿尔及利亚的支持。阿尔及利亚人民对中国给予的帮助予以高度的赞赏。阿尔及利亚在过去20年间饱受恐怖主义的侵扰，经历了前所未有的暴力。我们不会忘记2013年阿尔及利亚中部大地震之后中国对我们的帮助。以上事例说明我们两国之间的团结友好关系是崇高的。

女士们、先生们，我们关注并且钦佩中国所取得的各项成就，中国坚持改革开放，实行社会主义市场经济，中国树立的典范是阿尔及利亚未来灵感的源泉。

女士们、先生们，正如你们所知，上世纪90年代是阿尔及利亚历史上最为黑暗的一段时期，我们倾全国之力进行反恐，今天阿尔及利亚重享安全和稳定，阿尔及利亚人民为此付出了巨大牺牲，在布特弗利卡总统的倡议下，我们实现了民族和解。

女士们、先生们，阿尔及利亚于2005年9月举行选举，这成为阿尔及利亚发展史上的根本转折。今天的阿尔及利亚是一个全新的国家，安全与稳定、和平已经重返这片土地，这也是一切经济发展和社会进步的基础。阿尔及利亚正迎来改革进程中的新阶段，我们于2016年2月进行了修宪，使宪法更好地适应国家面临的新形势，符合我们夯实共和国根基的新抱负，实现民族和解的新目标，继续通过政治经济改革推进建设国家和改革，改进国家机构的工作，实行良治，实现社会平衡。特别要提及的是，

我们还在实行其他一系列改革，包括政治体制、司法、基础教育、高等教育、家庭法等等。阿尔及利亚在过去几年更加开放，各领域成就不断涌现，经济发展逐步恢复，人民生活水平不断提高。自独立以来，阿尔及利亚为提升国际关系发挥了重要作用，为全球正义事业不断奋斗。阿尔及利亚在国际场合中还发挥了其他重大的作用，包括致力于维护发展中国家的经济独立。早在上世纪70年代初，阿尔及利亚就倡导建立一个以不干涉别国内政为基础的、新型的、均衡的国际秩序。同时阿尔及利亚积极参与解决危机及消除战争，捍卫各国人民的命运自决权，为子孙后代创造一个更加美好的明天。

阿尔及利亚和中国在很多国际问题上持相同立场，包括反恐、文明对话以及为全球经贸和科技关系奠定更加公正的基础等。当今世界仍然不稳定，世界和平和安全仍然面临威胁，我们认为联合国应该全面履行联合国宪章赋予的职能，在全球事务中发挥更加基础性的作用。阿尔及利亚致力于推动联合国进行切实改革，根据当今世界形势改革这一组织的任务和作用，以维护民主、提高效率。借此机会，我也想提及，阿尔及利亚在1971年积极支持中国重返联合国，支持恢复中国的安理会常任理事国席位，阿尔及利亚支持安理会改革，支持扩大常任理事国范围，特别是给予非洲常任理事国席位。

女士们、先生们，长期以来阿尔及利亚支持德国、也门、菲律宾等国结束分裂，谴责分裂尼日利亚和苏丹、西班牙的加泰罗尼亚的图谋，我们也支持朝鲜半岛统一，反对"一中一台"。

阿中两国过去和现在一直支持南南合作，因为两国都相信这一合作有利于我们两国。面对全球化带来的新挑战，南南合作变得尤为必要，需要我们做出特殊努力，加快区域整合，鼓励各国相互交流与合作。让我们尤为高兴的是，我们正在中阿合作论坛、中非合作论坛等地区合作机制框架下不断加强两国之间的合作。

女士们、先生们，在马格里布地区，不管我们的团结和统一努力遇到何种障碍，阿尔及利亚仍然坚持和发展马格里布国家联盟这一机制，坚持睦邻友好。我们坚信并且坚持西撒哈拉问题应该根据联合国有关决议加以解决，联合国在其决议中呼吁在西撒举行自由而公正的公投，赋予西撒人民命运自决权。此外，阿尔及利亚还坚持致力于为中东问题找到一个公正而和平的解决方案，夺回阿拉伯被占土地，让地区各国和各国人民重获被掠夺已久的安全稳定和和平，特别是维护巴勒斯坦人民独立建国的权利。在这一过程中，中国作为联合国常任理事国和国际舞台上的重要角色，能够发挥巨大和有效的作用。

女士们、先生们，过去 20 年我们的国家饱受恐怖袭击，过去的经验教训让我们可以更好地履行国际国内的反恐责任，比如非洲反恐研究中心落户阿尔及利亚，阿尔及利亚也积极参与并且举行有关反恐国际会议，我们始终冲在反恐战争的最前沿，致力于消除恐怖主义，并一再强调，恐怖主义问题跨越宗教、文明、政治界限，是一个全球性现象，各国应共同加以应对。

女士们、先生们，世界正在面临一种危险，这种危险可能威胁我们的地球，并且将人类置于危险的境地，它的影响可能比战争还要大，这种危险就是气候变化。这导致很多国家气温升高、沙漠化和用水短缺，阿尔及利亚一直以来致力于通过立法应对气候变化危机。地区层面，我们不断加强同周边国家的机制化合作和协调，共同应对沙漠化和用水短缺。在国际层面，阿尔及利亚不断支持联合国气候变化大会的各项决议，并且积极落实这些决议，因为人类未来的危机不是围绕边界的危机，而是围绕水的危机。

谢谢大家。

马哈茂德·阿鲁勒
巴勒斯坦民族解放运动副主席

中国共产党的各位同志，与会友好政党的各位朋友：

我很荣幸代表巴勒斯坦参会政党和巴勒斯坦解放组织向你们转达巴勒斯坦总统阿巴斯的问候，我们祝贺中国共产党成功举行了中共十九大，并成功选举产生了以习近平总书记为核心的新一届年轻的中央领导机构。同时，十九大对中共党章进行了修改，理论联系实际，把习近平新时代中国特色社会主义思想写入党章，成为继马列主义、毛泽东思想、邓小平理论、"三个代表"重要思想和科学发展观之后中共又一大指导思想，十九大肯定了你们过去五年在国际风雨飘摇中成功维护了中国的稳定和安全，实现了巨大进步。

我们相信，这一进步和发展将在下一阶段得到延续，帮助中国进一步向前飞跃，尽管有一些外部势力企图让中国陷入困境，疲于应付地区冲突。同志们，我来自巴勒斯坦，我们的人民对中国和中共满怀着友好和赞赏之情，与中国人民结下了深厚友谊。基于历史性的友好关系，中国一直慷慨地向我们提供各种支持和援助，一直在我们的革命和斗争进程中帮助我们。同志们，在巴勒斯坦的土地上存在着人类历史上最后的外来侵占，巴勒斯坦人民承受各式各样的压迫、犯罪和种族歧视。我们的土地被没收用于建设定居点，我们的人身受到威胁，每天在军事检查站受到死亡的威胁，现在仍然有6500名巴勒斯坦战俘被囚禁在以色列的狱中，其中被关押时间最长者已达34年，我们的圣地也面临着侵犯，他们企图控制我们的圣地，就像在耶路撒冷发生的那样。我们的清真寺、教堂和礼拜都受到侵犯和控制，以色列的侵犯挑战了全世界，挑战了国际法，挑战了联合国决议，无视任何和平努力，同时美国庇护着他们的侵犯和罪行，不仅在联合国安理会否决了任何谴责侵占的决议，还对以色列进行物资和军事的支持，这也促使侵占势力能够对我们的人们进行侵犯。

同志们，我们期待全世界所有热爱和平与自由的人士支持和帮助我们，所有热爱和平的人反对以色列的侵占，实现全世界的和平，并通过国际决议巩固和平，建立一个以1967年边界为基础、以东耶路撒冷为首都的巴勒斯坦国，保障巴勒斯坦难民回归家园的权利，并停止建设定居点，拆除已建的定居点。在此，我们期待中国凭借其国际地位和影响力以及良好的国际关系，在实现和平进程中发挥作用，这也是习近平主席在与阿巴斯总统会见时提到的，我们也希望他当时提出的四点主张能够得到响应，切实推动中东和平进程重启。

同志们、女士们、先生们，我们十分赞赏中共召开此次对话会，促进世界政党的对话、经验交流和合作，因为这有助于形成一个有影响力的、拥有共同观点和立场、造福于人类的集团。无疑，对话会的主题，构建人类命运共同体、共同建设美好世界，是全世界人民努力实现的愿望，这一主题或许有些过于积极和浪漫主义色彩，但它并非不可实现的。实现这一愿望的基础是实现人类的平等和公平，抵制不公、侵占和压迫。同志们，我们希望将此次政治盛会推向机制化，我们建议定期召开会议，可以由与会政党成立全球性或地区性的指导委员会。

再次祝贺中共十九大成功召开，祝中国的成就能够成为全世界、全人类的成就，就像我们在"一带一路"倡议中看到的那样。再次代表巴勒斯坦所有与会政党感谢你们召开此次会议，感谢你们的良好组织和热情款待。

谢谢大家。

迈赫迈特·迈赫迪·埃凯尔
土耳其正义发展党副主席

尊敬的李军副部长，尊敬的各位与会代表，女士们、先生们：

我非常高兴能够参加此次中国共产党与世界政党高层对话会，我想感谢本次主办方的邀请，也祝贺这次主办方的周到安排。我希望这次大会能够让我们就重要的全球问题交换意见。也非常高兴能有机会和大家一起分享关于构建人类命运共同体、共同建设美好世界的一些想法。

土耳其和中国是亚洲大陆两端的两个文明古国。我们两国是二十国集团成员国，经济都在蓬勃发展。此次大会可以说是恰逢其时，中国共产党第十九次全国代表大会刚刚结束，习近平主席在大会上提出了中国未来发展的战略愿景，我们相信中国的领导人将会继续推动中国发展，并且最终成功实现"两个一百年"奋斗目标。土中两国领导人自 2015 年已经会晤了三次，在今年举行的"一带一路"国际合作高峰论坛上实现了第四次会晤。习近平主席真心实意地发展与土耳其的关系，埃尔多安总统也非常愿意进一步深化和中国的关系。我们从"一带一路"倡议提出伊始就大力支持，而土耳其的"中间走廊"计划跨越亚洲、高加索和土耳其，能够进一步完善连接欧洲和中国之间业已存在的走廊。

我们希望两国达成的埃迪尔内－卡尔斯高速铁路的协议能够尽快签署，这将成为"中间走廊"项目的重要组成部分。我们相信，"一带一路"

倡议下的设施联通将为我们两国带来非常宝贵的合作机遇，我们也希望中国能进一步投资建设土耳其的大型基础设施项目，土中合作将会成为未来广大亚洲地区经济合作的典范。现在中国正在推行积极的外交政策，主要包括全球化、全球贸易的自由化以及地区经济合作。我认为，中国是一个重要的国际大国，同时也是全球经济增长的重要推动力。

女士们、先生们，土耳其奉行开创性的、有人道主义关怀的外交政策，这就意味着我们必须要主动改善人类的生存状况，预防并和平地结束冲突，结束世界各地人们的苦难。我们不能自己生活在和平当中，而对周遭人民的苦难视而不见，这也是我们对叙利亚难民实行开门政策的原因。这些叙利亚难民在过去七年中由于持续的暴力冲突而被迫离开家园，土耳其现已接纳 330 万名叙利亚难民。与此同时，我们也认为罗兴亚穆斯林的遭遇应该尽快结束。自 2017 年 8 月 25 日起，已经有 60 万缅甸平民逃往孟加拉国。在国际层面，我们应该帮助孟加拉和缅甸，尽快保证难民能够自愿、安全并且有尊严地返回家园。

的确，在"一带一路"倡议中民心相通是一个非常重要的方面，这一点也让我们大家都有了新的人道主义责任。女士们、先生们，还有另外一个全球性安全问题，即恐怖主义。大家知道，土耳其正在积极打击恐怖组织，比如库尔德工人党、人民保卫军、叙利亚库尔德民主联盟党、"伊斯兰国"和军团组织等等。这些恐怖主义组织不仅威胁地区稳定，同时也威胁着在"一带一路"倡议合作框架下的"中间走廊"的安危，为了复兴连接中国到欧洲的丝绸之路，我们必须要在本地区阻止这些恐怖组织的发展。还有一些其他的全球问题，比如难民问题、反恐问题。可以说，联合国没有为解决这些问题提供解决方案。不幸的是，当前的联合国系统可以说是失灵的。我们相信，中国、土耳其以及来自其他国家的代表都认为，我们现在有必要改革联合国系统，从而构建人类命运共同体。

女士们、先生们，土耳其的开创性和人道主义外交政策使其具有多维性。土耳其是欧洲委员会成员、上海合作组织对话伙伴国、经合组织成员，正和欧盟进行入盟谈判，同时也是东盟地区对话伙伴国。今年我们将担任伊斯兰合作组织的轮值主席国，并将担任"中等强国合作体"的轮值主席国，还包括黑海经济合作组织以及亚洲议会大会，这些都展示了我们立体化的外交政策。

尊敬的各位代表，我想感谢主办方邀请我参加此次大会。最后我想说，2018年是中土旅游年，我也希望这个特殊的年份能进一步提升土中两国关系水平，同时也让两国人民的心连得更近。土耳其和中国将在未来继续开展合作，造福土中两国，造福我们的邻国，造福整个世界。

谢谢大家。

让·克雷蒂安
加拿大自由党前领袖、前总理

女士们、先生们，尊敬的各位来宾、各位朋友：

首先，我先向所有在座的来宾致以崇高的敬意，同时向中国共产党举办这次高层对话会致以诚挚的敬意。在这个平台之上，我们拥有非常丰富的交流，所以我非常荣幸能够参加这次政党对话会。与此同时，我们也看到了中国令人非常惊讶的发展，这一次我是作为加拿大的前总理来参加这次对话，我们非常关心加拿大的跨太平洋伙伴关系，同时我作为加拿大自由党的前领袖，加拿大自由党在过去150年中都反映出加拿大的价值观，加拿大人也非常认可我们党，因为在过去150多年中，我们党大多数时间都是执政的。我在当总理期间，至少每年来中国1－2次，因为很多人都知道，中国是我的一个重点关注对象。人们经常会问我，中国正在走向何方？中国的意图到底是什么？我告诉他们，中国的发展对世界是有好处的，在过去25年中，中国帮助了很多人脱贫，同时也提升了整个世界人民的生活水平。在星期五的时候我们听到了习近平主席的主旨讲话，习主席说，中国不会推行扩张性的目标。我经常和人们开玩笑说，中国的领导人每天都要照顾13亿中国人，他们已经非常忙了，他们没有时间去管世界的其他地方。

我在上世纪九十年代带领加拿大的贸易代表团来中国的时候，我当时就意识到中国这个中央之国的重要性以及它的发展潜力。中国的影响力和它的经济实力对于整个世界实现未来的繁荣是至关重要的，不管是

"一带一路"倡议还是中国与其他国家的双边贸易伙伴关系，中国正在为世界的繁荣做出自己的贡献。比如今天，加拿大总理特鲁多即将抵京，进一步构建和中国在贸易、文化、人文之间的联系，特鲁多也是来自于加拿大的自由党。加拿大正在发展和亚洲的重要关系，实际上特鲁多的父亲在美国之前就已经承认了中华人民共和国。我在上世纪九十年代和二十一世纪的前几年，也在和中国发展强劲的关系。现在加中两国政府和企业之间正在寻找新的发展机遇来构建我们的友谊，我强烈地认为，国家与国家之间的自由贸易能够发展我们之间的友谊，以及我们之间的文化和经济联系。

2018 年是加中旅游年。中国是加拿大第三大游客来源国，而且这个数字将会继续增长，我们将在中国设置越来越多的签证申请点，这会让更多中国旅游者来到我们辽阔的国家。同时，普通话也是加拿大使用频率第三高的语言，仅次于英语和法语。中国和加拿大之间有很多的共识，比如我们共同使用绿色科技来抗击气候变化。气候变化是摆在所有人面前的一个挑战，它让我们的世界变得更加脆弱，我们必须要共同努力，来为我们的子孙后代着想。这就是为什么我们必须要发展技术来生产新能源，避免产生的污染来威胁我们人类的健康。我们必须要为共同的未来努力。核能是很好的技术，它能够为我们带来持续的清洁能源，从而满足现代社会的需求。我可以自夸一句，加拿大的 Cindo 核技术发展非常好，同时加拿大人也非常希望能和中国开展核技术方面的合作，让我们的环境更加清洁、更加安全。我们的重水技术能够使用其他核反应堆的废料来工作。不可否认的是，这种技术正在改变着我们的社会。

最后，我们今天会议的主题是构建人类命运共同体，共同建设更加美好的世界。我们所有人都应该加强对话，就像今天所做的那样。中国共产党所提出的倡议是非常好的倡议，我相信如果所有国家都能够相互开展对话，如果所有的国家之间都能够开展贸易、分享技术，这个世界将会变成一个更好的世界。我也相信，本次会议将会为构建美好的世界做出自己的贡献。

谢谢。

哈塔姆容·凯特莫诺夫

乌兹别克斯坦人民民主党主席、立法院副议长

尊敬的各位代表：

今天已经是对话会的第三天。对话会的主题非常具有现实意义，因此我认为，所有参会代表都将积极参与到讨论当中。的确，时代要求在构建全人类美好世界的进程中，政党一定要积极发挥自己的政治作用。习近平总书记在具有历史性意义的论坛第一天的讲话，正是构建新型国际关系的重要一步。我们不仅支持这一倡议，同时也将积极付诸实践。当今世界飞速变化，人类遭受了来自全球化、经济危机等方面的负面影响，世界各国也都不同程度上遭受了恐怖主义、极端主义、跨境犯罪、毒品走私、全球生态灾难的侵袭。今年11月10日，在撒马尔罕举办了以"中亚——共同的过去与未来：为了稳定发展和共同繁荣而奋斗"为主题的国际会议。米尔济约耶夫总统指出，如今，不能将安全威胁区分为内部的和他国的，而应秉持共同安全观。

此次国际会议还提出，对于中亚国家来说，保障安全和稳定尤其具有现实意义。因为该地区拥有丰富的自然资源和独特的文化文明潜力，但与此同时我们也和一些充满不稳定因素和冲突的国家毗邻，遭受到了来自外部的消极影响。借此机会我想特别强调，保障国家安全并不仅意味着同当今世界的威胁作斗争。在此方面我们非常赞同中国共产党的立场，因为中国共产党为应对全球和地区危机提出了光荣而艰巨的任务——共同建设美好世界，并传承给我们的子孙后代。

乌兹别克斯坦人民民主党在"构建什么样的美好世界"方面有自己的看法。首先，这个世界必须是对子孙后代高度负责的世界。一定要关心人们最基本的生活基础，保护环境，保障年轻一代拥有美好的未来，保障老年人能够安享晚年。这个世界必须要承认并且保障每个人的根本权益和自由，让每一个家庭和孩子都能享有幸福安宁的生活。这个世界必须是全人类各民族的共同家园。拥有不同政治观点和信仰的人们能够在这个世界和谐共生。这个世界必须要有植根于历史文化传统和丰富思想文化遗产的优质教育和文化，世界人民齐心协力共同发展并不断充实现代人类文明。这

个世界还必须是一个没有对人类现代文明造成威胁的战乱及全球性灾难的世界。

当然，每位代表都有自己关于构建一个什么样的美好世界的愿景。这个世界不只拥有一种美好的图景，世界的美好正在于它的多样性。所以我认为，我们应该将我们的未来和理想紧密联系在一起，政党则应同心协力，为共同的目标而奋斗努力，因为只有这样才能够实现我们的共同梦想。最后，我想代表乌兹别克斯坦代表团表示，我们乌兹别克斯坦政党愿在构建人类命运共同体、建设美好世界方面加强党际合作，并且积极参与到这一进程中。

谢谢大家。

闭幕式

皮埃尔·恩戈洛
刚果（布）劳动党总书记、参议长

尊敬的中国共产党领导同志、尊敬的中联部部长宋涛先生、尊敬的各国政党领导人，女士们、先生们、各位来宾：

首先，我谨向中国共产党致以崇高敬意和诚挚谢意。中方邀请刚果劳动党参加中国共产党与世界政党高层对话会，体现了两党之间的深厚友谊。此次高层对话会意义重大，各国政党在中共的倡导下汇聚一堂，为人类社会未来发展方向建言献策，为建设清洁美丽的世界、造福各国人民贡献智慧。

在此，我谨向以习近平同志为核心的中共中央为当今世界发展作出的卓越贡献表示高度赞赏。

女士们、先生们，同志们，

请允许我代表刚果劳动党主席德尼·萨苏－恩格索总统，向维护人类共同利益的伟大领袖习近平总书记转达亲切问候。

萨苏总统向习近平总书记致以衷心感谢，承诺将继续推动刚中两党、两国、两国人民之间的友好合作关系不断深化。

尊敬的中国共产党领导同志，各位来宾，

刚果劳动党代表团抵京后，对中国的发展速度赞叹不已，相信其他国家代表团亦感同身受。在习近平总书记统揽全局、高瞻远瞩的英明领导下，中共带领中国人民取得了巨大发展成就，中国社会面貌日新月异，推动国际秩序向更加均衡的方向发展。萨苏总统与刚果劳动党领导集体对中共十九大成果的落实充满期待，对习近平同志再次当选中共中央总书记及习近平新时代中国特色社会主义思想写入《中国共产党章程》表示祝贺。

当前，中国国家建设稳步推进，规划了到本世纪中叶把中国建成富强民主文明和谐美丽的社会主义现代化强国的发展蓝图。

中国经济社会发展不断取得显著成绩，不仅打破了一些国家对中国的陈旧偏见，而且使中国在国际舞台承担起更加重要的责任。中国具有大国担当，通过提出"一带一路"倡议，切实增进各国人民团结，维护世界和平，向全球尤其是危险地区人民提供安全保障，使更多国家民众共享发展红利。

在此次高层对话会上，来自全世界120多个国家的近300个政党和政治组织领导人齐聚北京，充分体现了中方愿同各方共同开创光明未来的伟大意愿。

刚方认为，高层对话会是中国共产党和习近平总书记为世界各国政党搭建起的宝贵平台，各方跨越重重障碍、摒弃利己主义，为推动构建人类命运共同体、携手建设更加美好的世界注入强劲动力。

各国政党将携手努力，从治国理政角度出发，建设更加和平、公正、自由、繁荣的新世界。

参加此次国际盛会的各国政党一致认为，在推动世界发展的全新力量中，中国共产党及其领导人习近平总书记将起到关键性的火车头作用。

刚果劳动党对此次受邀参会深感荣幸，并表示：

——愿为推动世界各国构建人类命运共同体作出不懈努力；

——高度赞赏通过各国政党交流平台，共建和平安全的命运共同体理念；

——愿与各国政党共商共享，探索能够切实解决日趋严重的全球性问题的路径；

——呼吁国际社会关注各国人民日益增长的美好生活需要，寻找造福各国人民的可行方案；

——坚决消除阻碍人类发展进程的不确定、不稳定因素；

——弘扬各国利益交融、命运与共的理念，推动建设更加公平公正的美好世界；

——坚信没有国家能够在人类共同挑战面前独善其身。

最后，刚果劳动党谨向中国共产党、习近平总书记和中国人民表示诚挚谢意，感谢中方举办此次盛会，使世界各国政党齐聚北京，共商发展大计，并对刚果劳动党代表团给予了热情接待和周到安排。

——为建设一个充满希望的世界，前进！

——世界大团结万岁！

——刚中合作万岁！

谢谢大家。

吉科·卢维尼
斐济优先党领导人、议长

尊敬的宋涛部长，中联部的各位同仁，各位阁下，各位政党代表，

女士们、先生们：

我愿借此机会，对中共中央对外联络部邀请我出席中国共产党与世界政党高层对话会并在闭幕式上发言表示感谢。

此次高层对话为世界各国政党提供了相互交流的平台，各方就共同建设一个美丽的世界交换了看法。之前结束的全体会议和会后各政党代表的反馈充分表明，此次对话会达成既定目标，取得圆满成功。

在此，我祝贺习近平总书记阁下再次当选中国共产党中央委员会总书记。习近平总书记是斐济人民的老朋友，他的再次当选有利于斐中两国关系迈上新台阶。

中国共产党第十九次全国代表大会意义非凡，形成了习近平新时代中国特色社会主义思想，描绘出中国从现在到本世纪中叶的发展道路。中共十九大不仅为中国的发展指明方向，也鼓励各方采取全球性行动，为世界的和平、发展、繁荣注入了活力。

习近平总书记呼吁各方保护人类赖以生存的地球，建设山青水秀的家园，鼓励不同文明之间和谐共存。因此，保护环境至关重要。斐济主办的《联合国气候变化框架公约》第二十三次缔约方大会将成功贯彻《巴黎协定》，应对气候变化等威胁世界和平的挑战。斐济赞赏中国在气候变化领

域提供的支持和帮助。

气候变化政策的落实，离不开各国领导人、政党和基层群众的广泛参与。减缓和适应气候变化带来的影响，需要立足于实际。

作为发展中国家，斐济的多项体系都与中国模式类似。斐济的模式基于以下原则：一是强大的领导力和治理能力，这为斐济带来连续八年的经济增长。二是任人唯贤，根据工作表现和声誉，将合适的人放在合适的职位。三是制定重点长远计划，体现在斐济未来 5 至 20 年的国家发展计划中。

在政治领域，中国始终坚持对斐济平等相待、互相尊重主权、不干涉斐济内政，中国也尊重斐济根据本国国情自由选择发展道路的意愿和权利，我们对此深表感谢。

在相互支持和协调方面，斐济与中国拥有诸多共同利益，包括共同履行维和义务，维护世界和平与繁荣。

中国享有民主的政治体系，人民在基层享有直接参与权。这一民主体系对中国模式的成功至关重要。但我们注意到，习近平总书记在开幕式上指出，中国共产党不"输入"外国模式，也不"输出"中国模式，不会要求别国"复制"中国的做法。

我支持习近平总书记呼吁不同文明和谐共存、国家和平共处、人民生活幸福并远离贫困。中国已经成功将贫困率降至 4%，我们有理由相信中国最终会实现减贫目标。在未来的对话中，我们也愿继续就消除贫困展开讨论。

习近平总书记提出，各国政党应搭建多种形式、多种层次的国际政党交流合作网络。为此，应倡议将中国共产党与世界政党高层对话会机制化，使之成为具有广泛代表性和国际影响力的高端政治对话平台。我希望这一倡议能得到在座各位的支持。

我希望通过人文交流，继续加深斐中两国执政党和立法机构的联系。

我想引用习近平总书记的讲话作为结语，"我高兴地看到，中国同世界各国的友好合作不断拓展，人类命运共同体理念得到越来越多人的支持和赞同，这一倡议正在从理念转化为行动。"

最后，再次感谢习近平总书记阁下，他精彩而具有远见的讲话为各政党制定发展目标打下了坚实的基础。

尊敬的阁下，女士们、先生们，谢谢大家！

易卜拉欣·艾哈迈德·奥马尔
苏丹全国大会党领导人、国民议会议长

中共中央政治局委员、国务委员杨洁篪阁下，中国共产党中央委员会各位委员阁下，世界各国政党的领导人、与会来宾、各位兄弟姐妹、各位中国共产党党员：

大家好！

首先，请允许我向兄弟的中国人民和中国政府转达苏丹人民和苏丹政府的祝贺和问候，并就中共十九大胜利召开，向中共中央总书记习近平阁下和中共全体党员表示热烈祝贺。中国共产党在治国治党领域取得了成功，实现了巨大的飞跃，并根据时代要求对党章作出了修改，为中国的未来发展开辟了更加广阔的前景，兄弟的中国人民必将实现对繁荣、发展、稳定和进步的追求。

所有关注中国共产党发展历程的人都知道，中国共产党成立于1921年，中国共产党为造福拥有五千年悠久历史的中华民族付出了巨大的牺牲，竭尽所能服务中国人民，为中国开创更加美好的未来。中华人民共和国的诞生是人类历史上的重要里程碑，68年来，中国共产党始终坚持爱国、团结、忠诚，为世界树立了良好典范。中国共产党领导中华民族建设新时代社会主义，在极短时间内带领中国实现了经济、政治、社会、文化等各个领域的巨大发展。在这一过程中，中国共产党创造性地根据中华民族的历史特点和文化特性确立了自身的政治制度，取得了令世人瞩目的成就，中国开创了中国特色社会主义实践，中国特色社会主义扎根于几千年的中国文明史。

女士们、先生们，近期中国共产党领导制定了第十三个国民经济和社会发展规划，提出了统筹推进"五位一体"总体布局，中国已成为世界第二大经济体，中国对世界经济的贡献率达到了30%，中国的创新也从未停止。中方提出的"一带一路"倡议是一项宏伟的世纪工程，旨在在互利共

赢的基础上实现世界各国的均衡发展。

尊敬的各位来宾，中共十九大表明，中国有能力在习近平主席的领导下实现发展与创新。中国呼吁共同构建人类命运共同体，这已写入《中国共产党章程》，成为《中国共产党章程》的一部分，这对全世界来讲都具有十分重要的意义。但是，我们要如何实现共享进步、和平和体面生活的人类命运共同体？可以通过开放的方式来加以实现，国与国之间的界限不应该阻碍各国的共同发展，国家的主权也不应妨碍各国人民之间的相互交流。一国人民争取实现自身繁荣昌盛，不应该以牺牲他国人民的利益为代价，开放不能破坏世界的多元化特点，否则世界将变得黯然失色，只有不同战略、不同思想、不同理论同时存在，世界的多元化才能够真正实现。

曾经有人说，资本主义及自由主义和民主是人类社会理念的终极形态，他们认为社会主义无法适应时代要求，跟不上时代发展步伐。有时候人们也认为，世界上只有两种理念形态，即资本主义和社会主义，但是我们认为还有其他的选择。习近平新时代中国特色社会主义思想已经写入《中国共产党章程》，这一思想致力于携手建设美好世界，有利于全人类的共同利益。因此我们认为，现在世界上有区别于自由的资本主义和僵化的社会主义的全新理念形态，可供选择的模式也不只一个，世界的多元化应该允许不同的理论存在，各个国家不应该失去各自的特点，不同的思想理念秉持的原则各不相同，价值观也各不相同，因此我们应该研究如何更好地推动世界的多元化。我们应该共同努力，共同推动世界的多元化向前发展。

各位兄弟姐妹，中国共产党倡导举行此次中国共产党与世界政党高层对话会，我觉得这次会议的举行恰逢其时。这一创新方式表明，中国共产党已准备好与世界各国和谐、和平相处，此次会议的规模前所未有，120多个国家、200多个政党响应中国共产党的倡议，积极与会，这充分说明了习近平总书记所说的大就要有大的样子。此次会议为我们提供了对话交流的机会、互学互鉴的机会，我们高度评价习近平总书记的主旨讲话，以及他提出的维护世界和平、加强发展、加强文明交流互鉴的建设性理念。世界应该是丰富多彩的，文明也应该是多种多样的，地球是全人类的共同家园，我们还要感谢习近平主席提出未来五年将向世界各国政党提供 1.5

万个来华交流的机会，我们也完全支持中国共产党与世界政党高层对话会实现机制化。

各位兄弟姐妹，苏丹与中国之间的关系源远流长，苏丹全国大会党和中国共产党的伙伴关系持续发展。两党于2003年签署了战略合作协议，苏中两党关系已成为党际交流和党际关系的典范，我们两党在经验交流、干部培训等领域开展了很好的合作，并在政治领域保持密切的协调配合。

我们再次祝贺中共十九大成功召开，期待着两党关系提升到更高水平，造福于双方的人民。我们也呼吁世界各国政党研究苏中两党合作的经验，造福于世界各国人民，实现各国的共同发展。祝兄弟的中国人民在习近平总书记的英明领导下，不断取得进步与繁荣。

谢谢大家。

玛里娜·塞莱尼
意大利民主党领导机构成员、众议院副议长

各位朋友，各位同仁：

非常感谢各位，我非常荣幸今天参加这个会议。

本次论坛参加的人数之众，再次证明了大家对中国以及中共十九大成果的关注，我们的关注程度不仅与中国人口、经济发展、地缘地位息息相关，而且与之匹配。因此，我们应该更加了解和学习今天的中国。中国是一个伟大的国家，正逐步迈向世界舞台的中心，它不仅能够认识到国内所面临的挑战，同时也对全世界有所期待。在一个多极、多中心的世界当中，稳定与安全取决于每一个成员的行为。在习近平主席的领导下，中国向全世界发出了一个重要的信号，就是中国充分意识到了他的大国责任。和平与安全在全球层面面临各种各样的挑战，这就要求我们进一步加强政治上的合作，来应对气候变化、贫困、饥饿等无法由任何一个国家单独应对的挑战。

中国共产党最近提出雄心勃勃的发展目标，也就是两步走的世纪发展目标，它不仅面向未来五年，而是一个面向未来三十年的长期规划。"一带一路"倡议蕴含着新丝绸之路的理念，并且被写入中共党章，具有重要

意义。这一倡议提出在陆地和海洋实现基础设施建设的互联互通，在这当中，从中国通往欧洲腹地的通路是非常重要的。它能让非洲国家也参与其中，这是积极发展、推动各国生产体系互联互通的重要步骤，我们不应回避，因为它会为所有人带来更多的繁荣福祉。中国即将面临的问题和中国领导人即将在未来数年迎接的挑战，其实与世界各国是非常相似的，我们必须采取共同的行动，只有这样才能找到解决这些问题的方案。

女士们、先生们，全球化的世界要求在全球治理领域实现更好的竞争管控，特别是在金融市场、促进可持续发展、应对气候变化、帮助各国保护中产阶级等方面。中产阶级目前面临挑战，有些国家甚至还没有一个庞大的中产阶级群体。我们的政治立场应该是拒绝投机，鼓励金融体系健康发展。

总的来说，我们认为民主的治理方式就是应该保护人民，使他们不会成为全球化的失败者，这需要很多国家在制定政策时推动更好的公平发展、均衡发展的理念。也有人十分强调自身的文化传统和意识形态根源，或者说是宗教根源，在全球化的时代，民族主义、保护主义和原教旨主义的声音似乎变得更为强大。全球挑战需要全球的应对措施，21世纪的大部分问题都是超国界的，如果我们的国家治理体系仍然同200年前一样的话，也就是依据国家的主权和国家利益来行事，就会落伍。我们注意到，在全球化的进程中，许多人面对问题束手无策，一些民族国家难以找到出路，我们应让国际社会发挥更为重要的作用，至少制定一系列规则，实现更好的全球治理。

我们每个政党虽然有着不同的政治体制和理念，但是我们应该成为全球化的积极参与者，实现超越国界的合作。我们应增加国际上的交流，在国际会议上加强理念的沟通，比如像今天这样一个场合。我们认为，消除不公平、消灭贫困是重要议题之一。欧洲一直非常重视这一议题。我想，对于中国和世界上许多国家来说，这也是非常重要的。这是工业化发展和现代化进程带来的问题，2030可持续发展目标和非盟2063年发展目标都认为，和平与稳定至关重要，它不仅能够帮助大家实现可持续发展，同时也能够实现其他一系列经济社会目标，应对各种各样的和平挑战，特别是安全和发展方面的挑战，如恐怖主义、暴力、极端主义以及大量难民移民和国内流离失所者等现象，另外也包括青年人失业、社会不公平、贫困和社会排斥等问题。非洲各国正在努力解决出现这些问题的根源，因此支持非洲和平发展对于全球安全与繁荣而言是一项重要投入，我们应该加强同非洲各国的合作，促进非洲发展，帮助其实现发展目标。不论是欧洲还是中国，都应帮助非洲来实现这些目标，正如大家所见，我们今天在论坛上所提出的问题，数量众多，很棘手、很难解决，但是我们作为政治家，不能畏难放弃。

最后我想说的是，一位伟大的政治家纳尔逊·曼德拉先生曾经说过，当我们书写时代时，我们也会被时代所标记。我们应该漠视世界危机，还是去解决或应对世界的危机呢？

谢谢大家。

三　专题发言

新时代的中国共产党与世界

一 习近平新时代中国特色社会主义思想

李书磊

中共中央纪律检查委员会副书记

（发言提纲）

习近平新时代中国特色社会主义思想内容非常丰富，全面从严治党是其中的重要内容，我简要谈一下对这方面内容的理解和体会。

一、全面从严治党是中国共产党的性质所决定的，也是党的执政地位、执政环境的现实要求。

——中国共产党是中国工人阶级的先锋队，是中国人民和中华民族的先锋队，党必须保持这种先锋队性质，这就需要对党有高的标准、严的要求。

——执政地位意味着党对国家、人民的巨大责任，握有执政权力的政党必须有更严格的自我约束，防止党员干部追求不正当私利。习近平总书记反复强调，当官就不要发财、发财就不要当官。权力也意味着巨大的风险，社会上存在着对权力的"围猎"，只有通过从严治党才能抵御这种风险。

二、以认真的态度正风肃纪，以严厉的措施惩治腐败，要有坚定、果敢的历史担当。

——整顿党风从身边的事、具体的事严起。如公款接待超出标准、公车私用就给处分，让党员干部形成对纪律的敬畏，养成公私分明、简朴节约的习惯。这种执纪也有很大的政治意义，即让执政党的干部不脱离人民、不养成官僚主义的习气。

——必须严厉惩治腐败，保持对腐败的高压态势。五年来依纪依法查处的省军级以上党员干部、其他中管干部就达 442 人，力度空前，震慑巨大。同时也着重惩治群众身边、直接侵害群众利益的腐败，"老虎苍蝇一起打"。

——正党风、反腐败是党对市场经济条件下、中国现代化进程中所面临突出问题的有力应对，要有勇气和担当精神。习总书记说："得罪千百人，不负十三亿。"反腐败也是为中国经济、社会发展扫清障碍，创造公平、健康的竞争环境和发展条件。

三、必须强化对权力运行的监督，形成有效的监督制度，把权力关到制度的笼子里。

——对权力的监督是政治的规律性要求。对于反腐败来说，查办案件是治标，监督制度的完善是治本，必须标本兼治。

——首要的是党内监督。党委负监督的主体责任，要全面负责；纪委是监督的专责机构，要有相对的独立性与权威性；党员自下而上的民主监督是党内监督的基本方式。

——巡视是党内监督的战略性制度安排。巡视监督非常有效，有"利剑"效应。巡视属于党内监督，但巡视组对被巡视地方、单位来说又是外部监督，不受利益羁绊；巡视过程中要大量倾听群众意见和诉求，又是组织监督和群众监督的结合。

——党内监督还要与国家机关监督、民主党派监督、群众监督、舆论监督结合起来，形成监督合力。

——把制度建设放在首位，完善各个层面的法规、制度。特别要针对查处案件中发现的制度漏洞不断改革、修补。制度要切实、管用，有落实的机制。

——监督制度建设的目标是实现国家治理体系和治理能力的现代化，使中国特色社会主义制度得以完善、成熟。

四、从严治党的根本措施是坚定全党的理想信念，建设健康的政治文化。

——理想信念是"总开关"。共产党是有信仰的党，信仰、信念是党员的精神支柱、力量源泉，也是抵御腐败的有力武器。要加强理论教育、思想教育，把思想建党与制度建党紧密结合，建立起强大的思想防线。

——政治文化是政治生活的灵魂，对政治生态具有潜移默化的影响，要注重党内政治文化建设，创造积极健康的党内政治环境，使党员干部受到熏陶，养成良好的行为习惯。

——党员干部个人要严于修身，不断增进理论素养、文化素养、道德素养，继承发扬共产党的优良作风和中国优秀传统文化。包括要养成读书、学习的习惯，经历真实的精神生活，提高自己的人格境界和精神情操。

习近平全面从严治党的思想既体现在理论、理念的深刻阐述之中，又体现在管党治党的成功实践之中。这一思想为现代国家特别是发展中国家的政党建设、为政党在执政条件下保持纯洁性和生命力提供了中国经验和中国方案。

谢谢大家！

新时代中国建设和发展的理论指引和行动纲领
——准确理解习近平新时代中国特色社会主义思想

张 季
中共中央政策研究室副主任

尊敬的女士们、先生们、朋友们：

中共十九大将习近平新时代中国特色社会主义思想确立为我们党的行动指南，实现了中国共产党指导思想的又一次与时俱进。这是中共十九大的一次重大历史贡献。

习近平新时代中国特色社会主义思想是伟大理论的创新

中国共产党是一个不断创造历史、不断创新理论的马克思主义政党。中共十八大以来，以习近平同志为核心的党中央面对世界经济复苏乏力、局部冲突和动荡频发，全球性问题加剧的外部环境，面对中国经济发展进入新常态等一系列深刻变化，以巨大的政治勇气和强烈的责任担当推动党和国家事业发生历史性剧变，使中国特色社会主义事业取得了前所未有的全方位、开创性成就。中共十八大以来，在新中国成立特别是改革开放以来我国发展取得重大成就基础上，经过砥砺奋进，中国特色社会主义进入了新时代。在这一历史过程当中，我们党形成了习近平新时代中国特色社会主义思想。

习近平新时代中国特色社会主义思想是对中国特色社会主义进入新时代后的新的实践经验的科学概括，也是对共产党执政规律、社会主义建设规律、人类社会发展规律认识的深化，具有伟大的理论创新意义。它从理论和实践结合上系统回答了新时代坚持和发展什么样的中国特色社会主义，怎样坚持和发展中国特色社会主义这个重大理论问题。

习近平新时代中国特色社会主义思想是马克思列宁主义、毛泽东思想、邓小平理论、"三个代表"重要思想、科学发展观的继承和发展，是马克思主义中国化的最新成果，是党和人民实践经验和集体智慧的结晶。这一科学理论体系紧密结合新的时代条件和实践要求，开辟了马克思主义新境界，使当代中国马克思主义展现出更强大、更有说服力的真理力量。这一科学理论体系不仅是新的历史条件下我们党治国理政的伟大纲领，而且为解决人类问题贡献了中国智慧和中国方案，具有深远的世界意义。

习近平新时代中国特色社会主义思想具有丰富内涵

习近平新时代中国特色社会主义思想覆盖全面、内涵丰富，具有鲜明的继承性、创新性、人民性、科学性，是一个系统完整的科学理论体系。

一是根本主题和目标任务。明确坚持和发展中国特色社会主义，实现社会主义现代化和中华民族伟大复兴，"中国梦"打通了过去、现在和未来，把国家梦、民族梦、中国人民的梦和世界人民的美好梦想连在一起。"中国梦"的本质是国家富强、民族振兴、人民幸福。

二是国情实际和发展方向。明确新时代中国社会主要矛盾是人民日益增长的美好生活需要和不平衡不充分的发展之间的矛盾。必须坚持以人民为中心的发展思想，不断促进人的全面发展、全体人民共同富裕。

三是总体布局和战略布局。明确中国特色社会主义事业总体布局是"五位一体"，即统筹推进经济建设、政治建设、文化建设、社会建设、生态文明建设；战略布局是"四个全面"，即推进全面建成小康社会、全面深化改革、全面依法治国、全面从严治党。要坚定道路自信、理论自信、制度自信、文化自信，不断开创中国特色社会主义事业新局面。

四是发展动力和战略步骤。明确全面深化改革总目标就是完善和发展中国特色社会主义制度，推进国家治理体系和治理能力现代化，这是实现中华民族伟大复兴的发展动力和战略步骤。

五是法治环境和法治保障。明确全面依法治国总目标是建设中国特色社会主义法治体系，建设社会主义法治国家，这是为实现中华民族伟大复兴提供法治保障。

六是军事条件和军事保障。强国必须强军，明确在新时代强军目标是建设一支听党指挥、能打胜仗、作风优良的人民军队，这是实现中华民族伟大复兴的军事保障。

七是国际环境和外交保障。明确中国特色大国外交要推动构建新型国际关系，推动构建人类命运共同体，这是为实现中华民族伟大复兴提供良好的国际环境。

八是领导力量和政治保证。明确中国共产党是最高政治力量，提出新时代党的建设总要求，这是为实现中华民族伟大复兴提供政治保证。

这八个方面的核心内容，分别从主题目标、价值导向、总体方略、发展动力、法治保障、军事保障、国际环境、政治保证来讲的。这一思想的精神实质，就是要实现从大国迈向强国的理论。

习近平新时代中国特色社会主义思想是实现中华民族伟大复兴的行动指南

习近平新时代中国特色社会主义思想作为当代中国马克思主义，是指引完成新时代中国共产党历史使命的理论灯塔，是进行伟大斗争、建设伟大工程、推进伟大事业、实现伟大梦想的科学理论指引。

围绕贯彻落实习近平新时代中国特色社会主义思想，中共十九大报告提出了新时代中国特色社会主义基本方略，并概况为"十四个坚持"。这"十四个坚持"包括：坚持党对一切工作的领导；坚持以人民为中心；坚持全面深化改革；坚持新发展理念；坚持人民当家作主；坚持全面依法治国；坚持社会主义核心价值体系；坚持在发展中保障和改善民生；坚持人与自然和谐共生；坚持总体国家安全观；坚持党对人民军队的绝对领导；坚持一国两制和推进祖国统一；坚持推动构建人类命运共同体；坚持全面从严治党。这"十四个坚持"，既是习近平新时代中国特色社会主义思想的重要组成部分，也是落实习近平新时代中国特色社会主义思想的实践要求。"十四个坚持"每一条都有很强的现实针对性和指导性。

站在新的历史方位，中国正以面向未来的战略抉择，为解决人类问题贡献了更多智慧和方案。新时代中国的发展将为世界带来更多机遇，中国愿同各国一道努力，推动构建人类命运共同体，携手创造人类美好未来。

谢谢大家！

甄占民
中共中央党校副校长

各位来宾，各位朋友：

很高兴借此机会跟大家进行交流，谈一谈自己对习近平新时代中国特色社会主义思想的认识。

讲中共十九大的成果，最具有重要意义的是大会报告系统阐述了习近平新时代中国特色社会主义思想，将这一重要思想确立为中国共产党必须长期坚持的指导思想，并正式写入《中国共产党章程》。如何理解这一思想？我感到，有两个基本的视角：一是一脉相承；二是与时俱进。把握这两个基本的视角，就能做到"窥一斑而知全豹"，就能更好地理解这一思想的精神实质和丰富内涵。

讲一脉相承，就是说习近平新时代中国特色社会主义思想，坚持了马克思主义的立场、观点和方法。道理很简单，作为马克思主义中国化的最新成果，习近平新时代中国特色社会主义思想首先是对马克思主义的遵循。当然，这样的遵循不是说照搬照用每一个具体的词句、每一个具体的论断、每一个具体的观点，而是对马克思主义基本立场、观点、方法的继承。比如说习近平同志所阐明的为中国人民谋幸福、为中华民族谋复兴的思想，同马克思主义经典作家的人民立场是完全贯通的。比如，习近平同志所阐明的"为中国人民谋幸福，为中华民族谋复兴"等思想，同马克思主义经典作家的"人民立场"完全贯通与衔接；比如，习近平同志所阐明的"坚定对共产主义和社会主义的信念"等思想，同马克思主义经典作家关于人类社会发展总方向、总趋势的判断完全贯通与衔接；还比如，习近平同志所强调的战略思维、问题导向、务实作风等思想，同马克思主义经典作家的唯物辩证法完全贯通与衔接。简单地说，习近平新时代中国特色社会主义思想，贯穿着马克思主义的精神脉络和思想灵魂。

讲与时俱进，就是说习近平新时代中国特色社会主义思想在把握新的时代条件和实践要求中，以一系列富有创建的新理念、新思想、新战略开辟了马克思主义新境界。很显然，习近平新时代中国特色社会主义思想的基本历史定位就是"新时代"，这个"新时代"，新就新在中国社会发展已经站在一个新的历史水平上，新就新在中国社会主要矛盾已经转化为"人民日益增长的美好生活需要和不平衡不充分的发展之间的矛盾"，新就新在中国发展也面临着许多前所未有的新情况、新问题。也正是从此出发、以此为新的坐标，习近平同志带领全党进行了艰辛的理论探索和理论创造，深刻回答了"新时代坚持和发展什么样的中国特色社会主义、怎样坚持和发展中国特色社会主义"的一系列基本问题，并对改革发展稳定、内政外交国防、治党治国治军各方面作出了理论分析和政策指导。也可以说，习近平新时代中国特色社会主义思想彰显了"时代精神的精华"，是中国共产党面对时代之问的时代之作。

最后想说明的是，习近平新时代中国特色社会主义思想，是中国共产党和中国人民实践经验和集体智慧的结晶，但习近平同志是其主要创立者，为这一思想的形成和确立发挥了决定性作用，作出了决定性贡献。

先扼要谈这些。谢谢大家！

二 新时代中国新发展、新理念

韩 俊
中共中央农村工作领导小组办公室主任

各位领导,女士们、先生们,朋友们:

很高兴有这个机会和各位来宾朋友交流中国共产党第十九次全国代表大会,尤其是关于实施乡村振兴战略的一些学习体会。习近平总书记所作的十九大报告,描绘了中国迈进新时代、开启新征程、谱写新篇章的宏伟蓝图,受到海内外的广泛关注、赞誉;提出实施乡村振兴战略,并且作为七大战略之一写入了中国共产党章程,是新时代建设社会主义现代化国家的重要内容,受到广大农民群众、基层干部的热烈欢迎。

十九大提出,农业农村农民问题是关系国计民生的根本性问题,必须始终把解决好"三农"问题作为全党工作重中之重。我们党和政府高度重视"三农"与习近平总书记独特的"三农"情怀密切相关。他不满 16 岁就到延安插队,扎扎实实当了 7 年农民,与"三农"结下了不解之缘,后来到河北正定、福建宁德、浙江工作都直接部署了许多重要的"三农"工作方略,到中央工作后每次外出考察看农村扶贫。习近平总书记始终心系农业、胸怀农民、厚爱农村。

新时代"三农"政策的基本出发点是保障国家粮食安全。习近平总书记多次强调,中国作为世界上最大的发展中国家,必须确保中国人的饭碗任何时候都要牢牢端在自己手上,我们的饭碗里应该主要装中国粮。过去十几年里,中国粮食连年高位丰产丰收。但要看到,中国人口规模、消费结构、城镇化水平等驱动粮食需求增长的关键因素,都还没达峰。未来

15－20 年，中国仍处在食物消费结构持续转变升级过程中，除了口粮消费会继续下降外，其他农产品消费，尤其畜产品，还有较大增长空间。所以，解决好 13 亿人口的吃饭问题，始终是我们国家治国理政的头等大事。国家粮食安全这根弦不能松，任何时候都不能轻言粮食过剩过关。

"强、富、美"是实施乡村振兴战略的基本目标。习近平总书记指出，中国要强，农业必须强；中国要美，农村必须美；中国要富，农民必须富。农业要强，必须依靠科技进步，走中国特色农业现代化道路。农民要富，必须大力促进农民增收，不断提高农民素质，富裕农民、提高农民、扶持农民、尊重农民，让农民成为乡村振兴战略的建设主体和受益者。农村要美，必须持续推进农村人居环境整治，提升农村基础设施和公共服务，为农民建设幸福家园和美丽乡村。

脱贫攻坚为实施乡村振兴战略奠定了坚实基础。过去 5 年里，中国以前所未有的政策力度向贫困宣战，习近平总书记亲自挂帅出征，30 多次国内考察涉及扶贫，走遍 14 个集中连片特困地区，连续 5 年国内首次考察看扶贫。5 年来，六千多万贫困人口稳定脱贫，贫困发生率从 10.2% 下降到 4% 以下。扶贫成效得到社会各界的普遍认同，被誉为全球减贫事业的教科书。打赢脱贫攻坚战为乡村振兴奠定了坚实基础。今后 3 年，打好精准脱贫攻坚战，要始终坚持"两不愁三保障"脱贫标准，既不吊高胃口，也不降低标准，坚持问题导向，狠下绣花功夫，拿出过硬办法，重点攻克深度贫困地区脱贫任务，注重扶贫同扶志、扶智相结合，扎实推进精准扶贫、精准脱贫各项工作，做到脱真贫、真脱贫。

实施乡村振兴战略要践行好绿水青山就是金山银山的理念。习近平总书记指出，环境就是民生，青山就是美丽，蓝天也是幸福，绿水青山就是金山银山。生态是乡村最大的发展优势。实施乡村振兴战略要在这方面下足功夫，要推行农业清洁生产方式，推广高效生态循环种养模式，继续抓好化肥农药减量增效，集中治理农业环境突出问题，切实把过量使用的化学投入品减下来，把超过资源环境承载能力的生产退出来，把农业废弃物资源化利用起来，让透支的资源环境得到休养生息，加快实现农业生产从过度依赖资源消耗到更加注重绿色生态可持续转变，让更多老百姓吃上生态饭。

实施乡村振兴战略要实现小农生产与现代农业发展有机衔接。习近平总书记提出的承包地"三权分置"是中国农村改革又一次重大制度创新。中国农村土地所有权是集体的，农户拥有承包经营权。如何在保障农民土地权益基础上，挖掘规模经营优势，是中国农业现代化发展必须着力解决的一个重大课题。中国现在还有 2.2 亿个农户，人均一亩三分地，户均大概也就半公顷耕地。十九大报告提出，保持土地承包关系稳定并长久不变，第二轮土地承包到期后再延长 30 年。这实际上是强调进一步完善产权制度安排，稳定完善基本经营制度，给农民更加稳定长期的预期。十九大报告强调，健全农业社会化服务体系，实现小农户和现代化农业发展有机衔接。这方面，政策的主要考虑是，既要注重培育新型农业经营主体、发展适度规模经营，也要重视扶持普通农户生产经营主体的作用，强化服务和利益联结，把千家万户的小农户带动起来，使其成为现代农业发展的受益者。要通过增加技术、资本等现代生产要素投入，促进小农生产向采用先进科技和生产手段转变，提升小农生产的集约化水平。要通过推动小农生产发展优质绿色生态农业，提高产品档次和附加值，扩大经营容量和增值增收空间，增强小农增收能力。

最后，实施乡村振兴战略强调的是乡村的全面振兴。十九大提出实施乡村振兴战略的总要求是：产业兴旺、生态宜居、乡风文明、治理有效、生活富裕。这个要求不仅包括经济振兴，还包括教育、文化、科技、治理、生态等全面振兴，强调的是协调发展、全面发展。

我的发言就到这里。谢谢大家！

李　萌
中华人民共和国科学技术部党组成员、副部长

各位来宾，女士们、先生们：

非常高兴有机会和各位交流关于中国创新发展的新理念和新成就。习近平总书记在十九大报告中把创新放在五大发展理念之首，强调创新是引领发展的第一动力，是现代化经济体系建设的战略支撑，要坚定实施创新驱动发展战略，加快建设创新型国家。这是习近平总书记治国理政的经验

总结，是习近平新时代中国特色社会主义思想的重要组成部分，是未来我国推动创新发展的行动指南。

过去五年，以习近平同志为核心的党中央在创新发展方面形成了从思想到战略到行动的完整体系，取得了历史性突破性重大成就。超级计算机、量子通信等一批具有世界先进水平的重大科技成果相继问世，移动通信、高速铁路、装备制造等产业领域的技术水平位居世界前列，数字经济、共享经济发展引领世界潮流，中国的科技实力、国际影响力显著提升。

当前，中国经济已由高速增长阶段转向高质量发展阶段，必须依靠创新推动经济发展的质量变革、效率变革、动力变革，开辟新的增长周期和发展境界。

第一，我们讲的创新是以科技为引领的全面创新。全面创新包括理论创新、体制机制创新、政策创新、产品和产业创新，以及产业组织创新、商业模式创新等，但科技创新发挥关键和引领作用。国家统筹布局科技创新的方向和重点，组织开展重大研发攻关，同时，引导企业参与研发和成果转化，通过科技进步与产品创新、商业模式创新有效结合，加快新兴技术普遍应用，使得一些产业形态发生重大变化。比如网购和移动支付使中国一步跨入无纸币社会，连最边远的农村都进行了覆盖，其中超级计算机和移动互联网的研发应用发挥了基础性作用。共享单车使中国的"自行车又回来了"，其中在科技创新的基础上进行的商业模式创新发挥了不可替代作用。

第二，我们讲的创新是众创包容的创新。我们大力推动科技型创新企业，建了4200余家众创空间、2600余家科技企业孵化器，为近40万家创业团队和初创企业提供"拎包入驻"的创新环境。现在中国每天新增企业1.5万户，无论是科研精英还是草根创客，都有大显身手的舞台。中国出现了一批全球知名的创新型企业，如华为、阿里、腾讯、百度、小米、大疆，现在规模已经很大，也都是从零起家的科技型创业。

第三，我们讲的创新是开放共赢的创新。目前，中国已与各国建立了广泛的创新联系。习近平总书记要求把"一带一路"建成创新之路，启动实施"一带一路"科技创新行动计划，有四方面具体内容。中国愿同世界各国一起搞创新，一起来分享创新成果，造福于各国经济社会发展和人民生活水平的改善，为应对全球性挑战加油助力。

面向建设现代化强国的历史任务，中国将坚定实施创新驱动发展战略，加快建设创新型国家。部署实施一批战略性、前瞻性的重大科技项目，组建国家实验室，打造更加坚实的基础研究体系，争取在更多科技前沿领域实现"领跑"，为经济增长和经济的创新力提供支撑。加强国家创新体系建设，推动产学研深度融合，促进科技成果转化，发展创新教育，营造良好的创新创业生态。主动顺应社会主要矛盾转化，积极发挥创新在消除贫困、应对人口老龄化、保障人民健康、保护生态环境等方面的关键作用。中国将更加主动地融入全球创新网络，加强创新能力开放合作，在应对全球性问题上发挥作用。

我相信，中国的创新不仅为中国的经济社会发展提供强劲动力，也将为构建人类命运共同体作出更多的"中国贡献"。

谢谢大家。

牢固树立社会主义生态文明观 建设人与自然和谐共生的现代化

赵英民
中华人民共和国环境保护部党组成员、副部长

尊敬的各位来宾，女士们、先生们，

大家早上好！

非常荣幸能够参加此次对话会议，与来自世界各国的政党领导人、专家学者分享中国共产党在推进社会主义生态文明建设、推动绿色发展方面的理念与经验。

人因自然而生，处理人与自然关系是人类社会的永恒问题。建设生态文明，就是要超越和扬弃粗放型的发展方式和不合理的消费模式，使人类活动限制在自然环境可承受的范围内。走生产发展、生活富裕、生态良好的文明发展道路。

中共十八大以来，中国共产党始终把生态文明建设摆在治国理政的重

要战略位置。中共中央总书记习近平多次指出，绿水青山就是金山银山，要像对待生命一样对待生态环境。这一理念推动形成了绿色发展方式和生活方式的深刻转变，推动中国的生态文明建设进入了认识最深、力度最大、举措最实、推进最快、成效最好的时期。全社会贯彻绿色发展理念的自觉性和主动性显著增强，大气、水和土壤污染防治三大行动计划有力实施，一大批节能减排、污染治理和生态保护工程加速推进，能源资源消耗强度大幅下降，森林覆盖率持续提高，环境状况得到改善。联合国环境署2016 年发布《绿水青山就是金山银山：中国生态文明战略与行动》报告指出，"中国在生态文明方面的大胆实践和尝试，将为后发国家避免传统发展路径依赖和锁定效应提供可值借鉴的示范模式和经验。"

今年 10 月，中国共产党第十九次全国代表大会胜利召开。大会将坚持人与自然和谐共生作为新时代坚持和发展中国特色社会主义基本方略的重要内容，将建设美丽中国作为全面建设社会主义现代化强国的重大目标，并围绕生态文明建设提出一系列新理念、新要求、新目标和新部署。

我们将加快推进绿色发展，建立健全绿色低碳循环发展的经济体系，构建清洁低碳、安全高效的能源体系，推进资源全面节约和循环利用，倡导简约适度、绿色低碳的生活方式，推动形成人与自然和谐发展的现代化建设新格局。

我们将坚持以人民为中心，以解决人民群众反映强烈的大气、水、土壤污染等突出问题为重点，坚决打好污染防治攻坚战，持续改善环境质量，满足人民日益增长的优美生态环境的需要。

我们将统筹山水林田湖草系统治理，加大生态系统保护力度，实施重要生态系统保护和修复重大工程，划定并严守生态红线，提升生态系统质量和稳定性，增加优质生态产品供给。

我们将实行最严格生态环境保护制度，深化生态环保体制机制改革，构建政府为主导、企业为主体、社会组织和公众共同参与的环境治理体系，坚决制止和惩处破坏生态环境行为，为生态文明建设提供制度和法治保障。

我们将积极参与全球环境治理，合作应对气候变化，构筑遵崇自然、绿色发展的生态体系，为构建人类命运共同体、建设清洁美丽的世界提供中国智慧和中国方案，做全球生态文明建设的重要参与者、贡献者和引领者。

谢谢！

陈志刚
国务院扶贫开发领导小组办公室党组成员、办公室副主任

各位来宾，女士们、先生们：

消除贫困是全世界的共同理想，也是各国政党和人民的不懈追求。中国共产党自成立之日起就把反贫困放到突出的位置，全心全意为人民谋幸福。经过长期的不懈努力，我国已有 7 亿多贫困人口摆脱了贫困，贫困发生率降到了 4% 以下，对世界减贫的贡献率超过了 70%。这一历史性的伟大成就足以载入人类社会发展的史册，足以证明中国共产党领导和中国特色社会主义制度的优越性。

特别是党的十八大以来，以习近平同志为核心的党中央把脱贫攻坚摆到了治国理政的重要战略位置，提升到事关全面建成小康社会、实现第一个百年奋斗目标的新高度，动员全社会的力量打响了反贫困斗争的攻坚战。习近平总书记亲自挂帅，亲自出征，亲自督战，以非凡的意志和智慧带领全党全国各族人民谱写了人类反贫困历史上的辉煌篇章。

我们党领导的脱贫攻坚事业具有鲜明的中国特色。我们从基本国情出发，始终坚持把消除绝对贫困作为首要目标，把加快发展作为主要途径，把制度优势作为根本保障，把精准扶贫、精准脱贫作为基本方略，把改革创新作为根本动力，把激发人的活力作为关键要素。我们按照党中央全面深化改革的要求，建立了脱贫攻坚的责任体系，完善脱贫攻坚的政策体系，构筑脱贫攻坚的投入体系，强化脱贫攻坚的社会动员体系，加强脱贫攻坚的监督体系，严格脱贫攻坚的考核体系，为打赢脱贫攻坚战提供了有力的制度保证。

我们根据精准扶贫、精准脱贫基本方略，紧紧抓住关键环节，开展建档立卡，强化驻村帮扶，实施"五个一批"，聚焦重点区域，加强资金监管，规范贫困退出，着力解决扶持谁、谁来扶、怎么扶、如何退等四个重

大问题，全面推进重点工作，确保脱贫工作务实、脱贫过程扎实、脱贫成果真实。

十八大以来，脱贫攻坚战取得了决定性的进展，农村贫困人口大幅减少，6000多万贫困人口稳定脱贫，年均脱贫1300万人以上，贫困地区的经济社会发展得到了全面的进步。到2016年底贫困地区农村居民人均收入增长10.7%，居住在钢筋混凝土房和砖混结构房的农户占到57%，使用管道供水的农户达到了67.5%，自然村通电基本全覆盖，通电话的比重达到了98.2%，道路硬化达到78%，上幼儿园和上小学便利的农户分别达到了80%和85%，91.4%的农户所在的自然村建起了卫生室。社会保障水平显著提高，覆盖面持续扩大，最低生活实现了应保尽保。

更为重要的是，习近平扶贫开发战略思想为脱贫攻坚提供了科学指南和根本遵循，开辟了精准扶贫、精准脱贫的新时代，坚持"六个精准"，实施"五个一批"，解决"四个问题"深入人心，成为全党全社会的思想共识和行动自觉，促进了农村供给侧结构的改革，激活繁荣了农村消费市场，为实施"乡村振兴战略"创造了条件，扩大了中国减贫的国际影响，为全球减贫事业贡献了中国智慧，也提供了中国方案。我们党的十九大对新时代脱贫攻坚提出了新的要求，作出了新的部署。尽管脱贫攻坚任务还十分艰巨，但我们有习近平新时代中国特色社会主义思想的指导，有以习近平同志为核心的党中央的坚强领导，有巨大的政治优势和制度优势，我们有充分的信心和决心，一定能够夺取全面打赢脱贫攻坚历史性决战的胜利。

各位来宾、女士们、先生们，中国一直是世界减贫事业的积极倡导者、实践者、推动者，中国共产党在致力于解决本国贫困问题的同时，一直积极支持和帮助发展中国家消除贫困。我们将继续同世界各国政党一道加强交流，互学互鉴，推动落实联合国2030年可持续发展议程，为共建没有贫困、共同发展的人类命运共同体作出新的贡献。

谢谢！

三 创新世界 中国贡献

郝 平

北京大学党委书记

女士们、先生们：

大家上午好！

昨天中国共产党与世界政党高层对话会举行了开幕式，习近平总书记发表了重要讲话，我们听后都深受鼓舞。一个多月前，中国共产党召开了第十九次全国代表大会，在大会的报告中，习近平总书记高度重视教育、文化、科技创新，提到教育 43 次，文化 79 次，科技 17 次，创新 59 次。他指出，建设教育强国是中华民族伟大复兴的基础工程，必须把教育事业放在优先位置，加快教育现代化，办好人民满意的教育。

目前，中国还是一个教育大国，有近 3 亿的学龄人口，各类高等教育学校 2900 多所，学生 3699 万，高等教育在中国教育强国的建设中发挥着重要作用。

第一，高等教育事业要以立德树人为根本任务，培养引领未来的创新人才。人才培养、科学研究、社会服务、文化传承和国际合作是大学的五大使命，其核心使命是人才培养。高等教育是为国家和人类的未来奠基，应更具有前瞻性，使学生能适应需求变化的时代，更有能力去解决中国和世界面临的问题，成为有理想、有本领、有担当和具有国际视野的人才。

第二，高等教育要为国家、为世界贡献原创性、引领性的新知识、新思想、新技术。当前科学技术发展正处在重大的历史转折期，大学包括北京大学必须瞄准和布局科技最前沿，主动引领、专注未来、长远规划、重点突破，下大力气组建交叉学科与强有力的科技攻关团队。加强学科之间的协同创新，加强对原创性、系统性、引领性研究的支持。着眼于未来新技术发展方向，针对国家迫切需要及关系国家中长远经济发展的领域进行集中攻关。

第三，高等教育要坚定文化自信，为构建人类命运共同体贡献智慧和力量。大学是孕育思想、传播理论、繁荣文化的重阵。我们应当顺应时代发展潮流，把握人类进步大势，要注意学习借鉴人类文明的成果，要自觉扛起学习研究宣传马克思主义的责任，大力加强马克思主义理论学科的建设，要深入开展对习近平新时代中国特色社会主义思想的研究阐释，还要向世界介绍中国文化，深入解读中国实践。

北京大学将积极响应习近平总书记的号召，欢迎各政党通过中联部派干部到北大进修学习。女士们、先生们，作为中国第一所国立综合性大学，北京大学明年将迎来建校 120 周年，我们将主办有世界各国 5000 名学者参加的世界哲学大会，还将在马克思诞辰 200 周年之际，举办第二届世界马克思主义大会。在这里，我代表北京大学诚挚欢迎大家出席大会。

谢谢大家！

交流经验　促进共同繁荣

林毅夫
全国政协委员、北京大学教授

女士们、先生们：

大家上午好！

改革开放以来，中国维持年均 9.6% 的增长，对外贸易年均增长 14.8%。2009 年中国经济规模超过日本，成为世界第二大经济体。2010 年中国对外出口超过德国，成为世界第一出口国，97% 以上出口是工业品，被称为"世界工厂"。2013 年中国贸易总量超过美国，成为世界第一大贸易国。按购买力平价计算，2014 年中国经济规模超过美国，成为世界第一大经济体。2016 年中国人均 GDP 达到 8100 美元，变成中等偏上收入国家。

改革开放以来，7 亿多人摆脱贫困，对全球减贫的贡献率超过 70%，而且是唯一没有发生系统性金融经济危机的新兴市场经济国家。

中国经济转型所以取得举世瞩目的伟大成就，一个重要原因是，中国政府没有照搬新自由主义的华盛顿共识所主张的休克疗法，而是解放思想、实事求是，走自己的道路，推行务实渐进的双轨制。一方面，对转型前建立的、违反中国当时资本密集型产业中的国有企业给予必要的转型期保护补贴，以维持经济稳定；另一方面，放开民营和外资企业进入符合比较优势的产业，并在市场的基础上发挥政府的因势利导作用，克服软硬基础设施的瓶颈限制，从而形成中国经济的竞争优势。经济的快速发展，资本的积累，比较优势的迅速变化，使得原来违反比较优势的资本密集产业成为符合比较优势的产业，为深化改革，消除政府保护，为市场在资源配置中发挥决定性作用创造了必要条件。

成为民富国强的工业化现代化高收入国家是所有发展中国家的共同愿望，但是，二战后全球 200 多个发展中经济体重，迄今仅有韩国和中国台湾两个从低收入发展成为高收入经济体，到 2025 年左右，中国可能成为仅有的第三个。1960 年时的 101 个中等收入经济体，到 2008 年时也只有 13 个发展成为高收入经济体，其中 8 个是与发达国家的差距本来就不大的西欧周边国家及石油生产国，另 5 个是日本和亚洲"四小龙"。

绝大多数发展中经济体不能摆脱低收入或中等收入陷阱的最大症结在于，在制定发展与转型政策时照搬西方主流的理论，未能处理好政府跟市场的关系。二战后，西方经济学家倡导的第一版发展经济学——结构主义，强调市场失灵，主张通过政府直接动员和配置资源，发展与发达国家相同的资本密集型重工业。愿望虽好，但通过对市场施加各种干预扭曲而建立起的先进产业，导致的是资源错配、寻租严重、腐败盛行，最终结果是经济发展停滞、危机频发，与发达国家的差距不断扩大。上世纪七八十年代后盛行的发展经济学第二版——新自由主义，强调政府失灵，倡导采用"休克疗法"，推行"华盛顿共识"主张的私有化、市场化、自由化，以消除政府的干预扭曲，建立起与发达国家相同的市场经济体系，其结果是推行这种转型措施的前社会主义国家和其他发展中国家普遍遭遇经济崩溃，发展停滞，危机不断，发展绩效不及转型之前。从我所倡导，总结于中国及其他发展中国家经济发展转型成败经验的基础上提出的新一版发展经济学理论——新结构经济学的视角看来，中国道路的成功秘诀在于，同时用好"看不见的手"和"看得见的手"，形成市场作用和政府作用有机结合相互促进的格局，如习近平总书记指出的，既有"有效的市场"，也有"有为的政府"，这是中国共产党领导中国特色社会主义建设成功的原因之所在。

理论的适用性取决于前提条件的相似性。发展中国家和发达国家的许多条件不同，以"西天取经"的心态照搬总结于发达国家经验的西方主流经济理论，意愿虽好，其结果往往事与愿违。发展中国家有必要依据本国国情，加强理论创新，以指导本国发展实践。发展中国家之间具有较为相似的条件，交流各自的发展经验和理论创新，有助于发展中国家相互借鉴、战胜挑战、抓住机遇，实现习近平总书记提出的"百花齐放春满园"的美好愿景！

谢谢！

陈　云

中国交通建设集团有限公司副总裁

各位朋友，女士们、先生们：

大家上午好！

中国共产党第十九次全国代表大会指出，中国特色社会主义道路、理论、制度、文化不断发展，拓展了发展中国家走向现代化的途径，给世界上那些既希望加快发展又希望保持自身独立性的国家和民族提供了全新的选择，为解决人类的问题贡献了中国智慧和方案。中国的国有企业是中国特色社会主义的重要物质基础，中国国有企业不断改革发展，推进国家现代化，保障人民共同利益的实践，可以成为世界上很多发展中国家借鉴的经验。中国国有企业能够发展壮大，最根本的原因在于有中国共产党的坚强领导，以中国交通建设集团为例，在新中国成立之初，一代又一代的建设者在党的领导下以前所未有的热情投入到国家建设当中去。用大无畏的创业精神改变了国家基础设施落后的面貌。

改革开放以来，我们为国家建设遍布海岸线的港口、码头，建设跨江、越海、翻山越岭的大型桥梁，建成全球最大的高速公路网络和高速铁路的网络。今天在党的坚强领导下，我们与跨国公司同台竞技，以良好的企业品牌维护国家形象，从发展追赶者变成国际先进企业的并行者，主业领域已经成为领跑者。习近平总书记"一带一路"倡议提出以来，我们用中国技术、中国方案、中国标准为"一带一路"沿线国家建设了一大批的交通基础设施，为当地经济社会的发展起到了关键性的推动作用。

当今世界充满挑战，前进的道路不会平坦，但是世界命运掌握在各国人民自己手中，人类前途基于各国人民的抉择，推动构建新型国际关系、推动构建人类命运共同体这是新的征程上的中国主张，也是中国共产党对中国国有企业的要求。中国共产党第十九次全国代表大会指出要培育具有全球竞争力的世界一流企业，国有企业坚持党的领导，就是要通过加强党的领导，把这个要求落到实处，中国交通建设集团将以建设世界一流企业的理念和担当努力践行"一带一路"倡议，为人类命运共同体打造安全、可靠、绿色、环保的基础设施，推动世界互联互通，建设共同繁荣、开放包容、清洁美丽的世界。

我们将继续聚焦四个关键词：一是连心桥。通过建设桥梁跨越天堑和隔阂，让人民手牵手、心连心。二是致富路。通过建设公路、铁路等交通基础设施，让当地人民发家致富。三是发展港。通过建设港口打开所在国的门户，联通世界，促进发展。四是幸福城。通过建设新城区、新产业园区、新工业区，带动投资就业，实现生活水平整体提升。推动构建人类命运共同体既需要物质基础，也需要文化共识。几十年来，中国交通建设集团坚持正确的义利观，我们依法合规经营，做所在国可信赖的商业合作伙伴。我们依靠重大工程做所在国优秀的人才培养基地，我们发挥专业水平，积极参与所在国自然灾害等抢险救灾活动。我们坚持舍得利他，做所在国的优秀社会志愿者。这是中国共产党对中国国有企业的文化要求，中国交通建设集团将坚持做政府与经济社会发展给所的责任分担者，区域经济发展的深度参与者，政府购买公共服务的优质提供者。我们将与所在国政府、人民、企业共同发展、共享价值，既修路架桥、筑港通航，实现海陆空基础设施的硬联通，也通过系统性、长期性的社会责任，实现中外民心的软连通，结好人类命运共同体的精神纽带。

　　谢谢大家！

胡玮炜
北京摩拜科技有限公司总裁

尊敬的各位来宾，朋友们：

　　上午好！

　　我是摩拜单车的胡玮炜，非常荣幸受邀参加此次大会。中国共产党第十九次全国代表大会报告提出，加快建设制造强国，加快发展先进制造业，推动互联网、大数据、人工智能和实体经济深度融合，在中高端消费、创新引领、绿色低碳、共享经济等领域培育新增长点，形成新动能。这为中国企业指明了方向，也让我们这样的创业公司深受鼓舞。

　　在此，我想谈一些个人的心得和体会。昨天晚上在人民大会堂我和两位国际友人相见时谈到，30年前他们第一次来到北京，感觉当时这里是世界上最浪漫的城市，因为有很多自行车在城市里来往穿梭。前不久有一群外国留学生评出中国的新四大发明，高铁、网购、支付宝、共享单车。其实我们最早创立共享单车的初心非常简单，我们相信如果一个城市适合骑行自行车的话，那这个城市的幸福指数一定非常高，我们希望让自行车重新回归城市，为人们的出行增添一份便利和美好。

　　我们通过结合移动互联网技术和物联网技术，让自行车更加方便地回归到了城市。现在摩拜单车每天服务3000万人次的出行，日渐成为公共交通领域最重要的组成部分。从摩拜单车成立至今，我们用了19个月的时间，为全球12个国家、200多个城市提供了智能共享单车的服务，全球服务用户超过2亿人。虽然取得了一些成绩，但是我们始终牢记初心，并努力通过科技创新和智能制造的深度融合，为全球更多城市提供智能共享出行服务，让自行车重新回归城市在全世界逐渐成为一个现实。

　　我们希望让自行车回归城市，并不是简单的回归，而是通过对自行车革命性的升级改造来实现的。我们利用了新一代移动互联网技术和信息通信技术，让自行车变成无桩的智能自行车。我们专门设计研发了智能锁，通过扫描二维码解锁的方式，让人们更加方便地骑行。我们重新设计了自行车，集免维护、全铝车身、防爆轮胎、轴传动等高科技于一体，使其更加坚固耐用。全新的摩拜单车停取便捷，努力解决人们"最后一公里"的出行，为可持续发展贡献力量。

摩拜单车自运营以来，摩拜用户总共骑行超过了 182 亿公里，相当于减少了 124 万辆小汽车一年的碳排放量。摩拜单车为缓解道路拥堵，节省城市空间，资源高效利用提供了新的思路，也为应对全球环境问题提供了一个新的解决方案，我们希望与全球更多的城市一起携手共建人类的绿色家园。当今世界是一个全球化的世界，自行车作为一种载体，打破文化和语言的隔阂。人们既相互影响，又相互依赖，而共享经济正在席卷全球并爆发出巨大的能量，这将为世界各国加强合作共赢提供重大机遇。摩拜单车非常幸运能够在这样的一个时代背景下走向全球，通过科技创新的手段协助改善交通及新城市建设。我们首创的智能电子围栏从运营初期就在意大利的佛罗伦萨和贝尔格蒙等城市被借鉴，全球 200 多个城市新增 30 万个自行车的停放点，越来越多的城市的政府开始更加重视自行车道的规划，并关注推动骑行友好城市的建设。

我们希望秉持互利共赢的理念，向更多的城市提供共享单车服务，让我们的生活变得更加美好。

谢谢大家！

（注：本文中涉及数据截至 2017 年 11 月）

加强政党建设：政党的挑战和未来

臧安民

中共中央组织部秘书长

女士们、先生们，朋友们：

"有朋自远方来，不亦乐乎。"这次高层对话会，有120多个国家的近300个政党和政治组织的代表远道而来，我们非常高兴。昨天，习近平总书记、国家主席发表重要讲话，赢得与会代表热烈掌声。今天下午我们这个分专题会，围绕"加强政党建设：政党的挑战和未来"一起研讨，共商管党治党大计、共谋强党兴党良策，很有意义。

10月份，我们党召开了具有重大而深远影响的第十九次全国代表大会，这是一次不忘初心、牢记使命、高举旗帜、团结奋进的大会，大会在政治上、理论上、组织上、实践上取得一系列重大成果。现在，全党全国人民正更加紧密地团结在以习近平同志为核心的党中央周围，深入学习宣传贯彻党的十九大精神，以永不懈怠的精神状态和一往无前的奋斗姿态，向着党的十九大确定的宏伟目标砥砺前行。

中国共产党从建党之初50多人的小党，成长为今天拥有8900多万党员、在13亿多人口大国长期执政的大党，几经挫折而不断奋起、历尽苦难而淬火成钢，关键就在于坚持不懈加强党的建设，不断增强自我净化、自我完善、自我革新、自我提高能力。历史和现实充分证明，我们党能够带领人民进行伟大的社会革命，也能够进行伟大的自我革命。下面我从几个方面作一简要介绍：

第一，把党的政治建设摆在首位，坚决维护以习近平同志为核心的党中央权威和集中统一领导。政治性是马克思主义政党的本质属性，党的政治建设是我们党的根本性建设。加强政治建设的首要任务，是保证全党服从中央、坚持党中央权威和集中统一领导。中国共产党的历史、新中国的历史告诉我们：治理好我们这样一个大党、大国，维护领导核心、维护党中央权威至关重要。党的十八大以来，我们党以政治建设为统领，突出强调旗帜鲜明讲政治，牢固树立政治意识、大局意识、核心意识、看齐意识，确保全党统一意志、统一行动、步调一致前进。全党全国人民深深感到，5 年来，我们党和国家事业发生历史性变革、取得历史性成就，根本的是有习近平总书记这样雄才大略的领袖，有以习近平同志为核心的党中央坚强领导，习近平总书记是全党拥护、人民爱戴、当之无愧的党的领袖。

第二，用习近平新时代中国特色社会主义思想武装全党，不断夯实全党共同奋斗的思想根基。思想建设是党的基础性建设，1929 年我们党就确立了思想建党的原则。中国共产党之所以能摆脱以往一切政治力量追求自身特殊利益的局限、铸就震古烁今的伟业，就在于始终把马克思主义这一科学理论作为行动指南，不断推进马克思主义中国化时代化大众化。党的十八大以来，习近平总书记以马克思主义政治家、理论家的深刻洞察力、敏锐判断力和战略定力，以全新视野深化对共产党执政规律、社会主义建设规律、人类社会发展规律的认识，系统回答了新时代坚持和发展什么样的中国特色社会主义、怎样坚持和发展中国特色社会主义这个重大时代课题，创立了习近平新时代中国特色社会主义思想，这是全党全国人民为实现中华民族伟大复兴而奋斗的行动指南。党的十九大把习近平新时代中国特色社会主义思想，确立为党必须长期坚持的指导思想，并写进党章。习近平新时代中国特色社会主义思想，已经指引党和国家事业取得辉煌成就，必将指引全党全国人民奋力谱写社会主义现代化新征程更加壮丽的篇章。

第三，着力建设高素质专业化干部队伍、提升基层党组织组织力，充分发挥党的组织优势、组织功能、组织力量。党的力量来自组织，组织能使力量倍增。1924 年我们党就指出，"组织问题为吾党生存和发展之一个最重要的问题"，1927 年又提出"支部建在连上"，此后一直重视抓好组织建设。党的十八大以来，我们党大力培养选拔信念坚定、为民服务、勤政务实、敢于担当、清正廉洁的好干部；突出政治功能，分领域推进企业、农村、机关、学校、科研院所、街道社区、社会组织等党建工作；深入实施引进海外高层次人才"千人计划"、国内高层次人才特殊支持"万人计划"等重大人才工程，聚天下英才而用之。通过充分发挥领导干部的骨干带头作用、基层党组织的战斗堡垒作用、广大党员的先锋模范作用、各类人才的智力支撑作用，汇聚起万众一心、无坚不摧的磅礴力量。

第四，坚持作风建设抓常抓细抓长，持续厚植党执政的群众基础。中国共产党因人民而生、为人民而兴。我们党一路走来，能够攻克一个又一个看似不可攻克的难关、创造一个又一个彪炳史册的人间奇迹，很重要的一条，就是持之以恒抓作风、改作风，亲近群众、依靠群众、造福群众。党的十八大以来，以习近平同志为核心的党中央从制定执行中央八项规定破题，深入整治形式主义、官僚主义、享乐主义和奢靡之风，开启了一场正风肃纪、激浊扬清的作风之变。全国共查处违反中央八项规定精神的问题 18 万多起，处理党员干部 25 万多人。上个月，我们党出台《中共中央政治局贯彻落实中央八项规定的实施细则》，再次宣示了中央带头、以上率下、驰而不息、久久为功抓作风的恒心韧劲，彰显了我们党永远与人民同呼吸、共命运、心连心的性质宗旨。

第五，把加强纪律建设作为治本之策，推动各项纪律规矩都严起来、实起来。中国共产党自诞生之日起就特别重视纪律建设，从党的一大党纲奠定纪律雏形，到二大党章将"纪律"单独成章，再到十九大党章把纪律建设纳入党建布局，纪律严明始终是我们党的光荣传统、独特优势。党的十八大以来，我们党加强纪律教育，强化纪律执行，严格执纪问责，重点强化政治纪律和组织纪律，铁的纪律保证了全党令行禁止。

第六，把制度建设贯穿其中，不断提高制度治党、依规治党水平。小智治事，中智治人，大智立法。制度建设是最有效最持久的管党治党方式，是推进国家治理体系和治理能力现代化的重要内容。习近平总书记高度重视党的制度建设，5 年来党中央制定修订近 80 部党内法规，超过现有党内法规的 40%。特别是《党内政治生活准则》《廉洁自律准则》《党内监督条例》等法规的出台，为全面从严治党提供了制度利器。我们党将始终坚持思想建党和制度治党同向发力，不断补齐制度短板，力争到建党 100 周年时使党内法规制度更加成熟、更加定型。

第七，以反腐败永远在路上的坚韧和执着，夺取反腐败斗争压倒性胜利。坚定不移反对腐败，是中国共产党一以贯之的鲜明政治立场，是保持党肌体健康的重大政治任务。党的十八大以来，以习近平同志为核心的党中央从关系党和国家生死存亡的高度，坚持无禁区、全覆盖、零容忍，坚持重遏制、强高压、长震慑，坚持受贿行贿一起查，"老虎""苍蝇"一起打，在这场"输不起的斗争"中，向党和人民交出了一份优异答卷。

女士们、先生们、朋友们！

加强政党建设是一个永恒课题，全面从严治党永远在路上。我们党将积极适应世情国情党情的深刻变化，一刻不停歇地推动全面从严治党向纵深发展，不断增强政治领导力、思想引领力、群众组织力、社会号召力，更好地引领承载着中国人民伟大梦想的航船破浪前进，胜利驶向光辉的彼岸！

谢谢大家！

马善高
新加坡人民行动党中央执委会委员、环境与水资源部部长

尊敬的各位来宾，女士们、先生们：

大家下午好！

首先，我谨祝贺中共十九大圆满闭幕。非常荣幸能够代表新加坡人民行动党和新加坡政府参加中国共产党与世界政党高层对话会，并跟大家分享我们的经验。

新加坡人民行动党1954年由一群律师、记者和工会会员在已故总理李光耀先生的领导下成立，并从1959年起，一直在新加坡执政。这并不是有意的制度设计，而是因为人民行动党既能确保政治稳定和社会团结，又能预见、适应和克服新挑战。这样的能力和执政表现得到了社会认可。

在这里，我要跟大家分享我们应对三大挑战的经验。

第一，说服有才华的年轻人投身政治。有才华的人不仅是指聪明、适应能力强或者善于思考的人，也包括那些有说服力、真诚可靠的人。更大的挑战是我们必须确保人才有优良的政治品格。但是现在问题是，即使能

够找到这样的人，也很难说服他们投身政治。近年来，我们一直在努力解决这个问题，在各领域尽早发掘并严格选拔有领导才能的年轻人，并且做好了与私营部门争夺人才的准备，确保能够选出有原则和执行能力的最佳人选。

作为一个多元种族、多元宗教的社会，新加坡的选举体制也要确保少数族群的权利。在集选区制度下，各个政党必须推举几组候选人，每组至少有一位候选人来自少数族裔的。各个政党无法仅凭种族或者宗教背景来推举候选人，而是要搭建一个吸引各族群共同参与的选举平台。近年，我们还修改了宪法，确保少数族群的代表有机会当选总统。如果某个族群在连续五届的总统选举中都没有代表当选总统，那么下届总统候选人就只能来自该族群。目前我们 88 位国会议员中有 23 位是非华裔议员。八任总统中，有 5 位是少数族裔，包括现任总统哈莉玛。

此外，我们还对领导层换届做了精心安排，年轻领导要接受多岗位历练，经过考验的政治新秀将被提拔至更高级职位。人民行动党通过这种方式，确保选拔出能力出众、勤力奉献的团队引导新加坡不断前进。

同时，我们对腐败采取零容忍态度。腐败会导致民众信任丧失，而民众的信任是政府最宝贵的财产。如果人们不再信任政府，各项政策将很难实施，即使这项政策是正确的。为了减少腐败风险，新加坡政府确保政界人士和高级公务员的薪酬能够与私营部门精英工资待遇相当。贪污调查局直接向总理汇报工作，有权调查任何涉嫌腐败的人员。一旦发现腐败行径，政府将果断处理。

第二，预见和适应新形势。比如我们现在正在应对数字和信息革命引发的冲击。其影响体现在包括商业交易、人际交往、政府监管等各个领域。选民也变得越来越"挑剔"，而且更容易受到虚假和错误信息的影响。在新加坡，治理概念的本质必须要不断发展。政府在许多方面需要成为学习型组织和变革型管理者，要理解不断变化的事物，加快适应和有效应对新挑战。

在这里跟大家分享一下新加坡政府与公民互动的经验。早年，促进工业发展和公共基础设施建设是我们工作的重中之重。当时我们采取了家长式的管理风格，也就是政府在一线领导人民，告诉人民要做什么。20 世纪

90 年代，我们转向了服务式管理风格。这是一种协商式的管理，强调与人民互动，更加注重为公民的发展创造条件。几年前，我们的管理风格转变为了陪伴式，这种模式需要公民参与并与政府协作，政府关怀民众，理解民众的需求，反之亦然。政府和民众可以携手共同解决问题。为此，我们举行了"我们的新加坡对话会"。这个对话会吸引了五万多名民众参与，帮助政府了解民众的关切和要求。另一个政府与民众交流平台是"新加坡未来交流角"。此外，我们还推出了全国"保家安民计划"，鼓励社区对全球恐怖主义威胁保持警惕。经济方面，我们优化了立法方式，推动像优步、爱比赢等超出传统商品和服务范围的网购商业模式发展壮大，我们还推出"技能创业形成计划"等各种措施，确保新加坡人民能够适应数字经济带来的工作挑战和机遇，增强全球竞争力。

如今，随着公民平均寿命不断增长，越来越多的人希望推迟退休，政府为此出台了相应措施。这不仅有助于减轻新加坡应对人口老龄化的压力，还能减轻年轻人的工作压力。此外，我们还设立了未来经济委员会，以加强对全球发展的趋势和技术进步带来的经济转型挑战的研究与应对。

新加坡作为一个小国，必须积极参与国际事务。只有这样，才能保持和凸显自身价值。多年来，我们致力于与中国互利合作，在苏州、天津、重庆等地建立了政府间合作项目，积极参与中国发展进程。此外，新加坡坚定支持中国推出的"一带一路"倡议，期待与中国加强合作，更好惠及两国、地区乃至世界各国人民。作为一个小国，我们积极维护国际法原则和支持开放的多边贸易体制。

2018 年，新加坡将担任东盟轮值主席国。届时我们将通过实施"智能国家计划"，充分利用数字技术优势，创造更多发展机会，推动区域经济一体化进程。为了应对气候变化，我们也将 2018 年定为"新加坡气候行动年"，我们将与东盟成员国以及我们的合作伙伴一道共同应对气候变化带来的挑战。

第三，实行包容性政策。新加坡是一个多种族、多语言、多宗教的国家，我们国家的历史以及他国的经验一直提醒我们，必须要谨慎处理族群宗教议题。因为族群宗教议题高度敏感，极易产生排他性政治和极端性政治，滋生怀疑和不信任，最终可能引发暴力冲突，导致社会撕裂。在新加坡，我们坚守贤能主义、世俗主义和种族多元主义，确保族群宗教和谐。

一是贤能主义，这已经写入了我们的宪法。它确保在公平的竞争环境下，人们可以凭借自己的才能，获得相应的回报。不会有人因为族群、语言、宗教受到歧视或者偏袒。我们通过政策和干预为所有人提供了平等的机会，坚决防止社会经济不平等和社会阶层固化破坏我们的凝聚力。

二是世俗主义，是指不让宗教因素干涉政府的政策方针。这有助于我们保持不同宗教和族群之间的和谐。政府不会管控宗教活动，但是会与宗教组织合作开展有益于全社会的项目。新加坡一个独到之处是宗教团体会定期从事公益活动，帮助自己以及其他的族群和宗教信众。

三是族群多元主义，也就是要认可每个族群的独特性。新加坡鼓励每个族群保护和发扬自身文化遗产和传统，遵循各自的风俗习惯。但是一旦这些活动侵犯了其他团体的利益，或者触碰了敏感问题，政府就会立即介入并且制止。政府还积极维护不同族群在学校、公共住房、国民福利以及商业贸易中心等公共领域的融合与合作。这些原则能够确保政府公平对待所有的社群防止不平等和特权现象产生，从而维护新加坡的国家统一和和社会团结。

我们党已经有六十多年的历史，在这里我也跟大家分享了很多经验和教训，但是我们还是很年轻的党，还有很多需要学习的地方。中国共产党成立于1921年，比我们的资历要老很多，有悠久的历史和辉煌的成就。我非常期待今天能够聆听中国共产党和其他政党嘉宾的发言，并且从中学习借鉴。

总而言之，政府和政党的作用就是要建立一个平台，最终能够为人民创造更好的生活。当然这并不容易，但是如果你只是追寻那些简单的事情，也不会选择从政了。

谢谢大家。

一 惩治和预防腐败

过 勇
清华大学党委书记、廉政与治理研究中心主任

尊敬的各位来宾：

非常荣幸有机会参加此次对话会，我发言的题目是：推动全面从严治党，实现社会廉洁转型。

在中国共产党第十九次代表大会开幕会上，当习近平总书记总结过去五年中国在反腐败方面取得的成绩时，全场响起热烈的掌声。诚然，反腐败是这五年成绩单上非常亮丽的一笔。自从 1978 年实行改革开放政策以来，中国经济从中央集权的计划经济体制向社会主义市场经济体制的快速转型，这种经济社会的急剧变迁，为腐败的滋生和蔓延提供了空间。国际经验表明，当一个国家处于转型或者说现代化的过程中，往往会进入腐败多发期。中国共产党对于反腐败一直高度重视，然而与之前相比，中共十八大之后的反腐败还是表现出了一些不同的特点。

首先，中央表达出更加坚定的反腐败决心。一个国家要想取得反腐败的成功，坚定的政治决心是首要因素。习近平总书记多次表达了坚决反对腐败的态度，并转化为实际行动。五年中，中国查处的省级、军队军级以上和其他高级干部达到了 440 人，全国纪检监察机关立案的违纪案件为154.5 万件，其中 2013 到 2016 年立案的数量分别是 2009 年的 1.5 倍、2倍、2.9 倍和 3.6 倍。开始的时候，有的人还持观望态度，认为反腐败就像一阵风，刮过去就没事了。现在，"零容忍、全覆盖、无禁区"已经成为常态，"不敢腐"的目标初步实现。

其次，全面从严治党为反腐败提供了保障。中国共产党是中国的领导核心，这决定了中国共产党的自身建设对于反腐败的推进十分关键。中共十八大之后，中国共产党全面从严治党，加强了对于各级党组织和党员领导干部的作风建设要求。中央政治局发布"八项规定"，让很多灰色领域的腐败行为，比如说公款吃喝、公车私用和公费出国境旅游等无所遁形。党的纪律检查机关在所有党和国家机关的派驻"全覆盖"，和中央巡视组对于所有中管单位和省级党组织的巡视"全覆盖"，使得党内监督明显加强。理想信念教育焕发了党员领导干部的初心，"不想腐"的堤坝正在构筑。

第三，纪法分开强化了反腐败的法治要求。反腐败工作必须遵循法治的原则，按照党的纪律和国家法律的要求来推进。中共十八大之后，中央对于党规体系进行了全面梳理，组织制定修改了 11 部重要的党规，涉及到党内监督、纪律处分、问责等多个方面。同时，2015 年 8 月颁布的刑法修正案（九），自 1997 年以来第一次修订了中国关于腐败相关犯罪的刑法条款，调整了量刑的犯罪金额节点，加大了对于行贿行为的查处力度，强化了利益冲突的原则。国家监察法正在立法机构进行审议，预计 2018 年 3 月颁布实施。党规和国家法律既相互分离，又相互衔接。严格的党纪对中国共产党党员领导干部提出了更高的要求，可以说"不能腐"的笼子越扎越牢。

第四，国家监察体制改革完善了顶层设计。中国有多个机构都与反腐败密切相关，这加大了反腐败工作的协调难度。2016 年 11 月，中央决定开始在北京市、山西省和浙江省率先推动国家监察体制改革试点，党的十九大之后又决定在全国范围内铺开。国家监察体制改革实现了对所有掌握公共权力人员的监察"全覆盖"，同时也加强了反腐败工作的协调。即将组建的国家监察委员会是国家机构，由立法机关授权，而非之前的行政机关属性。国家监察委员会与党的纪律检查机关合署办公，这既加强了中国共产党对于反腐败工作的领导，也促进了反腐败工作的法治化。

最后，反腐败的目标是实现社会廉洁转型。中国这次反腐败的目的并非简单地抓一些腐败官员，而在于通过全面反腐和制度建设，实现向廉洁社会的快速转型。这与以往的历次反腐败有很大的不同。中央提出了"减少腐败存量、遏制腐败增量、重构政治生态"的要求。尤其是2015年9月时任中央纪委书记王岐山提出的"四种形态",已经成为各级纪委工作的重要指南。按照"四种形态"的要求,各级纪委不能仅关注大案要案,而要对于所有的问题线索进行全面清理。无论严重的还是轻微的,都要给出处理结果,最终达到"减存量"的目的,实现向廉洁社会的转型。

党的十八大以来,中国的发展进入了新时代。在以习近平同志为核心的党中央领导下,中国共产党全面从严治党,深入开展反腐败斗争,推动了中国社会廉洁建设。事实证明,中国共产党有自我革新和自我净化的能力,全面从严治党也成为中国反腐败的有力保障。

哈格斯·格布里希沃特

厄立特里亚人民民主与正义阵线党中央经济部长

各位代表,女士们、先生们:

大家好!

首先我想要感谢中共组织这次重要的对话会,非常荣幸能与大家分享厄立特里亚人民民主与正义阵线的一些经验。

今天会议的主题,对我们国家的发展有非常重大的影响。我们都同意腐败尤其是政府官员的腐败是一个严重的痼疾,它会破坏一个社会的根本,腐蚀一个国家的灵魂和人民的灵魂。腐败有不同的形式,比方说贿赂、勒索、任人唯亲、裙带主义、搞小圈子、挪用公款等等。一些重要的政府项目,可能由于政府官员的腐败变成一个华而不实的项目,这些政府官员可能只是为自己获得利益而背弃了人民的信任。独立的司法机关如果失去公信力的话,就可能会成为腐败的帮凶,腐败也可能会导致一些犯罪行为或者让犯罪行为更为猖獗,像是毒品、走私、洗钱和贩卖人口,当然还有其他的犯罪行为。政府权力的滥用,比方说压迫政治反对派,或者警方滥用武力,可能也被认为是一种政治腐败,当然这个列表可以是很长的。

女士们、先生们,仅仅分析腐败还不够,我们的一个重要挑战是从一开始就制定预防腐败的机制。我想给大家介绍一下厄立特里亚有限的经验，在我们过去 26 年间形成的反腐工作方式。

首先是对腐败零容忍，腐败的一个特点就是其传播的性质，如果监督和管理不善的话，如果没有很严格的责任机制的话，就可能导致腐败的滋生，进而导致腐败的蔓延。

第二，通过思想教育来落实我们的政策理念。厄立特里亚的独立斗争不仅仅是道阻且长，而且获得的国际支持也不够，独特的斗争环境造就了我们人民的自我牺牲、自我独立、自我依赖，以及平等的精神，不仅仅是自由战士，所有的人民都具有这样的精神特质。当时有六万名自由战士战死，基本上每家都有一到两名烈士。因此，独立之后，我们的公务员队伍对腐败深恶痛绝。

第三，建设清正廉洁高薪的公务员队伍。我们政府打造清正廉洁的公务员队伍，并且给予他们较高的薪资，当然这是不容易的，因为我们有许多外部的挑战。

第四，对公务员从商进行严格管理。就像之前的演讲嘉宾谈到的，你不能既是公务员，同时又是商人，厄立特里亚公务员是不能经商的。

第五，对政府机构的财政进行严格管理。

第六，我们建立一些特别的政府机构来落实我们的政策和规定。

女士们、先生们，各位嘉宾，这里我给大家介绍了厄立特里亚的工作经验，最后我想说很重要的一点，那就是一个巴掌拍不响，腐败不可能在真空中形成。所以，如果没有人行贿的话，就不会有人受贿，一些机构可能想通过行贿来获得非法的服务。

谢谢。

潘庭濯

越共中央书记处书记、中央内政部部长
中央防治腐败指导委员会常务副主任

尊敬的主持人，各位来宾：

首先我谨代表越南共产党代表团，衷心感谢中国共产党邀请我们参与本次对话会。祝各位来宾健康、幸福！祝对话会取得圆满成功！

127

我们高度评价中方举办中国共产党与世界政党高层对话会这一创举。"加强政党建设：政党的挑战和未来"这一分专题研讨会十分必要、意义重大，将为世界政党加强自身建设发挥重要作用。

各位来宾！

越南共产党的革新路线清晰、明确。经济发展是中心任务，建设纯洁强大的党是关键任务，这两项任务对革命事业的成败有着生死存亡的意义，具有深刻的理论和实践意义。胡志明主席曾说，"一个民族、一个政党可能以前是伟大而具有吸引力的，但如果内部不再纯洁，出现了个人主义倾向，今后不一定还能得到人民的爱戴和拥护。"

越南共产党明确指出，贪污腐败是威胁党和政治制度生死存亡的重大危机之一。防治腐败，遏制党员干部政治思想、道德品质、生活作风蜕化和"自我演变""自我转化"现象是一项既急迫又困难复杂的经常性长期重要任务。

近来，越南党和国家以坚定的决心和意志下大力气惩治腐败，取得了许多积极成果。反腐败体系不断巩固和完善，防治腐败的措施同步实施。我们每年调查、起诉、审理约 300 桩涉贪腐案件、约 700 名涉案人员。越来越多的严重和特别严重贪腐案件被及时发现，受到严肃处理，赢得了人民群众的支持拥护。

我们从近期防治腐败工作实践中汲取了一些经验教训。一是在防治腐败工作中要将党的政治决心转化为党员干部和人民的实际行动，各级党委和党组织一把手要率先垂范、积极作为。二是应将预防、发现和处理腐败紧密结合，根据党内规定和国家法律，及时处理贪腐分子和相关涉案人员。三是注重检查监督工作，加强对公职人员行使公权力进行监督，消除特权、特殊利益和利益集团。四是发挥国会、人民群众、新闻舆论和企业在防治腐败工作中的监督作用。五是加强防治腐败国际合作，发挥防治腐败相关职能部门的核心作用。

越南共产党从三个方面制定了七项任务与措施，加快推进防治腐败工作。

三个方面分别是：（一）以预防腐败为主，预防是长期基本任务，发现、处理贪腐是重要、急迫任务。将积极预防、主动发现、坚决严肃处理腐败三者紧密结合，及时严惩包庇、纵容、协助贪腐以及干涉、阻碍纪检监察工作的行为，实现反腐无禁区、无空白、无例外、无特权，不论涉案人是谁都坚决予以处理。（二）坚持稳步开展反腐工作，注重连续性，积极主动作为，突出重心和重点。将防治腐败与提倡节俭、反对浪费相结合，将防治腐败、浪费与加强党的建设、整顿相结合，发挥政治系统和全民的合力。（三）抓紧构筑不能腐的预防机制、不敢腐的劝诫惩治机制和不想腐的保障机制。

七项任务与措施分别是：（一）发挥党员干部模范带头作用，明确责任，严明纪律。（二）对公职人员财产与收入进行有效监督，严格落实公务活动公开、透明的规定。（三）继续完善经济社会体制和防治腐败体制，遏制、消除"利益集团""保护伞"。（四）着力发现、依法及时严肃处理贪腐案件。（五）加强权力监督，遏制贪腐现象。（六）在党员干部、公务员队伍中建立廉洁、不贪腐文化。（七）提升防治腐败国际合作成效。

各位来宾！

众所周知，在以习近平同志为核心的中共中央领导下，中国人民取得了全方位的巨大成就，在党建工作和防治腐败方面的成效更是显著。越南共产党愿意学习借鉴中国共产党和世界各国政党在这一方面的有益经验。

非常感谢！

克里斯托夫·马茨奈特
奥地利社会民主党联邦干事长

非常感谢中联部邀请我来参加这次对话会。在这里我想讲一讲我们为什么要打击腐败。

如果政府没有公信力的话，整个政治体系都会受到质疑，所以必须要打击腐败。除此之外，如果一个国家腐败蔓延的话，那么整个经济体系都会是不公平的。有些企业可以得到资源，有些受到不公平的待遇，决策都不是基于事实做出的，而是基于决策者的偏好。如果高层腐败蔓延，政府体系肯定无法很好运作，官员为了自己的利益而工作，就无法确保政治体系的独立性。

12 月奥地利社民党召开了一次会议，讨论一个受贿案件。一名政府官员从 2000 年到 2010 年执政期间与一家企业有暗中交易。这家企业为了能够中标，以 100 万欧元贿赂该官员，分三个账户打给他，这位官员最终被绳之以法。还有一位负责内政的部长，他曾经与欧洲议会的议员做交易，一位英国记者通过秘密的拍摄揭发了这个交易，后来这位官员被判入狱三年半。我们之所以要严厉惩处这些腐败官员，是为了有一个良好运行的体系。

为预防腐败，我们制定了一系列规章制度。2012 年，我们颁布了一部新法，规定了政党在选举中所花费的资金的上限，即 700 万欧元。如果一个政党超过了这个上限，就需要付罚款。另外，单笔政治捐献金额超过 7 万的，必须列出捐款人名单。再有是限制游说，相关机构必须公布游说者名单。此外根据法律，官员接受礼品上限是 100 欧元，超过 100 欧元就要公开相关信息。

在欧盟层面，我们对于反腐和反洗钱方面的法律规定也很严格。比如一个议员开个银行账户，需要经历一个特别的程序，以确保账户不会汇入违法资金，他们的家人也是如此。我的妻子就曾向我抱怨，为什么她开设账户还要经过如此复杂的流程。我们通过这些规则，可以遏制政治家的腐败，因为人民不会接受政治家的腐败。我相信，腐败一直是进行时，因为权力会导致腐败或被滥用。政党也需保持独立，不能接受政治"黑金"，而且要确保政党的工作人员也不会接受"黑金"。要确保政党做出的决策不是由金钱推动的。只有这样，我们才能使政府更清正廉洁。

彼尔·菲加里
秘鲁人民力量党组织书记

女士们、先生们：

大家下午好！

我是菲加里，是秘鲁人民力量党的代表。

腐败对于社会是癌症，它会腐化我们的社会。怎么才能消除腐败呢？比如说在我们的公共工程里面，为什么有一些不达标呢？为什么会造成伤害呢？就是因为它是豆腐渣工程。我们秘鲁也受到了腐败的侵蚀，不管是政府部门还是民营部门，都出现了这样的问题。腐败的两种形式，一种是大规模的腐败，也就是所谓公共工程的腐败，还有规模小的腐败，这种腐败危害也很大，比如向有关人员行贿，或者提供所谓的小费。长此以往，就会让每个人逐渐养成只有塞钱才能达到目的的习惯。我的问题是，政党面对这种腐败，应该采取什么态度呢？应该做什么呢？或许有些人会说，就是立法。制定好的规则和更多刑法，严肃地惩罚他们，没有问题，但是仅仅做到这一点还不够，预防是更重要的。而预防最主要的手段是教育，要形成正确的价值观，教育青年人，特别教育那些只注重结果，不注重过程、不择手段的人，不能走后门，不能走歪门邪道，改变这种价值观。

另外，在立法方面，我们这些政党代表应该做些什么？应该特别强调预防性。在发展中国家有一些困难家庭，我们如何使那些年轻人接受更好的价值观？如果他们的家庭本身就是有缺陷的，这种价值观的确立就非常困难。面对这一点，政党就应该承担起它的责任。我们的责任非常重要，有时候从政的人在社会上名声不好，会受到人民的轻视。我们应该看到，很多年轻人对从政者和社会是不满的，如果我们不注重教育，不能培养出未来有希望的、有品质的政治人物，不能教育年轻人以后当部长、当议员的时候拒绝腐败行为，那么未来几代从政的人物都会受到腐蚀。在拉美很多国家，这种腐败行为不仅侵蚀到了企业，还侵蚀到了我们的政府部门。并不是说拉美所有国家都是这样的，但是问题确实很严重。我们现在应该怎么办呢？对腐败，我们要把它揭露出来吗？当然了，因为它影响到我们的政治和社会生活，我们不能害怕，要大胆揭露这些腐败，要惩罚他们。做到这一点，就需要我们政府部门和立法部门进行合作，而在这方面还有一个重要的盟友，就是媒体，媒体如果能够承担起反腐责任，那么我们就向前迈进了很大一步。

总的来说，我们确实需要制定严格的法律来惩治腐败，但是我们也需要团结其他力量，比如媒体。而政党在反腐斗争中也要发挥作用，培养未来的政治人物具有高尚的品德。

谢谢。

博里·阿利哈诺夫

乌兹别克斯坦生态运动中央执委会主席、议会立法院副议长

女士们、先生们：

大家好！

非常感谢主办方给我们提供发言的机会，向大家介绍我们国家的党建工作和国家发展进程。

我们的政党在国内占据很重要的地位。政党主张国内公民和谐，他们代表社会集团的利益，依靠自己的活动，保卫一定社会阶层的利益，主张在国家政治舞台上实行民主，推行多元化和平等正义。每个国家都有自己的民主发展道路和议会制道路，乌兹别克斯坦在此方面也不例外，我们经历了政党建设的改革过程。

26年来，我们党一直致力于发展政党体制，发展议会制，为保障社会组织的活动创造并完善了很多条件。我们也通过了很多法律，包括议会选举法、地方城市选举法、代表选举法等等其他法律，以及于2014年通过的政党财政法。我们的法律都是非常透明的，去年总统批准了系列法案，在立法层面上禁止发生腐败，禁止侵占国家资金，在国家社会和生活等方面产生了很大的影响。

我们国家一共有四个政党，分别是自由民主党、人民民主党、"民族复兴"民主党以及"公正"社会民主党。我们国家始终致力于国家政治多元化和自由化，我们坚持公开讨论并解决尖锐问题，同时向人民群众公开决策。

我们的政党是社会的一面镜子，我们关注社会各个阶层所面临的所有问题并积极发挥作用。同时，我们也要求政党和议会代表不仅要做国内进程的参与者，还要成为倡议的提出和决策的执行者。每个政党都应该应对挑战，面对现实。谈到现实方面，我们想指出，乌兹别克斯坦政党目前还没有有效兑现所做出的承诺，在政治选举中还没有占据牢固的地位。

今年7月，在总统的参与和领导下，我们的议会和政府分别召开会议，指出政党和议会党团应积极开展活动。但是目前提出的建议都还非常少，

远远不能满足社会发展的需要。会议还指出，我们应提高政党干部的能力，青年干部也非常稀缺。我们可以得出这样一个结论，那就是我们国家所取得的成绩，有些是渐进式发展的结果。我们正在不断提高社会各界的政治积极性，在此方面还有很大的潜力。

政党需要充分挖掘自身潜力，互学互鉴，努力使社会更加透明，努力解决社会面临的各种问题。

谢谢大家。

二　党内监督和制度建设

姜文鹏

中共中央纪律检查委员会法规室副主任

各位来宾，我发言的题目是：健全党和国家监督体系，把党建设得更加坚强有力。

中国共产党作为拥有八千九百万党员的执政党，全面领导，长期执政，必须坚持从严管党治党，加强党的自我监督、健全党和国家监督体系，把权力关进制度笼子，永葆党的先进性和纯洁性。以习近平同志为核心的党中央高度重视加强党内监督，十八届六中全会审议通过《中国共产党党内监督条例》，对强化党内监督做出重要制度安排。党的十九大对新时代党的建设、全面从严治党做出新的部署，要求把制度建设贯穿党的政治建设、思想建设、组织建设、作风建设、纪律建设之中，加快形成覆盖党的领导和党的建设各方面的党内法规制度体系。我们坚持信任不能代替监督，党内监督没有禁区、没有例外，要求党员干部习惯在受监督和约束的环境中工作生活。党内监督的重点对象是党的领导机关和领导干部，特别是主要领导干部，职位越高，权力越大，越要接受更严格的监督。

党内监督必须坚持民主集中制，强化自上而下的组织监督，改进自下而上的民主监督，发挥同级相互监督作用，加强对党员领导干部的日常监督管理。党内监督的首要任务是确保党章、党规、党纪在全党有效执行，维护党的团结统一。党内监督的主要内容是维护党中央集中统一领导、严肃党的政治生活、落实全面从严治党责任、严明党的纪律特别是政治纪律和政治规矩、落实中央八项规定精神、廉洁自律、秉公用权等情况。我们坚持以上率下，层层落实管党治党责任。各级党委（党组）在党内监督中负主体责任，书记是第一责任人。深化政治巡视，坚持发现问题，形成震慑，建立巡视巡察上下联动的监督网；严格执行党的组织生活制度；坚持党内谈话制度；严格执行干部考察考核制度；党的领导干部每年在党委常委会（或党组）扩大会议上述责述廉，接受评议；坚持和完善领导干部个人有关事项报告制度；建立健全党的领导干部插手干预重大事项记录制度。各级纪委是党内监督的专责机关。纪委发现同级党委主要领导干部的问题可以直接向上级纪委报告。加强派驻监督，严把干部选拔任用"党风廉政意见回复"关，坚持谈话提醒、约谈函询制度，依规依纪进行执纪审查，进行问责或提出责任追究建议。深化国家监察体制改革，实现对所有行使公权力的公职人员监察全覆盖。构建党统一指挥、全面覆盖、权威高效的监督体系，把党内监督同国家机关监督、民主监督、司法监督、群众监督、舆论监督贯通起来，增强监督合力。

我们将在习近平新时代中国特色社会主义思想指导下，坚决维护以习近平同志为核心的党中央权威和集中统一领导，继续强化党内监督，一刻不停歇推进全面从严治党向纵深发展，永葆党的先进性和纯洁性，确保党始终成为中国特色社会主义事业坚强领导核心。

卡西姆古雷·巴巴耶夫
土库曼斯坦民主党主席

尊敬的各位同事，女士们、先生们：

首先，我想借此机会感谢中国共产党的同事们为我们组织了这样一次可以畅所欲言的高层对话会。祝各位代表在论坛上工作顺利。

同时祝贺中国共产党成功举办了第十九次全国代表大会，选举产生了以习近平同志为核心的新一届中共中央领导集体，做出了影响未来中国发展、为中国人民带来福祉的富有创造性的决策。

女士们、先生们：

近十年来，在国家领袖、尊敬的别尔德穆哈梅多夫先生的领导下，土库曼斯坦成功地实现了改革，涉及科学、教育、经济、文化等社会生活方方面面，同时也做出了国家政治生活中系列重要决策。我们民主党积极参与到维护国家主权进程中，我们社会的价值观是个人价值，也就是保障人的自由和权利。我们推行民主进程的宗旨就是保障人民的自由权利。

民主进程是政治生活的重要组成部分，我们国家一些地方以及自治部门负责民主进程的监督和管理，同时通过相关法律。我们也创造了一些良好的条件，让公民能够参与到社会政治以及民主进程中。在我们国家，多党制是政治生活的重要组成部分，这是由我们国家的总统、尊敬的别尔德穆哈梅多夫先生倡议提出的。目前，多党制以及议会中的所有政党共同构成了社会政治的基础。土库曼斯坦议会由民主党、工业企业家党，以及农业党组成，进一步巩固了土库曼斯坦的宪法。现行宪法共十八章，涉及国家发展的各个方面，为国家的繁荣与人民生活水平的提高提供了保障。

我们也在对土库曼斯坦所有政党进行国家层面的监督，加强土库曼斯坦社会生活方方面面的改革，保障土库曼斯坦的主权和领土完整。土库曼斯坦议会由多个层级组成，包括国家层级、地方层级和基层议会。土库曼斯坦议会致力于为国家创造更加美好的未来，最重要的就是要为人民服务，这也是我们民主党最主要的宗旨，因为我们党最重要的原则和口号就是"建立为人民而存在的国家"。这些原则是我们一切工作的出发点。

我们民主党也是一个奉行爱国主义路线的政党，致力于维护国家的稳定和领土的完整。当今世界存在许多威胁，包括"三股势力"等，为了应对这些威胁，我们必须携手并进。在此方面政党可以和自己的外国伙伴积极开展合作。在这里我想分享我们党的一个经验，那就是和外国政党开展交流，其中就包括同中国共产党开展交流。

我们秉持上述原则，愿继续同各国政党开展合作。土库曼斯坦是个中立国家，在国际舞台上奉行的政策始终是维护国家的主权，尊重他国合法利益。在此方面我们有着积极的经验，那就是和中国共产党开展合作，代表团定期互访，举办政党论坛，共同探讨未来开展党际交流合作的可能性。这种议会间以及党际间的合作，对于其他国家来说也是有益的经验。

最后感谢对话会的组织者，为我们创造了可以交换意见和看法的良好条件，为我们未来的合作做出了积极贡献。

　　谢谢。

彼得·古德费洛
新西兰国家党主席

女士们、先生们：

　　非常高兴今天可以和大家交流对话。我代表我个人和新西兰国家党感谢中联部，多年来我们双方保持着良好的合作。我是新西兰国家党的主席，我支持我们党的领袖，无论他是谁。党的组织运行良好，我党议员可以通过党的组织为其所在选区服务。我为国家党服务了24年，担任国家党主席8年。

　　新西兰和我们的党在过去二十年间发生了很大的变化，没有发生变化的是我们党的价值观。我们在1936年建立，我党价值观就是努力工作，获得回报，这与中国共产党的价值观比较类似。我们坚定支持环境的可持续发展和经济的可持续发展，这也是我一直努力工作的动力。我们通过积极的参与民主，来推动新西兰的发展，推动民众的参与。

　　从1996年开始，新采取混合比例选举制，选民可以有两张票，第一个是选支持的党，第二是选支持的选区候选人。选党的投票是非常重要的，因为这会决定哪个党成为执政党。我们党在过去赢得了许多的选举，因为我们的运行是非常中心化的，我们的活动组织非常严密，我们这样一个小国，人口小于800万，所以党的中心化和团结性是非常重要的，这意味着选民了解我们党的信息，了解我们的形象，不会产生疑惑，这是我们党在选区获胜的关键。

　　另外一个很重要的一点是如何为选区提供代表。我目睹了很多选举，在选举之夜，这些候选人获得了选举的胜利，我们非常积极地为党员提供支持。可以说，我们的党员是党的基石，没有他们，党就无法生存，他们也与我们共享党的价值观。他们也积极参与我们党组织的活动，付出时间和精力。我想要强调的是，所有的党员，他们都是志愿者，专职员工的数量是很少的。我们的党在一个大区有代表处，在其他地区设立许多更小的分支，这样可以更好地、全面地动员民众。我们并不是一个从上至下的政党组织结构，而是从下至上的组织结构。所以，党员在政策讨论中扮演很重要的角色。党员经常会和领导层分享他们的想法，我们通常不会给他们下硬指令或者让他们怎么想，不会把想法塞进他们的脑子里，而是与他们进行交流和互动。

我们的党对于选择候选人有一系列标准和价值。在过去的 81 年间，我们有 48 年是执政党，在去年 9 月的选举中，我党成为最大的党。但囿于选举体制，即便我们获得的选票和席位最多，我们依然是反对党。这让我们有时间在将来三年对工作进行思考和提高，更好地动员年轻人。我们依然是新西兰最大的政治机构，我们党的青年组织也是最大的。我们希望继续保持重要性，代表所有的新西兰人民，无论他们的种族、民族和经济状况。我们非常骄傲的是，新西兰的华裔支持我们党，我们也推送了很好的华裔代表。我们的价值就是加强家庭价值观和个人责任感。我们也有很多政策顾问组织，就环境、社会、商业问题等，提供政策建议。这些政策建议和讨论都是内部的，我们不会通过媒体向外宣传。但是，这个讨论是非常重要的，也是保持我们党团结性的一个很重要的机制，我们也探索新的方式释放信息，传播信息。我们用微信、脸书等新媒体将信息传播出去。

女士们、先生们，没有任何万能药可以让我们党永远取得成功，我们确实面对很多挑战，但是我们需要非常努力地克服挑战。最后我想说，我们党非常积极地努力实现新西兰人民的愿景，我们也需要清晰地了解所有新西兰人的渴望，他们对生活的美好愿景，我相信，将来我们党可以像现在一样成功。

海瑞·阿什玛迪
印度尼西亚民主斗争党研究与发展部主席

女士们、先生们，尊敬的各位来宾，各位朋友：

我代表印尼民主斗争党，首先祝贺中国共产党成功召开十九大，并组织召开此次非常重要的高层对话会。

印尼民主斗争党前身是 1926 年苏加诺建立的印尼民族党，当时印尼还没有独立。1998 年，正式改名为印尼民主斗争党，由苏加诺的女儿梅加瓦蒂总主席领导至今。

腐败确实是个很严肃的问题。1998 年印尼启动政治转型进程，主要原因之一就是当时军政府腐败不堪。1998 年后，在梅加瓦蒂女士任总统期间，印尼成立了国家肃贪委员会。此后，我们积极致力于消除腐败。但是，我们还有很长的路要走，因为在印尼政治腐败确实是普遍现象。上周，印尼国会议长就因涉贪被肃贪委逮捕。2016 年，印尼地方代表理事会主席也因为腐败问题锒铛入狱。甚至有一名高官由于腐败被判终身监禁。这说明我国的腐败确实比较严重。

克服腐败并非易事。在 2014 年大选前 6 个月，我们有 16 名议员因腐败被捕。今年，我党有 8 名党员被肃贪委逮捕。他们有的是议员，有的是地方行政首长。尽管腐败问题突出，但我们始终努力探索解决之道。过去三年，我们努力发展党内监督制度。首先从党内机构上看，民主斗争党设有荣誉委员会，主席为中央领导委员会成员。其次，印尼相关法律要求所有议员和政府官员，包括地方行政首长，上任前和卸任后必须公布财产信息。我们也落实了许多管理机制，搭建了网络反腐平台，与国家反腐部门与组织合作，加强党内监督。

我们在反腐层面面临的问题和挑战，是由印尼多党制下昂贵的政治生活和选举活动造成的。这使许多官员、政治家参与到腐败活动中。今年，就已经有超过 20 名印尼官员因贪腐被捕，包括地方政府官员。2018 年，印尼将举行 171 场地方行政首长选举。据我估计，成为一名议员大概需要数十万，甚至数百万美元。选举的昂贵可见一斑。这也是我们政治选举中腐败频发的原因。

赫洛尼莫·奥萨·奥萨·埃科多
赤道几内亚民主党总书记

各位代表，女士们、先生们：

首先，请允许我介绍一下赤道几内亚。我们跨越万里来到这里参加讨论，我们也愿分享一下自己的经历，谢谢各位。赤道几内亚民主党是执政党，我国国土面积较小，人口也较少，但也是一个伟大的国家。因为我们有追求进步的强烈意愿，希望积极参与全球发展。

各位代表，女士们、先生们，我很荣幸能够参加中国共产党与世界政党高层对话本场分专题讨论，我代表赤道几内亚民主党创建者奥比昂·恩圭马·姆巴索戈对中国共产党的邀请表示感谢，这是一场伟大的，异彩纷呈、组织精细的盛会，感谢东道主的热情招待，我向中国共产党表示敬佩和祝贺，也向中共十九大的胜利召开和习近平总书记再次当选中共中央总书记表示祝贺。我们非常钦佩新时代中国特色社会主义建设思想，相信中国共产党将继续领导中国国家建设，向全世界展示中国共产党广阔的视野和杰出的领导力，建立一个民主、现代、发达、和谐的国家，这非常伟大。

此次高层对话会证明了中国富有远见的政治和民主视野。中国共产党给全世界贡献自己的智慧和思考，也将给世界上很多问题的和平解决带来中国方案。对于中国共产党提出的构建人类命运共同体的倡议，我们表示非常支持。

民主党和中国共产党有良好的合作关系，也非常支持中国共产党的各项倡议，我们都是为人民服务的政党。中国共产党的这些倡议为政党之间解决意识形态和文化社会上的分歧提供了对话平台。这是一个非常好的解决方法，有利于维护世界和平，促进世界各国人民之间建立友好、和平的关系，共同建设更加美好的人类社会。

尊敬的各位代表，各位来宾，从世界建立之初，各民族都为自己国家的福祉服务，但有的民族可能遭受了另一些强大民族的剥削和殖民，甚至是野蛮剥削、战争和奴役。赤道几内亚在民主党领导之前，同样遭受了一些伤害，因为我们是小国，我们遭受了两百多年的殖民入侵。1968 年 10月 12 日，赤道几内亚获得国家独立，我们有了一段好的发展时期。但之后又因为外来因素，遭遇了 11 年的危机。

回到我们这个专题讨论会的主题，我想说的是，自 1979 年 8 月 3 日民主党执政以来，赤道几内亚摆脱了血腥的独裁统治，进入了和平、和谐和安定的发展时期，我们以包容的态度，促进政治、经济、社会、宗教等各方面自由发展，有了自己独立的发展方向。

谈到对话，赤道几内亚从 1991 年开始实行多党制，这是由民主党创建的，是由民主党创建者、当时的总统倡导的。我们制定了一系列平息动荡的法律。现在，赤道几内亚有 18 个政党，民主党已召开五次全国对话会，即政府和各政党之间的对话，有利于促进政治发展。

经济方面，赤道几内亚 1995 年发现了石油。从那之后，我们召开了两次全国范围的经济会议，很快就要召开第三次。各领域政治家、技术人员、科学家、社会专家等都将参与其中，参与国家经济全面发展的大讨论。

在性别政策方面，赤道几内亚也有很大发展，努力推动女性和年轻人的参与。民主党今年 7 月举行了第六次全国党代会，开始实行利民政策，例如推广学校食堂和校车，给残疾人等所有弱势群体提供医疗服务。我们刚刚启动了人员和货物在非洲地区的自由流动。

我们为建设更加美好的世界作出了自己的贡献。我们支持联合国教科文组织对科技进步给予奖励，我们给粮农组织捐款，参与非洲抗击饥饿的斗争。

女士们、先生们，同事们，中国共产党有近百年历史，已建立起一套很成熟的理念。中国人口众多，中国政府进行了非常好的国家建设。民主党希望吸取中国共产党的一些经验，特别是执政经验，在构建人类命运共同体的工作中为世界提供更多方案。因为我们所有人，不论是男女老幼，都是全人类的组成部分。

最后，预祝本次会议圆满成功，祝愿我们的友谊万古长青。

巴达尔·萨罗吉

印度共产党（马克思主义）中央委员

各位代表，各位朋友，我谨代表印度共产党（马克思主义）向各位致以革命的问候，祝贺本次对话会圆满成功，感谢中共热情邀请并为我们提供如此好的环境。

作为一个马列主义党，我们非常注重党内监督和制度建设，坚持民主集中制原则，这都是马列主义的革命传统，对我们来说非常重要。我们致力于将马列主义与印度实际相结合，定期召开中央和地方的讨论会，还将组建中央党校。在新形势下，印度经济发展受到内外因素影响，我们的人民还面临很多的问题和困难，不平等现象日益严峻。为了解决这些问题，我们有必要通过讨论和协商，让各个阶层的人都参与其中。我们希望能够与各方加强协作。我们还应该加强自身能力建设。

中国正致力于推动建成全面小康社会，建设新时代中国特色社会主义，我们希望中国取得成功，学习中国经验，这对我们来说非常重要。加强党的建设是一个重要的任务，也是一个艰难的任务，我们必须时刻警惕意识形态偏离和组织涣散，警惕反革命势力。我们看到，东欧和苏联共产主义试验的失败就是一个反面例子，因为他们没有做到时刻保持警惕。我们必须学习共产主义的有益经验，也要从失败经验中汲取教训。

再次感谢中共给我们提供这样一个好机会，与近三百个政党交换经验，非常感谢。

潘　维

北京大学教授

各位同事，女士们、先生们：

我很荣幸有机会在这里做发言的点评。聆听了13位政党代表的发言以及发言人与代表的互动，各位同事既认为腐败能被控制住，也说明了其中的困难。作为大学教授，我想从理论上概况反腐败的两个方面：容易和艰难。时间有限，我只讲3分钟。

先说反腐败容易的一面。腐败的定义非常清晰，基本没有争议。这是社会科学里十分罕见的事。腐败的定义是"（公职人员）非法以公权谋私利"那么，减少腐败的方法也就很简单。第一是切断公权力与官员私人利益之间的关联。第二是把腐败现象合法化。有个别国家通过把腐败合法化就降低了腐败，比如在美国。定义清晰让反腐败措施简单、清晰，加上把腐败合法化比较容易，所以反腐败并不是很难。大国、小国、穷国、富国，都有在很短的时间里就控制住腐败现象的先例。在五年以前，我给学生上课，说到中国制止腐败蔓延很有希望。但几乎没有什么人相信我的判断。五年后的现在，中国制止腐败的成就举世公认。然而，切断公权与私利的关联，在方法上说起来清晰、简单，做到其实很难。

我接着概括反腐败不容易的一面。分成五个原因。

第一，党内高层缺乏意愿和意志。若政党高层领导自身腐败，反腐败的意愿就不强，反腐败的意志也不会坚定。所以，反腐败要从党内做起，从党内的高层做起。做到了，党内高层就会获得公信力，权力就巩固，就能推广反腐败措施。

第二，投鼠忌器。老鼠趴在瓷器上，拿石头去打老鼠可能会得不偿失地砸碎瓷器。不少政党害怕揭露腐败会失去竞选捐款，失去党内的重要领导人，甚至失去执政权。然而，丧失了公信力的党不可能长期执政。

第三，惩罚力度不够。切断公权与私利关联的法律法规和执法机构不够强大，让腐败的收益大于腐败的成本。有效反腐败措施意味着从法律法规上，从执行机构上强大，让腐败的成本远远高于腐败的收益。比如把官员每次收礼不超过一百元改为每年收礼总价不超过一百元。

第四，无法让"零容忍"成为社会风气。容忍腐败的社会风气是可以改变的，尽管很难。让内部监督转化成全社会的监督就会有持久的效果。中国共产党的做法是首先加强内部监督，然后加强党员自下而上的监督。中国共产党有8900万党员，几乎每10个成年人中有1个。我们党在党员中加强共产主义教育，这是精神层面。同时在所有党员中加强"为人民服务"的教育，说明以公权谋私利是可耻的，是背叛了党的宗旨，背叛了党。这个工作，在中国依然任重道远。

第五，缺乏社会平等。让自己和自己家人过上比别人更好的生活，是官员腐败的一个重要动力。如果经济领域的财富差别不能反映在社会领域上，也就是说，财富差别不能反映在教育、医疗、养老、居住条件的差别上，官员贪腐的动力就会大为降低。这是北欧各国和新西兰、澳大利亚甚至新加坡等国名列腐败程度最低国家的主要原因。因此，社会主义是降低腐败的有效途径。中国处于社会主义初级阶段，在这方面也依然任重道远。

各位同事，腐败问题涉及所有政党的公信力，而推进对抗腐败的工作是构建"美好世界"的重要组成部分。所以，世界各政党应当加强交流，携手努力。

谢谢各位。

三　政党如何密切联系群众

始终同人民想在一起、干在一起

石　军
中共中央组织部二局局长

尊敬的各位嘉宾，女士们、先生们，朋友们：

大家下午好！

中国共产党是全心全意为人民服务的马克思主义执政党，在革命、建设包括改革的不同历史时期，我们党始终与人民心心相印，依靠人民取得了一个又一个伟大胜利。党的十八大以来，习近平总书记鲜明提出"以人民为中心"的思想，强调全党要"不忘初心，牢记使命"，把人民对美好生活的向往作为奋斗目标。

第一，推动全党同志牢固树立以人民为中心的思想。"民惟邦本，本固邦宁。"中国共产党把密切联系群众作为最大优势，把脱离群众作为最大危险，把同人民群众的关系比喻为鱼水之情。我们党十分重视群众观点教育，近年来先后开展了群众路线教育实践活动、"三严三实"专题教育、"两学一做"学习教育，使广大党员干部从思想深处解决"为了谁、依靠谁、我是谁"的问题，强化宗旨意识，站稳群众立场，增强群众观点。

第二，把党的群众路线贯彻到治国理政全部活动之中。群众路线是中国共产党的一大"法宝"。在治国理政实践中，我们党始终坚持问政于民、问需于民、问计于民，回应群众的愿望和要求，汲取群众的智慧和力量，紧紧依靠群众来推动事业发展。凡是重大决策，都要采取深入调研、听证会等形式，广泛听取群众意见。制定决策"从群众中来"，执行决策"到群众中去"，治国理政全过程请群众参与、受群众监督、让群众评判。

第三，着力解决群众最关心最直接最现实的利益问题。"民有所呼，我有所应；民有所需，我有所为。"中国共产党代表中国最广大人民的根本利益，没有任何自己的私利。我们党时刻把群众安危冷暖放在心上，努力做到幼有所育、学有所教、劳有所得、病有所医、老有所养、住有所居、弱有所扶，群众获得感显著增强。我们还提出"小康路上一个都不能掉队"，近5年有6000多万贫困人口稳定脱贫。同时，坚决纠正损害群众利益的问题，妥善协调群众利益关系，既把蛋糕做大，又把蛋糕分好。

第四，党中央以上率下示范带动全党改进作风。党的作风关系到人心向背，关系到党的生死存亡。党的十八大以后，中央政治局制定实施改进工作作风、密切联系群众的八项规定，中央领导同志以身作则，率先垂范，习近平总书记带头听民声、察民情、问民意，到基层考察调研50多次，把中央大政方针传递给基层，将关怀和温暖带给群众。各级党组织和党员干部都自觉向党中央看齐，普遍建立机关联系基层、干部联系群众制度，建立领导干部基层联系点，切实改进工作作风，和群众零距离接触，了解群众所思所盼所需，尽心竭力为群众排忧解难。

第五，充分发挥基层党组织直接联系群众的作用。中国共产党是由中央组织、地方组织、基层组织构成的有机统一整体。基层党组织植根人民群众之中，担负着直接组织、宣传、凝聚、服务群众的重要职责，可以使中央的意志传达到基层，也可以使基层的声音传递到中央。我们推行驻村联户、结对帮扶，选派优秀机关干部担任后进村第一书记，开展乡镇干部"走村不漏户、户户见干部"，组织在职党员到社区报到为群众服务，发挥群团组织联系群众的桥梁纽带作用，运用现代信息技术手段了解民情民意。坚持"一把钥匙开一把锁"，把工作做到群众心坎上。建立健全乡村为民服务体系，推动人财物向基层倾斜，推广为民服务全程代理、限时办结等制度，着力打通联系服务群众"最后一公里"。

谢谢大家！

赫拉尔多·加西亚

玻利维亚争取社会主义运动全国领导委员会副主席

各位来宾，女士们、先生们：

首先，感谢中国共产党邀请我来参加这次对话会，我非常荣幸能代表我们政党，同世界各地政党，特别是左翼政党在一起进行交流。同时，祝贺中共十九大召开，也代表玻利维亚总统莫拉莱斯向中国人民表示问候。我们党从 2006 年开始执政，当时右翼政党给我们关上了一扇门，很多国家也都对我们施以冷脸，但其实有更多的国家对我们表示了支持，因为在玻利维亚，我们遭遇右翼势力很多年的折磨，要感谢中国共产党对我们的支持，我们现在有了更稳定的而且会愈加稳定的经济发展，而且我们同更多国家建立了友好关系。

发生这种政治变化的时候，我们做出了一些改变，推进广泛的政治参与和民主化。我们扩大了不同社会部门和政治层面的参与，这种体系和之前新自由主义的民主是不同的，我们的想法是进行一种参与式的、大众有认同感的、有广泛性的民主。通过这个改革，政治和社会方面更加稳定，教育、健康、基础设施等方面有了更好的发展。我们对能源产业进行了国有化，因此社会阶层开始重构，我们现在有多个市民群体，最主要的社会成份是居民、原住民，还有工人组织、农民组织。在这种大环境下，我们来确定国家管理的构想、项目和方式。我们制定了新的宪法和法律，对社会基础和最核心的意识形态方面都进行了调整。我们现在通过大会的方式来进行国家决策，市级、省级以及全国范围的代表均可参与国家政策的制定。我们给予玻利维亚的原住民、农民更多权利和身份认可，赤贫问题得到了一定的解决，现在的发展更为开放，赢得了百姓更多的认可。我们要争取更多的经济、科学、技术和文化层面的国家主权和独立性，还要在减贫方面继续努力。此外，我们很重视三个层面的人民群众代表，既包括原住民、农民和工人，还包括城市市民，这三个层面代表的意见我们都会考虑。中国正在建设中国特色社会主义，玻利维亚争取社会主义运动也在进行自己国家的建设。我们提出的是社群社会主义，我们希望能和大地母亲和平相处。我们也在建立一个新的舞台，更多地让不同区域、不同身份、不同民族的玻利维亚百姓都共同参与国家的发展。

玻利维亚社会主义万岁，中国社会主义万岁！

谢谢。

蒙比·皮里
赞比亚爱国阵线副总书记

女士们、先生们：

首先，请允许我做自我介绍，我是赞比亚爱国阵线的副总书记皮里，赞比亚爱国阵线成立于 2001 年，之前 10 年是反对党，近 6 年是执政党。

赞比亚和中共的友好关系始于 1964 年，由两国的开国元首共同缔造。我们支持多党派民主，政府换届三次，但是我们和中共一直保持良好关系。

各位代表，尊敬的女士们、先生们，各位来宾，非常荣幸可以在今天与大家对话。我非常感谢中共邀请爱国阵线来参加这次重要的对话，并给予我们热情欢迎和招待。自从来到北京以后，我们就感受到了这座美丽城市的热情，我代表爱国阵线和埃德加·伦古总统向大家致以问候。

我代表爱国阵线中央委员会向中共成功举办十九大表示祝贺。中共十九大吸引了全球政党、国际组织和世界人民的广泛关注。中共十九大这么受关注的原因，是它回顾了中共过去的成就，制定出未来的工作蓝图。这次大会的成果令人充满期待，中共选举产生了新的领导层，习近平总书记再次当选中共中央总书记，提出了习近平新时代中国特色社会主义思想，这也是我们想要学习的重要思想。这次大会有利于中国努力实现两个一百年奋斗目标，即到 2020 年全面建成小康社会，到 2050 年将中国建设成为民主富强的社会主义现代化国家。

女士们、先生们，中共确实是不断地在全球舞台上发挥重要作用。我们非常想学习中共的经验，学习中共如何推动经济发展，推动国家发展。中国现在已经是全球第二大经济体，我们非常赞赏中共的组织结构，以及它在各层级的协调，这可以让中共动员人民，可以让中共成为如此大党。

女士们、先生们，爱国阵线向中共学到了很多，了解了其价值观，以及发展理念，以及它持续为中国人民谋福利的工作。爱国阵线要学习中共的工作，我们相信中国会继续坚持改革开放，与全球各国一起建设人类命运共同体。因此，这次高层对话会，可以使许多国家共同努力，构建人类命运共同体。这次的对话会开得恰逢其时。

女士们、先生们，通过了解中共领导国家的模式，我们认为要实现伟大的发展目标，首先需要实现人人平等，要实现平等，作为政党，尤其是发展中国家政党，就是加速发展，让人们享受到发展的成果。我们共同的未来，应是经济成果由世界人民共享，这意味着每个国家、每个人有机会利用其资源推动经济的发展。如果说贫富差距依然很大，建设人类命运共同体就难以实现。人类命运共同体意味着我们共同繁荣，分享科技，加强能力，我们的人类命运共同体不能是共享贫困，或者是文化落后，人类共同的未来应该是基于平等和贸易。习近平总书记曾经说过，要建立一个共同繁荣的国家，我们应坚持合作共赢，发展是第一要务适用于各国。各国要同舟共济，而不是以邻为壑。各国要加强宏观政策协调，兼顾当前与长远，着力解决深层次问题。我们要抓住新一轮科技革命和产业革命的历史性机遇，转变经济发展方式，坚持创新驱动，进一步发展社会生产力，释放社会创造力。要维护世界贸易组织规则，支持开放、透明、包容、非歧视性的多边贸易体制，构建开放型世界经济。搞贸易保护主义是划地为牢，损人不利己。

女士们、先生们，我认为，政党的角色就是要通过进步的政策来推动公平的贸易，否则就无法实现人类命运共同体的愿景。除非，国家可以在经济发展中实现平衡和平等，为人民的发展进行投资。这对于我们构建人类命运共同体是非常重要的，习近平总书记还说过，大道至简，实干为要，构建人类命运共同体关键在行动。国际社会要从伙伴关系、安全格局、经济发展、文明交流、生态建设等方面作出努力。

诸位阁下，有人认为民主是一个统一的概念，实际上并非如此。任何民主国家都有一些共同的特点，比如说尊重人权。但是民主又不是完全一致的，其他一些地区，尤其是非洲从亚洲可以学到的就是民主可以根据自身价值和文化做出调整。我们不应相信民主是完全一致的概念，民主是灵活的，从而适用于不同国家的价值体系。如果我们没有意识到这一点，没有对民主进行调整，民主本身就会成为冲突的来源，可能会变成我们实现人类命运共同体的障碍。所以，政党的角色，尤其是对于发展中国家，比如非洲国家而言，要确保实现民主化，让民主适应我们的国情，适应我们的人民，适应我们的价值观。

最后，感谢中共今年早些时候派高层代表团访问赞比亚，访问期间两党进行了深入交流，我想邀请中共再度访问赞比亚，同爱国阵线共同讨论如何加强党的建设。

谢谢。

苏加塔·柯伊拉腊
尼泊尔大会党中央工作委员会委员、前政府副总理

各位政党领导人，女士们、先生们：

我非常荣幸地代表尼泊尔大会党在这次重要的论坛中发言。非常感谢中共邀请大会党参与这次对话会，并给予我们热情接待。我们十分赞同习近平总书记鼓舞人心的主旨演讲，这一演讲为我们讨论奠定了基石。我们非常重视中国共产党组织的高层对话会。这次会议的主题是"携手构建人类命运共同体、共同建设美好世界：政党的责任"。我们期待与各位政党领导人、专家和学者交流意见，并且探索解决人类社会挑战的方案。我们受到习近平主席提出的构建人类命运共同体的巨大鼓舞，高兴地看到来自全球各地代表人民意志的政党共聚一堂，非常期待与大家进行交流。

各国的命运相互联系，没有任何国家在这样一个地球村中能够独立发展，在这样一个相互联系与依赖的世界中，我们需要合作建设人类命运共同体。中国在中共领导下，实现了令人激动的经济和社会发展，中国成为了我们的榜样。中国在经济增长和扶贫方面获得的成功，吸引了全球关注，"一带一路"倡议也是中国领导层提出的一个重要的倡议。尼泊尔签署了有关谅解备忘录，加入了这一倡议。尼泊尔期待与大家共同合作，在"一带一路"倡议框架下推动尼中互联互通建设，从中国的发展中获益。

尼泊尔和中国是一衣带水的好邻居、好朋友，两国文化相通，山水相

连，双边关系始终保持健康快速发展。尼泊尔具有远见的传奇领袖、我的父亲吉·普·柯伊拉腊曾经担任了四届尼泊尔总理，提出了尼泊尔大会党的社会主义和民主原则，我们将坚决维护国家主权，确保人民的权利不受侵犯。在尼泊尔十年前发生的政治变革中，我们强调了对话、共识、合作和团结的重要性，主张走一条具有建设性的社会经济发展道路。时至今日，我们依然由这一理念所引领。尼泊尔非常高兴地看到中国的发展成就，以及在全球舞台上不断扩大的影响力。中国致力于推动全球走向和平、进步、繁荣。我们非常高兴地看到，尼中两国领导人互访频繁，各层级交流日益密切，两国关系不断向前发展。大会党希望进一步深化与中国共产党关系，助推两国关系发展。

大会党坚定支持一个中国政策，决不允许任何势力利用尼泊尔领土从事反华活动，我们奉行和平共处五项原则，相信未来的交流将会促进我们观点的碰撞，为我们创造出更好的发展环境。

最后，非常荣幸可以在这次重要的会议中发言。尼泊尔正在根据2015年所颁布的新宪法举行历史性的各级选举。我们相信，通过这些选举，尼泊尔将走上和平、稳定、发展、繁荣的道路。感谢中国朋友，感谢你们为我们的民主转型与和平进程中所提供的支持和帮助。尼泊尔有大量的资源，存在诸多的发展可能性，我们已经通过制定法律法规来吸引投资，欢迎大家来尼投资。我们坚信，和平、稳定、繁荣的尼泊尔将在地区和全球层面发挥积极作用，推动构建人类命运共同体。

感谢大家的聆听。

穆什克·拉拉扬

亚美尼亚共和党副主席

尊敬的与会代表，女士们、先生们：

我是亚美尼亚共和党副主席，负责党内的意识形态工作。我谨代表亚美尼亚执政的共和党，向高层对话会的全体代表表示敬意。我相信中国共产党倡议举行的活动，是世界一百多个政党加深友谊、对各类问题交换意见的最佳平台。借此机会，我想再次祝贺中国共产党成功举办第十九次全国代表大会，它开启了中国建设现代社会的新进程。

我们对中国朋友取得的成就感到高兴，相信未来中国共产党的领导作用将对中国的持续发展和国际威信的提高产生积极影响。

当然，任何一个党的力量，既在于意识形态，也在于它的领袖。习近平总书记作为改革家，作为一个领袖，提出了很多中国国内改革政治经济关系和中国与世界关系的纲领主张。对于亚美尼亚共和党而言，中国共产党是重要合作伙伴，进一步巩固亚美尼亚共和党和中国共产党之间的协作，特别是在相互信任和尊重的基础上，巩固这种协作，将进一步推动亚中两党之间合作关系的快速发展。同时我也想通报大家，在这次访问期间，我们代表团与中国共产党签署了合作备忘录，这个备忘录将为亚中两党进一步加深全面合作伙伴关系奠定牢固基础。

我们都清楚，群众工作是党的工作重要组成部分。在现代条件下，任何政党的力量不在于意识形态，而是在于它向广大群众正确传达党的各方面工作。我们亚美尼亚共和党群众工作经验表明，党的工作，同时也包括培养党的干部。我们共和党已经走过了27年的历程，实现了顺利发展，在这一过程中，党的干部学会把现代与传统的价值观相结合。另一个重要环节就是党校可以传播党的意识形态，特别是为青年积极分子传播党的意识形态。应当说，中国共产党的党校工作经验对我们来说具有十分重要的借鉴意义。任何政党的政治成就取决于党的高层领导如何与人民保持联系，如何不脱离群众，如何代表并维护人民群众的根本利益。为此，我们党的最重要的职能之一就是让群众了解党的规划、党对未来的看法，以及对内外政策等问题的明确立场。为了解决这些问题，必须广泛利用现代信息技术，快速发展传媒，并将其改造为多媒体、综合体。

另外一个具有非常重要意义的工作，就是要研究公众意见，并及时对公众意见做出反应，并组织反馈。

女士们、先生们，最后我想代表亚美尼亚共和党表达一点希望，亚美尼亚共和党愿与在座各位代表的政党建立友好关系，为发展亚美尼亚共和党与世界各国政党之间的合作伙伴关系奠定良好的基础。

谢谢大家！

杜雷德·亚杰
黎巴嫩社会进步党副主席

女士们、先生们:

大家好!

我们与中国共产党自上世纪以来建立了友好关系和交往。谈到本专题,我们需要更好地了解整个人类,我们在这里的讨论,也需要更多地涉及人类未来。我们提到的人类命运共同体是社科各领域都涉及的问题,要实现这样的共同体,我们需要共同应对挑战,并要通过相互交流实现进步,这涉及到各个领域各个方面。我们一定要传播知识,让人们有更好的认识。在我们看来,社会主义进程意味着最大公约数,各个不同国家人民、不同文化的最大公约数,就是要让所有人共聚一堂,凝聚共识,实现变革和进步。基于社会和个人的变革,我们才能实现人类共同的发展。

社会主义不是为了实现某一个人的利益,而是为了实现所有人的利益。精英阶层应该更多地关注所有人的利益,为所有人创造更加美好的未来。1965 年,我党创始人卡迈勒·琼布拉特访问中国时说道,中国经验令我们钦佩,值得所有国家借鉴。中国的经验以及中国的发展政策、改革开放,都在朝好的方向推进,这有助于我们实现一个美好的人类命运共同体。而个人主义的资本主义现在却处于下滑状态。所以我们应该更好地理解、学习中国经验,并进而学习如何共同进步。

要构建人类命运共同体,必须首先保持国内稳定,也需要国际和平与公正。中国方案,也就是中国坚定不移地推动国际和平和国内稳定的做法,是一个很好的典范,在很多国家已经得到证实,是一个好的可行方案,而且在朝着好的方向前进,这有助于我们实现人类命运共同体。

非常感谢!

四　干部选拔与培养

谢春涛

中共中央党校校务委员会委员、教务部主任

各位代表，女士们、先生们：

大家好！

很高兴有机会介绍一下中国共产党的干部选拔和培养工作。我想先讲两个干部选拔的故事。

第一个故事，习近平是怎么样成为中国共产党总书记的。上世纪六十年代末和七十年代中期，习近平在中国一个贫困的山村当了七年多农民，在这期间，他加入了中国共产党，还担任了两年多这个村的党支部书记。在这之后，他上了大学，又在部队工作过几年。之后，从县一级开始担任党的领导干部。在市一级、在省一级都工作过。2007 年，在党的十七大上，成为中央政治局委员，成为中央政治局常委。在这之前，他是上海市委书记。中国有很多省市委书记，为什么他能成为党的重要领导人？跟在这之前我们党高级干部推荐新进中央政治局的候选人他得票最多有着密切的关系。在党的十八大上，他以全票当选为党的中央委员、党的中央总书记。在前不久的党的十九大上，他再次以全票当选为中央委员，当选为党的总书记。

第二个故事，党的十九届中央委员会是怎么选出来的。我本人很荣幸作为党代表参加了十九大，也很荣幸被选为中央候补委员，对这方面的情况是有一些了解的。从去年的六月份开始，中央就部署新一届中央委员会的委员推选工作，中央确定，中央委员 204 个名额，候补委员 172 个名额。

中央还确定，中央委员和候补委员主要由党的省部级干部和军队战区级干部组成，另外有少量各方面的优秀代表。中央用同高级干部谈话的方式来推荐。习近平总书记直接谈话了 57 人次，让这些高级干部根据中央的要求，推荐他们认为合适的候选人。推荐的结果，经过中央研究，确定候选人的考察对象。考察非常严格，到每个省，考察组至少要谈话 1500 人次以上。考察当中如果发现有人有不廉洁的问题，或者说政治上的问题，他肯定就失去资格了。我看到新华社在新一届中央委员会诞生之后的一篇报道，在这个过程中，曾经有 152 个人被正式当作了考察对象，但是考察完之后，没有能够当作候选人的预备人选提出。提出的人选经过中央政治局研究通过，然后提交十九大大会主席团。大会主席团通过之后，再提交党代会选举。选举是差额选举，中央委员的差额比例是 8.8%。候补中央委员的差额比例是 9.9%，规定得非常严格，必须在投票的时候差掉一定的数额，否则这张票就是废票。

我想，通过这两个故事，大家应该可以有这样几个方面的信息：第一，我们党的领导人是从基层一步一步地走上来的。习近平总书记可以说所有的台阶都经过了，经历非常丰富。第二，我们的中央领导人政绩是突出的，如果没有得到广泛的认可，那是不可能走到高位的。第三，党在选拔干部的时候，充分体现了党内民主。十八大以来，中国共产党的干部选拔工作做得比过去更好了，习近平总书记提出了忠诚、干净、担当的要求。忠诚就是必须对党忠诚，对人民忠诚。干净，就是必须廉洁，不能有任何贪腐的行为。担当，就是得有担当的意识，得有出色的工作能力，得有突出的工作成绩。

这几年，中国共产党着力解决过去曾经存在的带病提拔的问题，比如说在选拔干部问题上，加重了各级党组织的责任，如果没选准、选错了，那么党组织的主要负责人要承担责任，甚至要受到惩处的。再比如，我们的干部提拔过程中，要严格核查个人档案，如果有人在党龄、年龄、工作履历问题上造假，他不但得不到提拔，而且一定会受到惩处。再比如，还要核查个人事项申报的情况，我们党的处以上领导干部每年必须申报个人收入、个人房产、配偶子女的工作等等重要信息，党组织对于凡是提拔的干部都要进行认真核查，如果有人申报不实，也是不能提拔，也要受到惩处的。再有，我们提拔干部的时候，一定要听取各级纪检机关的意见，主要让纪检机关审查一下他们是否廉洁。提拔干部的过程中，如果有人举报这个干部有问题，一定要认真核查，把问题调查清楚。

这几年，通过这样的努力，我们带病提拔的现象大大减少，选拔的干部质量越来越高，可以说得到了全党和全国人民的认可。

这次参加十九大，我个人很受鼓舞，感到非常振奋，这不光是因为习近平总书记作了一个非常好的报告，更重要的是，我感觉到中国共产党选人用人方面做得很好，选出的中央领导集体的成员让全党全国人民信赖。这是我要讲的选拔。

我再简单谈一下培养干部的问题。我们党重视培养干部，尤其是习近平总书记特别强调这么几个环节：第一，各级党校的学习，主要学党的理论，主要学党的建设，要让我们的干部经常受这样的教育，每一个干部在每五年期间必须至少进行三个月学习。第二，习近平总书记特别强调干部的基层经历，特别强调要让年轻干部到艰苦地区去锻炼。另外，总书记还特别强调干部的多岗位锻炼，我们经常性地开展中央干部和地方干部的交流，我觉得对于培养干部的能力、拓宽他们的视野、提高他们的素质，都是非常有用处的。

我就介绍到这里，谢谢大家！

高·蒙赫策策格
蒙古人民党领导委员会委员、国会议员

尊敬的女士们、先生们：

大家下午好！

我叫蒙赫策策格，是蒙古国会议员，蒙古人民党领导委员会委员。首先，我代表蒙古人民党并以我个人的名义，向组织这次对话会的中国共产党表示衷心祝福，也特别感谢中国共产党邀请我党代表参会。

蒙古国是有300多万人口的小国。根据我们国家的总体情况，我们制定出了符合我国现实及未来需要的发展战略。今天蒙古四个政党都派代表参加了此次对话会。我们是多党议会制国家，根据2016年的选举结果，蒙

古人民党现在是执政党。我们党有两万多名党员，1921 年成立，与中国共产党同龄，几年后我们都将迎来建党一百周年。中国共产党是和蒙古人民党有多年友好交流与合作的政党。同时我们也同世界上一百多个政党有友好合作关系。

我党自成立至今的一项重要工作就是选拔和培养党的干部。党的利益高于个人利益，这是党的主旨纲领。在国家发展中，执政党的执政纲领非常重要，有时候是多项选择题，有时候就是单项选择题，一个政党的选择，就依靠领导干部们的意志以及知识的深度和广度来决定。河水一直在流淌，但是河里的石头不会消失，这是蒙古族的谚语。时间不会停止，但是我党干部的选拔和培养一直有明确的工作方针和方法。人民的需求逐年增长，人民对一个政党的要求也不断提高，所以我们对干部培养的要求也在不断提高。

截至上世纪八十年代，我们跟中国共产党一样，有自己的党校，就是针对我党青年干部的学校。从那时起，我们以开放的心态培养干部。我们刚刚召开蒙古人民党第 28 次代表大会，这个会议最大的亮点，就是把女性党员的参与度提高到了 30%。如今蒙古 76 名国会议员中 13 位是女性。现在社会很多重点领域，都是女性在带头，同时在地方选举中，也有很多女性当选。女性在教育、文化、卫生等行业当中的带头作用更加明显。

当然，现在全世界女性的政治参与度都在不断提高。昨天习近平总书记的主旨演讲以及这两天各位嘉宾的讲话中都说到一句话，就是地球只有一个，我们是一家人。这种理念我特别赞同。每一个家庭中只有爷爷奶奶、父母和孩子之间的关系都变得和谐，这个大家庭才会和谐，才会完美。大厅里在座的所有人，按习近平总书记的话说，都是一家人，谁也不会嫌弃自己的妈妈丑，男性都希望像爸爸，女性都希望跟妈妈一样。从一个家庭可以放大到一个政党、一个国家及至整个世界。因此，我特别赞同习近平总书记那句话。

这次对话会还有一个亮点，就是这个会议的 LOGO，是茶杯形状，蒙古人有一个习俗，就是要把好的东西跟人分享。我们特别欣赏这种理念。如果把世界比作是一个大家庭，那么家庭当中女性的地位和女性的参与是很重要的。比如在反腐当中，女性跟男性相比，她很难受贿，也不容易施行暴力，这也许是女性参与政治的优点。所以在习近平总书记所说的这个大家庭里面，希望我们女性政治家能够发挥更大的建设性作用。中华人民共和国是蒙古国永远的友好邻邦，我们可以选择邻居，但不可能选择自己的邻国，所以我们一定要友好相处、积极合作。

祝这次对话会取得圆满成功，希望我们为这个美好的世界大家庭共同努力。谢谢！

阿拉吉·达博
冈比亚联合民主党副秘书长、国会议员

各位尊敬的来宾，尊敬的代表：

我今天非常高兴代表我党主席博江先生做演讲，也代表我党来作演讲。我是冈比亚的议员，也是联合民主党的副秘书长。

冈比亚与中国关系非常好，从1967年开始就是如此。当然，后来我们国家经历一段时间的冲突，之后我们重建了与中国的伙伴关系。因此，我党被邀请参加这次重要会议，我代表我党感谢中国给我们的热情招待。

冈比亚是多党民主的国家，政党和政府之间的关系相对比较疏远，政党无法直接控制政府机构，政府机构也不允许参与政党竞争。所以我党无法直接控制政府的机构。联合民主党1994年成立，旨在重建冈比亚的民主和法制。之前的军政府禁止政党工作，十分不民主。1994年，政党得以组建，很多政治活动家团结起来，建立联合民主党。达博参加了四次选举，但是没有胜选，这些选举被认为是不公正的。在那期间，我们参加了两次的国民议会选举，另外两次议会选举我们进行了抵制，因为我们认为选举并不公正。2016年12月，我党开始执政，推动积极的变化。2017年4月，我们通过了新宪法。政党的结构从国家到地区层面进行了改革，有中央委员会、执行委员会、地区委员会，许多地区都有政党的组织。还有乡镇的政党组织和村的政党组织。我们还有青年党、妇联等组织。30%的党的领导都是青年人或者女性。2016年对于冈比亚政治进程是很重要的一年，当年，主席带领青年人反对黑暗的选举，之后他们被逮捕了。当时，他要求所有全国委员会领导跟他一起去，把副手留下，如果一把手被逮捕，副手

可以接任，当时超过一百多位党的领导被逮捕，被判刑三年左右。之后，我们选了新的候选人来参加 2016 年的选举，他获得了胜利。当时 16 个独立的政党组建一个联盟参与选举，最终获得了胜利。在之后的议会选举中，我们获得了 53 个席位中的 31 个，成为最大的政党，成为了执政党。

现在，我党在加强结构和组织能力建设，我们希望 2021 年，在现有的联合政府执政结束以后，组建一个联合民主党政府，我们也希望继续与中共进行合作。

谢谢。

温纳貌伦
缅甸联邦巩固与发展党中央执委

各位政党代表，尊敬的各位来宾，女士们、先生们：

大家下午好。

在此，我代表缅甸联邦巩固与发展党，并以我个人名义，祝贺中国共产党第十九次全国代表大会胜利召开，非常感谢中国共产党举办本次高层对话会。今天我们共聚一堂，探讨政党和全人类所面临的挑战，以及如何更好地构建人类命运共同体。在此，我想与大家分享一下缅甸巩发党的一些经验。

2010 年，我们举行了第一次民主选举，巩发党获胜成为执政党。政党对于一个国家来说十分重要，需要输送好的政府官员，好的政党干部；需要努力实现国家和平稳定、法治完备和经济发展；需要选择正确的政治制度，制定正确的方针政策，从而建设一个美好的国家。在这个过程中，坚持以民为本是至关重要的，否则，我们的实践就不会有太大的作用。

国家实现民主和发展，离不开社会经济的进步。我们必须建立适宜的体制，强调政治经济共同发展，而且是包含每个社会阶层每个人的发展。政治领袖应当成为深谙国防、安全、外交等各领域知识的全才，推动国家全面进步。政党不仅要在各领域具有丰富的经验，更要注重培养富有才干的新一代接班人，继续推进世界的和平、发展和繁荣。政党必须不断培养党内干部，让他们成为构建和谐社会、促进世界和平的参与者，这对于构建人类命运共同体至关重要。我们必须关注干部的选拔和培养，对所有政党来说都是如此，只有这样才能实现我们的政治目标。

我们的国家刚刚经历了民主转型，巩发党曾带领国家在经济、社会等各个领域取得巨大的成功。在巩发党的领导下，我们实现了平稳的政权交接，人民广泛参与到政治生活当中，推动国家政治进程不断发展。可以说，巩发党在推动缅甸的民主进程中发挥了重要作用。当然，我们在党建和国家发展中还面临诸多挑战，国内战争冲突时有发生，制约缅甸经济社会发展。巩发党将继续努力，为构建一个更加美好、繁荣的国家作出应有的贡献。

非常感谢大家。

安德烈·克利莫夫
俄罗斯统一俄罗斯党最高委员会主席顾问

亲爱的朋友们，尊敬的同事们：

下午好。

昨天聆听了习近平总书记非常重要、内容丰富的讲话。今天早上，中共中央对外联络部部长宋涛先生为我们详细讲述了中国如何规划未来发展，这种发展是基于中共十九大所做出的一系列历史性决议。就像习近平总书记所讲的那样，每一个政党应当对自己的人民负责任，应当依靠本国的文化传统和历史。我们来自俄罗斯统一俄罗斯党，我们认同中共的这种观点。

统一俄罗斯党是一个年轻的政党，在21世纪之初才成立，也是苏联解体之后的十年才成立的。今天统一俄罗斯党是俄罗斯的执政党，拥有200万党员，这甚至比俄罗斯其他70多个政党的党员总数还要多。统一俄罗斯党在2016年国家杜马选举中获得了343个议席，并且在地方选举中也获得了大部分的选票。梅德韦杰夫总理是统一俄罗斯党的主席，统一俄罗斯党的创始人则是普京总统。统一俄罗斯党和苏共不同之处在于：它是在多党制条件下，在言论自由包括完全的网络言论自由条件下开展工作的。俄罗斯和苏联时代不同之处在于：我们不会输出意识形态，也不会干涉别国内政。但是，我们非常注重学习其他党、其他国家的经验，同时开展积极的政治对话。比如中国共产党和统一俄罗斯党 2004 年就签署了合作协议，根据协议开展定期的、直接的和互信的交流。统一俄罗斯党、俄罗斯议会和政府呼吁所有政党支持不干涉别国内政的原则。但是，许多国家对俄罗斯主权进行公开的、经常性的干涉。

我们党不断完善干部选拔和培养方式。我们是俄罗斯第一个实行党内初选制度的政党。在选举之前，统一俄罗斯党要先经过初选选出自己的候选人。自 2016 年起，不仅本党党员能够参与党内初选，所有希望参加选举的俄罗斯公民都有机会参与到统一俄罗斯党内初选中。我们也高度关注青年工作，即使是反对我们的俄罗斯其他政党也承认这一点。统一俄罗斯党也看到了自己面临的挑战，并积极地和这些挑战做斗争。我们希望和各位开展更积极的交流。

谢谢。

奥斯卡·罗斯
哥伦比亚民族团结社会党全国领导委员会成员

女士们、先生们：

大家好！

我们党是一个保守政党，我们这个代表团还有其他同属我们执政联盟的政党代表，今天对我们来说非常重要。

六十年前，人类历史上妇女第一次有了投票权，后来这种权利逐渐在各个国家推广开来。自 1991 年起，哥伦比亚就出现了一些新的政党。因此哥伦比亚多党文化就开始出现了变化，和历史上有很大不同。我们制定了一系列法律，允许少数族群加入政党，通过竞选进入议会参政议政。其结果就是，哥伦比亚的政治版图里有了更丰富的人群代表，比如非洲裔的哥伦比亚人和土著人，就开始有了他们的政治代表，这样哥伦比亚的政治就更加民主。

哥伦比亚各地区、各阶层都可以参政议政，这样就能有不同的群体，特别是妇女、宗教团体和以前从事游击队的群体，现在也加入到政治生活中来。现在哥伦比亚正在健全这种机制，出台了妇女法，要求在各个组织里，包括政府组织里，妇女比例不能低于30%。我们国家有很多非洲裔的哥伦比亚人，国家要保证让他们的干部有进入大学学习的权利，学习法律，学习宪法，要给他们发一些专门的学位和证书，教育他们向议会提出法案时，代表人民的利益，致力于加强政党在政治生活中的作用。要培养这些政治领袖，让他们发挥更大作用。我们国家有义务培养自己的政治干部。

我们要改变以前的一些问题，以前两党长期轮流执政的时候，这种做法是难以实现的，现在就实现了这些目标。我们保证基层百姓能写出提案，能提交到不同层级的议会。而所有议员和领导人都应该有代表性。

我们认为，各类政治人物应代表不同政治倾向和意识形态，而且相互之间应有一种包容的心态。我们相信每个人都应是平等和自由的，我们相信哥伦比亚有很好的发展前途，我们希望哥伦比亚通过我们的政策能够培养出更出色的政治人物和领袖。我们希望通过我们的努力，实现建设一个美好社会的愿景。

王绍光
清华大学公共管理学院教授、苏世民书院特聘教授

各位代表，女士们、先生们：

大家好。

非常荣幸有机会参加这次会议，我是政治学教授，教政治学，也包括政党，教了几十年，对有些国家的政党，尤其是西方发达国家的政党制度比较了解。但是，第一次有机会跟来自100多个国家近300个政党和政治组织的代表一起开会，本场研讨会有来自20个国家的政党代表发言，从中我学到了很多东西。

研讨会的主题是"加强政党建设：政党的挑战和未来——干部选拔与培养"，如何加强政党建设恐怕是所有国家的政党都面临的一个巨大挑战。比如说在欧美国家，如果做舆论调查，可以发现几乎每年都是如此。政党作为一种组织，在各种组织里面，受信任的程度是最低的，这在很大程度

上是由于这个党与人民群众的期盼之间产生了巨大的差距。党派之间的争论，往往置人民群众的利益于不顾，带来很多问题。这种情况在发展中国家可能会好一点，我不是很了解。因为在发展中国家，尤其是非洲国家的政党很多都是民族解放运动、革命运动和社会运动的产物，可能跟社会基层民众的联系会更多一些。所以，我从他们的发言里面学到了很多东西。

在今天的发言里面我经常听到一个词，叫"参与"。这在发展中国家是非常重要的，在发达国家也很重要，就是让更多的民众能够参与到政治中间去。我想，中国共产党的方式和"参与"有一点点不一样。"参与"这个词的意思是说：决策者允许、鼓励非决策的群体来影响决策的过程。但是中国共产党的做法，除此之外，还要求所有的决策者、掌权的人不断地、主动地深入到人民群众中间，尤其是社会最基层民众中去。中国共产党从建党开始，无论在革命战争时期、社会主义建设初期，还是在改革开放时期，都不断地要求党员、党的各级干部，包括党的最高领导人经常到基层农村、单位，直接与最普通的民众接触，了解最真实的民情，然后做出科学的决策。由此可以看出，"群众路线"跟"政治参与"两种活动的机制是不一样的。世界各政党之间可以互相借鉴，我觉得中共的这个法宝将会继续保留下去，特别是在中共十九大上习近平总书记又讲到大兴调研之风，各级干部要更多地深入基层，这充分展现了中国共产党新的一面。

我的发言就到这里，谢谢各位。

建设美好国家：政党的实践和经验

陈 晋
中共中央文献研究室副主任

各位来宾、各位朋友：

大家下午好！

我们这场专题会的主题是"建设美好国家：政党的实践和经验"。在这个问题上，我相信各国的政党都积累有自己的想法和做法。我觉得，所有的想法和做法实际上都可以归结到一点，就是选择和实践什么样的国家发展道路。因为，美好的未来只有通过可行、有效的道路，才能够把握得到。在这里，我愿意就中国共产党对中国发展道路的选择和实践同朋友们分享三点体会。

第一，中国道路决定着中国的命运。

为了把中国建设成美好的国家，中国共产党最大的实践和最根本的经验，就是探索和开创、坚持和发展了一条正确的道路。这条道路叫什么名字？就叫中国特色社会主义。在这以前，中国曾经探索了各种各样的发展道路，但都没有成功。在历经千辛万苦，付出巨大代价以后，我们才在将近40年前找到了这条道路。中国道路是围绕什么是社会主义，怎样建设社会主义，什么是中国特色社会主义，怎样坚持和发展中国特色社会主义这样的基本主题形成和发展起来的。中国道路不是抽象的概念，它具体地体现在当今中国的经济、政治、文化、社会、生态各个方面。这条道路与中国的历史文化有关，但不是简单延续；它来自马克思主义经典作家的理论，但不是简单的套用；它适应世界现代化的潮流趋势，但不是西方现代化模式的翻版。此外，中国道路还汲取了20世纪其他国家社会主义实践的经验教训，最终觉得我们要搞社会主义，必须走中国自己的路。

经过40年的实践，走中国道路给中国带来了巨大发展变化，获得了人民的普遍认同，成为把中国人连接成一个命运共同体的道路。如果不了解中国特色社会主义，就很难认识今天中国和明天中国的真实模样。中国共产党格外珍惜这条道路，认为它代表着中国和中国共产党的基本形象，决定着国家的前途命运。如果各位朋友有兴趣了解中国共产党的历史文献，你就会发现一个特点，从1982年中国共产党的十二大以来，每一次全国党的代表大会报告标题里都有一个关键词，这个关键词就叫做"中国特色社会主义"。而且每一次报告都要对中国道路的理论和实践作出新的论述。十九大报告的标题里突出的关键词是"新时代中国特色社会主义"。

第二，中国共产党怎样引领中国道路。

在中国共产党十九大报告中，写有两句话：一是中国特色社会主义最本质特征是中国共产党的领导，二是中国特色社会主义制度的最大优势是中国共产党领导。这两句话概括了中国共产党与中国道路的根本关系。中国共产党引领中国道路有很多途径和方式，我觉得其中最重要的是思想领导、政治领导和政策领导。

思想领导，是为中国道路的实践提供理论指引。国家的发展道路如果没有历史和逻辑相统一的理论支撑，这个路就可能显得零乱无序而失去方向。因此，我们在谈到中国道路的时候，总是要谈第一个内容，就叫做中国特色社会主义理论体系。这次十九大最大的理论贡献就是明确概括了习近平新时代中国特色社会主义思想的基本内涵，把它确定为必须长期坚持并不断发展的行动指南。

政治领导，是为中国道路的实现提供制度保障。中国共产党是中国最高的政治力量，它领导国家建立了人民代表大会制度等一系列制度体系。当前，我们正全力推进的全面深化改革的总目标，就是坚持和完善中国特色社会主义制度，不断推进国家治理体系和治理能力的现代化。与此同时，中国共产党还通过一些制度安排来实现自己的领导。比如这次十九大报告就明确规定，我们有一种民主，叫做协商民主，这个协商民主制度就是实现党的领导一个重要途径。

政策领导，是为中国共产党的实践提供具体的路线图。比如为了确保2020年中国现行标准下农村贫困人口实现脱贫，中国共产党制定了非常详细、非常具体、非常丰富的精准的扶贫政策。前不久，我刚到湖南平江县这个国家级贫困县调查研究，发现那里的党政机关干部花了主要的精力到贫困村、贫困户去做扶贫工作。到目前，中国有19.5万党政机关干部到各个地方的贫困村担任党支部的第一书记，中央给他们的任务就是要保证你担任书记的这个村的贫困农民脱贫。

第三，中国道路进入了新时代。

中国道路是实现中国社会主义现代化、实现中华民族伟大复兴梦想、创造人民美好生活的必由之路。实现这些目标，从1949年中国共产党成为执政党算起，需要一百年的时间。在这当中，随着有些阶段性目标的实现，中国道路必然会出现具有不同时代特征的变化。所以，这次党代会就正式提出中国道路进入了新时代。中国道路进入新时代的标志是什么呢？一是意味着中华民族迎来了从站起来到富起来到强起来的伟大飞跃，意味着科学社会主义在21世纪的中国焕发出了强大的生机活力，意味着中国道路拓展了发展中国家走向现代化的途径，给世界上那些既希望加快发展又希望保持独立的国家和民族提供了一种新的选择。

这里需要说明的是，进入新时代的中国，既是自信的，也保持着严谨和清醒。因为中国仍然是世界上最大的发展中国家，中国道路在发展中还会继续遭遇很多困难和风险。所以，中国共产党一直有着很强烈的危机意识，挥之不去。我们说中国道路拓展了发展中国家走向现代化的途径，是因为它说明条条道路通罗马，发展中国家搞现代化不一定要对西方路径简单依赖。同时，在全球治理上，中国道路越来越贡献出更多的智慧，这当中既有"一带一路"这样的具体倡议，又有构建人类命运共同体这样的宏大愿景。由此可见，中国道路将使中国和世界的关系越来越紧密。

我的发言就到这里。谢谢大家。

阿明·森努希

阿尔及利亚民族民主联盟领导人、国民议会副议长

尊敬的各位代表，女士们、先生们，朋友们：

大家下午好！

首先，我代表阿尔及利亚民族民主联盟，向中国共产党领导人和各位

党员和中国国家主席习近平先生致以诚挚的感谢和问候。

谁不借鉴历史经验，就绝不能打下坚实的政治基础。谁忽视人民的经验和他们在地理和历史方面的作用，就不能与现代人类社会其他国家进行有成果的合作。1921 年至 1949 年，中国在毛泽东的领导下进行革命，在游击战方法的启发下进行了伟大的长征。而阿尔及利亚领袖阿卜杜勒·卡迪尔也曾在 1832 年至 1847 年反法战争中用到了这种方法。同时，作为长期的全面的人民战争，1954 年至 1962 年的阿尔及利亚革命借鉴了一些中国革命的原则和战略方法。在这方面，我必须提到阿尔及利亚一直高度赞扬友好的中国人民对阿尔及利亚革命的支持，比如为我们的人民战争提供了武器，并且培训士兵如何使用这些武器。在今天这个高级别的会议上，我们将要讨论推动构建人类命运共同体的方法，什么是我们应建设的美好世界，以及如何加强政党在这方面的作用。这个主题本身就是一个非常重要的问题，它在未来一定还会长期存在，它推动人类在这个世界之外去寻找能使人性更加美好的因素，使其不至于沦为行尸走肉，人类将在这个星球上建设自己的内心世界和外部环境。而一个安全的环境，将使人们得以幸福安详地生活，这一切的实现必须通过艰苦的劳动。

女士们、先生们，不同种族宗教、社会制度、经济制度的国家都知晓他们的命运是紧密相连的，这就注定了国家之间要进行互利共赢的经验交流和合作。我们必须要放弃妄图控制和侵略他国，用各种非法手段挑起人民革命的路子，放弃单极化战略、军事联盟、控制世界商业要道的行为，放弃威胁恫吓、实施经济制裁并用各种冠冕堂皇的借口来粉饰其行为的方法。打造人类命运共同体取决于在秩序良好的国家之间进行互相合作，以保障实现各方利益，不偏不倚，不施压力和威胁，也不存在偏见。同时各国之间的合作还应公平公正，保证各方的权利、义务、发展、安全和稳定，以消除各种形式的落后、战争、暴虐统治、不公和腐败。为了与各方建立平衡互补的关系，我们党将致力于以下几方面：

第一，建立有效的政治框架，以提高党员的应对威胁人类的各类危险的意识，如工业技术落后、粮食生产水平落后、环境污染、贫穷、传染病、国际恐怖主义、有组织犯罪、失业、教育水平低下等问题。

第二，寻求切实有效的方法，推动发达国家同发展中国家进行科学技术领域的交流。稳定全球金融体系，遏制军备竞赛，竭力帮助为实现命运自决而与侵略势力做斗争的人民。我们倡导尊重国家主权，反对以占有资源等为由的入侵行动。同时，我们也建议优化改进包括联合国在内的国际组织，以确保其各项决议的公平公正。

第三，推动世界各国政党在政治经济、贸易、科学的方面开展经验交流。

第四，通过对话而非武力手段解决各国存在的分歧和危机。反对通过武力侵略他国以掠取资源。同时得益于阿尔及利亚总统阿卜杜勒－阿齐兹·布特弗利卡的英明领导，阿尔及利亚在维护国家利益方面取得了许多的成效，并成为解决国家内部分歧的典范。同时阿尔及利亚现在享有安宁、稳定的社会环境，也正迈向美好的未来，所以，如果没有安定就没有未来。

第五，我们将人民与政府团结起来打击各种形式的恐怖主义，同时也斩除各种恐怖主义的根源，以便创造一个良好的投资环境。国际社会现在应该团结起来一起强烈谴责那些支持、纵容和保护恐怖主义，乃至为其提供资金与武器的国家。同时，在阿尔及利亚内战当中，我们铲除了很多恐怖势力的隐患，如今我们正不遗余力地向那些仍受恐怖势力侵袭的国家伸出援手。

今天参会的各国政党领导人应共同努力，就制定共同行动计划达成共识，以一种低成本、高效率的方式来解决相关的一些问题。比如贫穷、愚昧、环境污染和沙漠化等问题，造福全人类。为了应对各国政党所面临的挑战，我们还应通过今天的对话会来呼吁阻止对世界经济造成威胁的资本垄断。为此，中国作为此次对话会的发起方，可牵头制定相关的机制或者成立相关的国际组织，对此次对话会期间提出的各项建议给予密切关注，为阻碍人类社会发展的难题寻求相关的解决办法，携手构建人类命运共同体。

女士们、先生们，我们期待此次高层对话会能深化我们同中国共产党间的关系，促进两国的共同利益，同时能为各国所面临的经济挑战与发展瓶颈提出新的解决思路。同时，我们也希望阿尔及利亚通过与中国共产党和其他出席此次对话会的世界政党对话，参与建设一个拥有共同命运的崭新世界、一个跨越战火实现互利合作的世界、一个安宁的世界、一个依靠法律机制解决争端的世界、一个每个公民都能享有机会、贫富强弱者间团结互助的世界。

最后，我再次以我个人和阿尔及利亚民族民主联盟的名义向此次对话的举办方中国共产党表示诚挚的谢意。相信此次对话会能够深化各国间的友谊和合作，为人类带来福祉。最后祝愿此次对话会的各项议程能够圆满成功。

谢谢大家。

一　欧亚篇

玛·呼日勒苏赫
蒙古公民意志绿党总书记

在座的各位代表、各位领导：

首先，向大家致以衷心问候。我非常感谢中国共产党邀请蒙古公民意志绿党参加此次中国共产党与世界政党高层对话会。

昨天，我们参观了"砥砺奋进的五年"大型成就展，看到了习近平总书记领导人民通过努力奋斗实现了中国的飞速发展。在昨天的开幕式上，我认真聆听了习近平总书记的重要讲话，感到非常振奋。习近平总书记提到，各国要携手建设远离战争和恐惧、和谐稳定的美好世界，我非常赞同。我们蒙古公民意志绿党支持蒙古国在"一带一路"框架内同中国加强各领域互利合作。

2014 年在我们党的大力推动下，蒙古议会审议通过了蒙古国绿色发展纲要，习近平总书记在讲话中也提到，要将保护环境与推动发展有机结合，实施环境友好政策。这与我们党的主张是完全吻合的。蒙古绿色发展纲要分为两大阶段：第一阶段，2014 年 – 2020 年，第二阶段，2021 年 – 2030 年。在第一阶段，我们将会把绿色发展的模式逐步引入经济发展的各个领域，完善相关立法，并且加强有关基础设施建设。第二阶段，我们将会推广高新技术，创新生产方式，逐步打造环境友好、绿色发展、社会贡献度高的绿色经济体系。让我们共同努力，携手共建安全、稳定、环境友好的美好世界。

感谢大家的聆听。

阿扎特·佩鲁阿舍夫

哈萨克斯坦"光明道路"党主席

女士们、先生们：

下午好！

哈萨克斯坦历史上的第一个政党名字叫阿拉什，成立于 1905 年，是全国解放运动政党，也是俄罗斯革命之后创立的第一个政党。党的创始人是一批非常优秀的哈萨克人，他们在圣彼得堡和莫斯科接受了大学教育，在社会经济的不同领域工作。1917 年，该党在议会选举以后开始上台执政，成立了 20 世纪中亚的第一个自治共和国，名叫阿拉什自治共和国。今年 12 月 5 日，哈萨克斯坦要庆祝阿拉什民主自治的 100 周年纪念日，今天我们也借此机会庆贺这个重要的日子。

阿拉什自治对于我们国家的政治、军事、外交、经济等各个领域发展都有深远的影响。直到 1920 年阿拉什自治共和国被红军打败，1937 年斯大林政府杀害了哈萨克当时的领导人。我今天为什么讲这些呢？就是因为我所在的政党——哈萨克斯坦"光明道路"党可以说继承了阿拉什党的理念，什么理念呢？第一是安全，这关系到哈斯克斯坦人民的生存。第二是独立，或者说是国民身份。第三就是实现所有哈萨克族人民的繁荣和福祉。这些目标是不是太遥远了？这些目标是一个世纪之前就确立了的，我们一直在不断地努力、发展。这些目标是非常值得奋斗、也是非常美丽的目标。我认为，今天我们要实现这个目标并不是不可能，需要各国保持合作与互动，才能在国际社会当中构建紧密的合作关系；要通过加强各国的独立和现代化，强化各国的国民身份，这也是我们国家总统纳扎尔巴耶夫一直强调的；还要和邻国发展睦邻友好关系，这些邻国都是上帝和历史所赋予我们的。

第三个理念，繁荣，意味着我们要大力发展市场经济和良好繁荣的商业环境。如果我们不能和投资来源国建立良好的伙伴关系，这一点将无法实现。所以基于这样的理念，哈萨克斯坦成立了阿拉什国际金融中心，吸引来自其他国家的投资者，为他们提供稳定的电力资源和人力资源的支持，我们也邀请所有与会国家工商界人士参与到哈萨克斯坦建设当中来。

此外，参加这次会议，我认为很好，希望在此基础上能够成立一个组织，聚焦于打击腐败。我认为，腐败威胁很多国家，是一个全球性的挑战。如果不能战胜这些挑战，将会影响我们之间的交流、实现繁荣和安全。此外，我们还要共同努力携手应对恐怖主义威胁，现在很多国家都面临着公民自由权利减少的问题，主要就是因为各国在采取措施应对恐怖主义威胁。恐怖主义意识形态的来源就是政治上的极端主义。所以，我们在这方面要开展国际合作，共同打击极端主义，因为仅仅一国的努力是远远不够的。

谢谢大家的聆听。

拉诺霍恩·波波忠尼约恩
塔吉克斯坦人民民主党副主席

尊敬的女士们、先生们，尊敬的同事们：

大家好！

我们亲眼看到中国特色社会主义为中国带来了繁荣昌盛，非常感谢中方能够为我们提供这些宝贵的经验。

塔吉克斯坦有 6 个在立法院有席位的党，1994 年我们人民民主党成立，从第一天开始，就给自己设立任务，建设一个有主权、有稳定经济的国家。这些年里，我们在塔吉克斯坦总统、同时也是人民民主党主席的领导下，已经成为了国家的一个重要政治力量。独立最初的几年，对我们人民来说确实是一个很严峻的考验。在 90 年代初，塔吉克斯坦在外界影响下遇到了很多国内的冲突和矛盾，最后酿成了内战和手足相杀的悲剧场面。所以，我想再次强调一下，我们当时面临的威胁很多，要建立的国家机制不同，还面临伊斯兰问题，很庆幸我们国家目前能够正常发展。

从 2000 年开始，我们制定了发展计划，进入了发展阶段，经济发展有了稳定条件，人民生活水平得到了提高。我们还有三个战略任务，就是保障能源独立、走出交通隔离的局面和保证粮食安全。现在我们在考虑人民就业的问题，我们推行的计划让 GDP 保持每年增长 7% 左右，国民收入提升 25 倍，平均工资增长 60 倍，降低了贫困率。我们所取得的成就和在做的工作还是不能满足现实的要求，所以为了保证国家未来发展，为了能够发挥国家优势，在此基础上提高国民生活水平，我们需要并采取了到2030年的中长期国家发展计划。

根据长期的发展计划，国家发展是我们现在最重要的目标。拉赫蒙总统为我们党员规定了很明确的任务，让我们实现了政治和经济自由，多党制、印刷自由和言论自由，竞争的自由和发展中小企业的自由，实现"光明社会"等。现在各个阶层的代表能够自由地发表自己的意见，他们对此表示支持。我相信，在我们共同努力下，不久的未来可以解决我们国家内部的问题，建成一个发达的国家。

谢谢！

捷列拜·祖尔普卡罗夫

吉尔吉斯斯坦社会民主党议会党团副主席

尊敬的各位与会代表，女士们、先生们：

大家好！

我想利用本次机会向组织方表示感谢，感谢他们举办本次对话会。大概一个月之前，中国发生了一个非常重大的事件，就是召开了中国共产党第十九次全国代表大会，确定了中国中长期发展计划。我相信在中国共产党的英明领导下，十九大提出的所有计划都能够得到有效的实施。我们也愿意和中国一道，承担起建设人类命运共同体的重任。在这个框架内，我想中国一定会实现他们所制定的未来发展目标。中国共产党带着坚定的决心，走和平发展的道路，发展中国特色的外交，其核心就是互惠互利的合作。

尊敬的各位与会代表，中国拥有非常丰富的经验，中共有着8000多万党员，我们已经准备好学习中国的经验。我可以自信地说，本次对话会是一个很好的交流平台，让我们能够和其他的政党交流意见，促进国家间的交流，让我们能够和那些倡导自由和多样化的国家进行交流。每个国家都可以自主选择自己的发展道路，对于所有参加本次对话会的代表来说，这不只是一次可以了解中国、了解中国共产党一些重要倡议的机会，也是很好地了解其他政党、其他国家经验的机会。

尊敬的女士们、先生们，我们吉尔吉斯斯坦代表团中有很多不同的党，我们议会中也有很多不同的党团，我坚信，在吉尔吉斯斯坦面前的发展道路也是光明的。我们议员就是为国家和人民服务的，我们有责任有义务去从事国内政治和外交事业。我们是中亚第一个用先进技术保障总统选举公正性的国家，已经三次采取了这些措施，现在国内最大的问题是腐败问题，吉尔吉斯斯坦为此付出了很大的努力。我们也正在和犯罪作斗争，让我们的社会公正、稳定。为了和腐败作斗争，国家预算增长至原来的 3 倍，相应工作人员的工资也有所提升。

尊敬的各位与会代表，我想告诉大家，我们将迎来和中国建交 25 周年，在这些年里我们已经发展成战略合作伙伴关系，加深了了解和互信。发展与中国的双边关系是吉尔吉斯斯坦优先发展方向，中国是吉尔吉斯斯坦的好朋友、好伙伴、好邻居。

谢谢大家。

克拉西尔尼科夫

白俄罗斯共产党国际部长

尊敬的各位朋友：

大家好！

我代表白俄罗斯共产党中央委员会，感谢中方组织此次中国共产党与世界政党高层对话会。

首先，我要感谢中国共产党邀请并组织白俄罗斯共产党的代表参加此次对话会，对话会正好是在十月革命一百周年胜利纪念日之后举行。在十月革命以来的这些年里，世界上所有的民族都获得了独立，并且建立了公正、公平的社会。白俄罗斯共产党是苏联共产党在白俄罗斯的分支。我们以马克思列宁主义为理论基础，并广泛吸收了世界其他国家的先进经验。

目前，白俄罗斯共产党正在结合当前不断变化的国际形势、本国社会经济发展的现状以及国内相关的情况来制定国家发展战略。我们党积极支持卢卡申科总统的系列发展战略，我们的宗旨就是要提高人民生活水平。

在我们国家 15 个政党中，白俄罗斯共产党是最大的一个政党，并且在中央和地方权力机关中拥有最多的代表。此外，今年我们也组织了共产主义青年联盟代表参加了在索契举办的世界青年与学生联欢节。白俄罗斯共产党积极支持中国共产党开展的相关活动，并且愿意同世界各国的共产党加强交流合作。在一些世界性的会议和论坛上，我们都积极交流发展经验。近几年，世界上 40 多个国家共产党都来白俄罗斯参观访问，因为这里有第一届社会民主工党大会遗址，还有苏联解体协议签署的遗址。白俄罗斯和中国一样，在自己发展过程中并没有受到其他国家政党的干涉。我们的发展目标就是独立、爱国主义、社会公正和民族价值观。

白俄罗斯共产党积极关注中国共产党第十九次全国代表大会，此次大会制定了中国未来发展规划。我们知道，中国未来发展是以人民为中心，中国共产党在习近平同志的带领下，积极构建新型国际关系，积极推动国际合作，特别是积极落实"一带一路"倡议。我们白俄罗斯积极参与到这一倡议中，目前已经为"一带一路"国际合作提供了非常好的平台。

尊敬的朋友们，白俄罗斯共产党非常支持并高度赞赏中国共产党将全世界的共产党以及其他性质的政党聚集在一起。我们认为，这在 21 世纪是非常必要的，因为所有政党都应承担这样的责任，共同建立这样的社会，和世界各国进行合作。人民权利、公正和社会主义，这些正是我们白俄罗斯共产党的宗旨。

谢谢大家。

二 亚 非 篇

希兹拉·曼萨布

巴基斯坦穆盟（谢里夫派）国会议员

女士们、先生们：

大家好！

中国有句名言，叫"千里之行始于足下"，这亦是中巴传统友谊不断发展壮大的根本原因。巴基斯坦是第一批承认新中国的国家之一。我通过历史书本深刻地了解巴基斯坦和中国人民的友好关系。建交以来，双方保持频繁的高层来往。两国之间的友好关系发展离不开中国共产党和穆盟（谢）两党友好关系的深化。近年来，在习近平总书记和穆盟（谢）主席谢里夫的推动下，两党关系不断发展。中国共产党是中国特色社会主义事业的领导核心。中国共产党成立于 1921 年，穆盟成立于 1905 年，两党都认为，政党在国家发展方面扮演着重要的角色，对于满足人民发展愿望、提高人民生活水平也发挥着重要作用。中国共产党在短短 30 年间，帮助 7 亿贫困人口脱贫。在中共十九大上，习近平总书记宣布，将在 2020 年之前实现全面脱贫。

我们两党在多个领域展开了深入合作。在巴基斯坦领导人的推动下，巴中关系不断深化。2015 年，习近平主席对巴基斯坦进行了历史性访问，双方提出共建"一带一路"和"中巴经济走廊"，推动两国合作关系发展。巴基斯坦经济发展良好，我们的 GDP 位于十年以来最高值，2016 财年 GDP 增速达到十年来最高水平，比 2015 财年增长了 5.3%。我们在能源、基础设施建设以及中小企业发展方面实现了长足的发展，我们加入了"一带一路"倡议,这为巴中两国人民带来众多的发展机会,尤其为巴基斯坦人民带来了许多工作岗位。2016 年,100 万吨货物通过瓜达尔港口出海,标志着瓜港正式启用。这使得中国货物更便捷地进入中亚和欧洲。

在中共十九大报告中,习近平总书记表示,我们必须要有使命感,必须坚持创新、协调、绿色、开放和共享发展,当今世界,全球经济体系呈现出多样化格局,各国人民命运密切相联。在全球关系网中,巴中关系堪称典范,在此我感谢中国共产党和习近平总书记举办这场盛会,将来自不同政党的领袖聚集在一起,为共谋人类发展共商大计。非常感谢。

尤巴·拉贾·乔拉盖
尼泊尔共产党(毛中心)领导人

中国共产党的各位同志,来自不同政党的领袖们,女士们、先生们:

尼泊尔位于中国以南、印度以北,是一个美丽的国家,有世界最高峰珠穆朗玛峰,是佛祖的诞生地,也是印度教徒的朝圣之地,拥有不同的气候、不同的文化、不同的地貌地形,但仍是一个贫困欠发达的国家。我们的人均收入非常低,仅有 800 美元,但尼泊尔拥有着巨大的发展潜力。贫穷、公共权力分配不平均、社会不公正和歧视现象在尼泊尔已经持续了数世纪,根深蒂固且极其复杂性正因如此,历史上,无论政体如何变化,政府部门一直主导着国家发展议程。在巨大的政治改革后,尼泊尔民主制度及民主文化仍显现出令人失望的弊端。尼泊尔在土地改革、贸易制度、农业和工业发展、创造就业方面经历了巨大的挫折。在发挥公共部门作用、有效环境管理方面,也未能解决问题。

我们有丰富的文化,我们的人民非常热情,但尼泊尔多个世纪以来,一直处在封建制度的压迫下,人们生活在贫困之中,生活在地域种姓、民族和性别制度的歧视中,因此我们必须从根本上改变国家发展与规划方式。在此背景下,尼泊尔共产党(毛中心)领导了十年的"人民战争",这场战争起于上世纪 90 年代中叶,为尼泊尔人民带来了自由。我党将可持续发展和国家繁荣作为我们的主要任务。为了终止尼泊尔的政治动荡,我们党领导制定了新宪法。这对于尼泊尔人民来说至关重要。这是我国历史上首次有一部由人民制定的宪法。宪法制定后，下一步就是落实。尼泊尔已经完成地方选举，即将进行省级和联邦议会选举，尼泊尔将通过选举进入一个新政治阶段。

最近尼泊尔共产党（毛中心）和尼泊尔共产党（联合马列）组建竞选联盟，目的是未来结束尼泊尔的政治混乱，建立一个强有力政府。同时，推动我们两党合并，建立一个强大的、团结的共产党。我们将致力于建立一个以公共、私营和合作社为基础的混合型的经济体。我党同时计划在未来的十年之间实现尼泊尔人均收入达到5000美元。我们将加快经济建设。我们党要实现民族独立、国家统一和平、稳定发展，实现脱贫，增加工作岗位。尼泊尔在水资源、农业、林业、旅游业和服务业方面拥有着相对优势。我们支持昨天习近平总书记阁下提出的构想，建立一个更为安全、更为美好的世界。尼泊尔受益于中国的发展，也愿意广泛参与到"一带一路"倡议中。非常感谢中国共产党举行这一盛大的对话会。

谢谢。

迪亚卢·赫迪婕
毛里塔尼亚争取共和联盟副主席

奉至仁至慈的真主之名。

首先，我想向各位转达争取共和联盟主席，也是毛里塔尼亚的执政党主席西迪·穆罕默德·马哈姆先生对此次会议的祝贺，祝贺此次会议圆满成功，同时也向各位转达毛塔人民美好的祝愿。

女士们、先生们，自从2009年开始，毛里塔尼亚就重视建立新时代的强国，以响应世界安全、投资自由以及共担责任的时代主题。总统阁下阿齐兹先生也认同这一点，而毛里塔尼亚已经在多个方面、多个层次实现了飞跃性的发展，如在建筑业、服务业、港口和水网建设、渔业和基础设施等方面。阿齐兹总统愿同习近平主席一道，加强两国人民之间的历史性友好关系。

女士们、先生们，争取共和联盟致力于建立一个各方面、各层次均充满活力的现代化国家。我们的国家关注国民的发展，也为他们提供小康的生活，并且在法律与公正原则的基础上为每一个人提供均等的机会。我们党致力于广交朋友，与世界各国和各组织建立友好合作。我们党党员人数众多，我党占议会席位的50%，占中央与地方议会的68%席位，并在各工会组织与社会民间团体中占大多数。

女士们、先生们，自我党成立之日起就非常重视与习近平总书记领导下的中共交流，而我党主席马哈姆先生也非常重视与中共各界朋友进行交流，这为两党关系打下牢固基础，也为两国关系注入了活力。争取共和联盟将根据互利共赢的原则，进一步增强毛中双方的友谊，加强各方面的经验交流，这与两国、两党领导人和两国人民的愿景与期待是相符的。我在此请求参会的各个政党支持巴勒斯坦人民的合法权益。

谢谢大家。

伊利亚斯·奥马里
摩洛哥真实性与现代党总书记

女士们、先生们，各国政党的各位领导，尊敬的嘉宾：

大家下午好！

首先，我必须要向中共中央总书记、国家主席习近平先生致意。同时，非常高兴能够参加此次对话会，请允许我向中国这个有着悠久历史和灿烂文明的国家致意。特别是中国在国家建设方面取得了很多成就，这些成就吸引了世界的广泛关注。中国在经济社会科技和文化上取得的成就并不是凭空而来的，这些成绩的取得得益于中国共产党在治国理政方面的高超能力。同时，这些智慧和取得的成就，不仅将造福于中国人民，也将造福于全世界人民。

毫无疑问，国家之间是息息相关的，并不是一个独立的概念。同时，当今世界谁也不能将一种国家的概念、国家的模式强加于任何人民，而应从各国经验中受益，互相借鉴。我认为马克思主义蕴含了许多富有洞见的观点，他认为亚洲生产方式跟其他国家的生产方式是不一样的。得益于这些生产方式，各个国家才会取得许多的发展。下面，请允许我介绍一下我党在摩洛哥经济和国家建设中的一些经验。

摩洛哥政党将现代化与摩洛哥社会传统文化相结合，包括精神、文化等方面的传承。中国共产党成功地将马克思主义中国化，将社会主义理论和中国实际相结合，当值得世界许多政党借鉴。所以，我建议政党应该将外国的成功经验与本国多元属性，包括文化和语言属性相结合，并保持各国自有的经济模式，同时重视人民的力量。我们发现，许多世界大国包括一些帝国主义国家瓦解了其他一些国家的社会经济文化体系，比如北非和中东一些国家都曾经遭受一些帝国主义大国的殖民和侵略，因此丧失了独立性。正如摩洛哥著名的思想家阿布杜拉·阿拉维说，国家并不是一个单纯的孤立的概念，而是与个人、与社会相关联。所以政党是一个包含了个人与社会的概念。

最后，非常感谢中共邀请我们来华参加这次对话会。同时我也向刚才巴勒斯坦人民提出的倡议表示支持。

谢谢大家。

杰迪拉·阿尼斯
突尼斯呼声运动全国领导机构执行局成员

奉至仁至慈的真主之名。

朋友们，我非常荣幸代表突尼斯呼声运动党与各位进行交流，我党为国家的管理和政府的运行做出了卓越贡献。首先我想以我个人名义并代表我党全体党员和领导层对中国共产党诚挚邀请我们来华参加这一世界性的政党盛会表示衷心感谢。同时，我对中共十九大胜利召开表示热烈祝贺。非常荣幸的是，我们党在三周之前接待中联部交流小组访突，给了我们一个良好的机会来了解中共十九大精神以及大会通过的决议和文件，这些决议旨在给中国人民带来更多的发展和进步。交流小组通过此次访问，也了解了突尼斯社会发展的方方面面和经济政治局势等。我们决定进一步扩大协商与合作以推动双边关系发展，加强在各领域的合作。

各国政党的各位朋友们，今天我是代表突尼斯呼声运动参加此次对话会，2014 年突尼斯总统和议会选举后，我们党的创建者、党主席埃塞卜西担任总统。在多党参加议会的基础上，我们建立了囊括多个政党和政治力量的民族联合政府，此次选举是我们党发展史上的重要一步，通过选举我们党成为议会第一大党，并在埃塞卜西总统领导下，重新定义了突尼斯的国家身份。突尼斯作为濒临地中海的阿拉伯、伊斯兰国家将在国际关系中以及促进世界和平、发展方面发挥重要作用。朋友们，我们国家期待建立以共同合作为基础的国际秩序，加强解决各国、各组织之间冲突的机制，以构建人类命运共同体，使世界摆脱敌对战争的状态，转而进入合作共赢的局面、一个和平的世界、一个用法律机制解决矛盾的世界、每个个体都有发展机会的世界、一个团结互助的世界。

中国共产党的各位朋友们，我们在实现国家全面发展方面非常重视学习中国经验，我们期待能够与中国建立牢固的合作关系，开展互利的经济合作，在不同国际机构和机制中进行密切协调。同时，我们也致力于实现两国、两党在经济、政治、文化等方面开展进一步的协调与交流。世界各国政党的朋友们，各个国家和组织已经在世界范围和地区内建立了许多多边机制，以协调外交、经济、文化等方面的关系。我们坚信，中国共产党组织的此次世界性的政党盛会，将建立一个新的政治机制，使政党有机会参与全球治理进程。尽管我们来自五湖四海，但都可以通过构建人类命运共同体以及解决世界性难题的探讨，为实现人类的崇高目标作出贡献。

亲爱的朋友们，请再次允许我以我个人名义并代表突尼斯呼声运动以及参加此次对话会的突尼斯各党代表，对中国共产党为我们提供机会来参加这一伟大的事业表示感谢。

中突友谊万岁！

郑永年

新加坡国立大学东亚研究所所长

各位代表，女士们、先生们：

今天很高兴有机会与各位政党领袖交流，我是一名学者，主要研究政党。我想就各位发言说两点体会。

第一，所有政党都追求美好的事物。我看了一下出席会议的各个政党名称，里面不乏公民意志、光明道路、人民民主、自由共和等词汇，这些都是非常美好的追求，和昨天习近平总书记所说的让老百姓"过上幸福美好生活"的目标是一致的。刚才，来自不同国家、不同政党的代表从不同方面总结了各自政党发展经验、执政经验。没有哪两个政党是一模一样的，大家都有自己的独特之处，也都提出了各自对未来发展的意见，这些经验和意见将有利于各个政党互学互鉴。

第二，政党在国家政治生活中占有重要地位。我们这两组发言的政党代表来自很多不同国家，有些是前共产党国家，有些是从前西方殖民地转型过来的国家。一个政党的发展不能完全照搬照抄其他国家，也不能关起门来不学习。从历史上看，无论是发达国家还是发展中国家，那些完全照抄照搬其他国家治理经验的国家、政党都没有成功，那些完全拒绝学习，关起门来自己搞发展的政党，也最终走向失败。所以，我特别赞赏昨天习近平总书记所说的，大家要互相学习、互相借鉴，但是不能照抄照搬。中国既不"输入"外国模式，也不"输出"中国模式，这一点非常重要。我特别欣赏新加坡李光耀先生的做法。新加坡以前是殖民地，李光耀先生既把以前英国殖民统治时期好的东西保留了下来，又结合新加坡国情和文化，让两者相互融合，形成了一套了不起的新加坡经验。我想，其他的政党也可以从新加坡经验中有所参考。

世界如此之大，政党也应该具有多样性。不同类型的政党可以互相学习、互相竞争，共同创造各自国家与世界的美好未来。

三　非洲篇

弗雷德里克·布莱
加纳新爱国党代理主席

各位与会国家代表，女士们、先生们：

大家下午好！

我来自加纳的新爱国党，代表我的政党，我要表达我的深切感谢，感谢中共中央的领导集体，感谢邀请我们来参加这次盛会。这次是一个世界政党高层领导人和中国共产党的对话。在昨天开会伊始，已经有很多人在发言中屡次强调我们各个政党的目标是为我们的人民创造更好的生活。这也是我们努力的方向。

我们都同意各个政党的目标，就是为我们的人民创造和平繁荣的生活。我们新爱国党也是基于这样的理念。很重要的一点是要有很好的领导集体来进行治国理政。正如习近平总书记阁下在昨天的致辞当中所说，中国共产党致力于中国人民的幸福美好生活，也致力于构建一个人类命运共同体，所以一直在致力于人类和中国人民的繁荣与和平。

各位阁下，女士们、先生们，政党在国家发展方面、在构建更美好的世界方面能起到什么样的作用？我们都面临着不同的政治道路，我们面临着各种各样不同的问题和挑战。在我所来自的国家加纳，我们的政党也一样面临着很多国家的不同层面的多样性，作为主要的政党，我们致力于实现平衡的发展，我们要确保竞选的参与者来自于不同的种族，代表不同人民和不同群体的利益，有充分的代表性。此外，从宪法的角度也保障我们的总统能够最大程度上体现选举的代表性和广泛性，确保不同族群的人民的利益都能够得到保障。我们也致力于实现民族的国家的稳定和不断地发展，我的政党新爱国党非常重视这一点，我们在加纳刚刚成功举行总统选举，各个政党都能够充分地参与政治。

女士们、先生们，最后我想说政党要起到协调的作用，能够集合人民的智慧，克服种种困难，为更多的人民创造机会和带来福祉。所以我也想借此机会和平台，来谴责像利比亚那样的困境当中的一些相关的人和国家。

谢谢。

南德库马尔·博达
毛里求斯社会主义战斗运动党总书记、政府基础设施与交通部长

各位嘉宾，女士们、先生们：

我来自一个小岛国毛里求斯，它在亚洲、非洲之间。我要讲三点：一是关于我国和我党的介绍。二是我们的社会主义经验。三是我们所面临的挑战。

我的国家 1968 年获得独立。我们党成立于 1993 年，其纲领具有社会主义性质。我们前总理认为，社会主义就是要实现财富的共享，最重要的是不断增加国家财富，因此政策就是最大程度地增加财富。从 1993 年开始，毛里求斯人均 GDP 提高到了近万美元。此外，扶贫一直是我们非常重视的工作，我们新总理采取两大措施：一是实行最低工资，二是提供收入支持，为一些贫穷家庭提供经济支持。我们有 130 万的外来移民工人，所以有很多的贫困人口，我们要帮助他们。此外，要最大程度地增加就业，以及实现福祉的共享。

简单说一下我们和中国共产党的关系。我们有着深厚的友谊，可以追溯到我们党成立时。上周中共友好代表团访毛，我们进行了治国理政经验的交流互享，特别是习近平总书记在中共十九大上所做报告的主要精神。

女士们、先生们，我这里要对中国向毛开放市场表示赞赏，有很多毛里求斯公司在中国投资，我们有很多产品出口到中国，比如酒精、茶叶、糖。

各位阁下，社会主义是一个非常好的概念，它是为了人类的福祉，为了人民的幸福。今天有很多政党领导人出席这次盛会，当你们回到祖国的时候，希望你们能够分享在此所学到的东西。我要感谢中国共产党给我这次绝佳的机会，感谢你们举办这次很好的对话会，让我们可以分享、学习各自国家的经验及所面临的挑战。

最后，中国必将成为世界的领导者，习近平总书记将发挥不可替代的作用。我们知道英国"脱欧"，知道德国发生什么，知道美国发生什么，知道非洲发生什么。我们很骄傲，毛里求斯是非洲的一员，也很骄傲成为连接亚洲和非洲的一个渠道。我们希望毛各个政党团结一致，共同推进我们的事业，实现共同的目标，构建一个更加美好的世界。

谢谢。

拉斐尔·图朱
肯尼亚朱比利党总书记

女士们、先生们：

大家好！

首先，非常感谢为我们提供机会参加这次对话会。我们朱比利党只有一岁，非常年轻，我们获得了选举的胜利，我们的党首3天前刚宣誓就职，所以大家知道，我们有多么激动了。我们是一个非常年轻的政党，还是一个婴儿阶段，但我们有着和中国共产党一样的渴望和愿景，我们党与中国共产党关系很好。我想特别向这次对话会致敬，因为这次对话会可以说是为了全人类召开的。

我的家乡维多利亚是一个小村，但我今天来到北京参加这次会议，我知道有来自中国的医疗队在我的家乡服务，我们生活在同一个地球村里，都是兄弟姐妹。我也要祝贺召开的这次对话会，因为这体现了我们的相互依存性。我们毫无选择，要学会欣赏这种相互依存性。几年前当我担任外交部长时，一些中国船员被索马里海盗劫持绑架，当时我也关注这个事件。很幸运的是两年前这个事件得以成功解决，中国船员得以成功获救。这体现了我们都属于这一共同的世界，这是我们的共同家园，正如习近平总书记所提到的那样。

更为重要的是，中国共产党的政治主张和理念、意识形态有着非常强大的基础，我们从中国共产党身上能学到很多。这也是为什么很多政党来参加这次会议的原因。中共的执政理念非常牢固，这种国家性、民族性的哲学理念对我们非洲也同样适用。在我上十年级的时候，从教科书里所学到中国的形象是在农田里劳作的中国农民，过去几十年里中国在非洲尤其在我所来自的东非所实施的援助项目，可以说是空前的。不知道大家有没有看科幻小说，这也是人们所无法想象的成就。

谢谢大家。

格雷泽尔达·杰弗瑞
马拉维民主进步党总书记

各位阁下，女士们、先生们：

大家好！

我代表马拉维民进党向各位传达来自非洲人民的热情问候。非常感谢中共邀请我们参与到这次高层对话会中。

马拉维执政党民进党，致力于促进马拉维的繁荣和正义，我们与其他拥有同样使命的政党一同合作，进行了多方面的改革，促进中小企业的可持续发展，帮助马拉维人民实现繁荣。

通过改变马拉维人民的发展理念和发展模式，我们希望马拉维能够成为一个出口主导国，而非一个进口主导国。很多非洲国家政府以及中国政府为马拉维提供了大量的帮助。当今的国际经济倡导多元化与合作，马拉维政府致力于促进国家繁荣与稳定，民进党的目标和使命就是帮助马拉维人民实现科技方面的繁荣与发展，把马拉维建成一个工业化国家。

各位阁下，民进党是一个民主型的政党，我们要确保在反腐败领域树立起一个标杆。我们这次来华取得了很重要的进展，马拉维人民认为我们与中国人民亲如兄弟姐妹，两国将在社会、经济等等领域一直保持合作，这一合作将会继续书写两国人民友谊的历史。在过去十年，我们两个伟大的国家见证了在政治、文化、经济和两国人民生活方面的巨大进步。

非常感谢。

西蒙·吉尔
塞舌尔人民党总书记

女士们、先生们：

下午好！

各位杰出的中国共产党领导人，我向你们转达塞舌尔人民党的热情问候，同样也向来自各国政党的所有代表们致以热情的问候。

这一场合非常特殊，对于我们任何人来说都是如此，不论是执政党还是在野党。我们曾长期遭受殖民统治，1756 年法国殖民者就来到塞舌尔，1770 年从非洲大陆运来第一批奴隶。在法国殖民者之后，英国殖民者 1840 年来到塞舌尔继续掠夺我们的人民和资源，在这里不再赘述我们的殖民历史。我们的领袖勒内在殖民统治时期受世界社会主义运动鼓舞，领导我们进行不懈的斗争，使我们摆脱英国的殖民者统治。1976 年塞舌尔获得了独立。这要归功于全世界兄弟姐妹对我们的帮助，尤其是非洲大陆国家的帮助，以及中国对我们的帮助。

今早有人说，非洲可能成为一个迷失的大陆。我反驳道，非洲是一个充满潜力的大陆、充满希望的大陆，我们必须携手共同推进这一事业。让我们保持这样的趋势，抓住机遇，共同前行。分裂没有前途，我们不会让内部冲突、政党之争分散我们对于发展的关注。我们要做的是建立一个更加美好的世界、更加美好的社会，这是唯一的出路。

自独立以来，在中国以及其他伙伴支持下，我们获得了长足的发展。我们普及了教育，实现了民主。今天大多数塞舌尔儿童都能接受教育，我们为人民提供免费医疗。我们的社会非常高度一体化，我们的失业率只有3%，只要我们继续执行我们的政策，继续朝着建立一个更加美好世界的目标前进，我们就一定能取得成功。

非常感谢。

曼加尔·埃其迪

南苏丹苏丹人民解放运动代总书记高级政治顾问

各位同志，女士们、先生们：

首先，我谨转达南苏丹苏丹人民解放运动党主席、南苏丹总统基尔对习近平同志再次当选中共中央总书记的祝贺。我们想重申我们的承诺，与中国共产党继续加强不同领域的合作，支持"一个中国"原则，支持中国的"一带一路"倡议。这符合我国、我党以及我国人民的利益。

各位同志，我们非常高兴参与到构建人类命运共同体的事业中来，我们愿为这个事业添砖加瓦。中国共产党和其他政党之间的交流非常重要，它对于各国的发展非常重要。我们两国的友好关系渊源流长，可以追溯到我们的独立运动期间，当时我们的社会四分五裂，医疗、儿童教育、食物匮乏。南苏丹2011年获得独立以来，我们致力于实现民族和谐，建立和谐社会，允许人民自由往来。在促进经济恢复方面，南苏丹小学的数量从400个增加到1700个，机场、道路及与邻国之间的道路也在不断建设中。但是，自2013年冲突以来，我们社会发展遭受极大挫败。无论是教育、医疗，还是农业、食品安全都受到影响。习近平主席在过去数年领导中国人民取得的发展令人印象非常深刻。中国在进出口贸易、科学研究、投资以及劳动力培训方面都取得了很大进步。我们致力于同中国发展长久的友谊。

非常感谢。

四　拉美篇

毛罗·洛佩斯
巴西民主运动党总书记、众议员

女士们、先生们：

我来自于巴西民主运动党，我所在的党刚刚度过 50 岁生日。过去近半个世纪以来，民主运动党一直站在巴西政治舞台的中心，我们在巴西实行许多改革，推动自由、民主、人权和科技发展，为把巴西建设成为一个民主法治的国家而努力。

巴西的政治机构包括立法机构、司法机构和行政机构，三权和谐并存，而这是巴西民主运动党不懈努力奋斗的结果。我们推动通过了 1988 年的巴西宪法，以及由民运党领导人多利塞斯·吉马良斯倡议的公民法。自1985 年再民主化以来，巴西重新回归到了多党制的制度，而民主运动党是多届民主选举的最大赢家，曾经一度在 23 个州中的 22 个执政。今天，民主运动党很荣幸再次成为执政党，党员包括总统米歇尔·特梅尔、参议长奥里维拉、7 位州长和 1050 位市长。在议会，我们有 65 位联邦众议员、22 位联邦参议员、145 位州议员以及近 800 位市议员。

民主运动党积极推动巴西改革进程，同时我们也是政治稳定的压舱石。我们热忱服务于巴西这个伟大国家，追求自由和社会发展。我们很荣幸参加中国共产党与世界政党高层对话会，相信这次盛会将为世界作出伟大贡献，积极推动各国更好发展。

作为巴西最大政党，民主运动党愿意与中共就加强治国理政进行交流对话，积极推动两国人民建立友好平等的关系。

非常感谢。

埃维亚·拉米雷斯

墨西哥革命制度党成员、众议员

女士们、先生们：

大家好！

非常感谢，我来自墨西哥革命制度党，是我们政党最年轻的一位议员，非常高兴能够参加今天的会议，能够借此机会来到中国，领略中国的千年文明，近距离地了解中国在世界范围内所起到的作用。

我也想特别感谢中国共产党给予我的热情友好接待。墨西哥与中国可以说是亲如兄弟的两个国家，我们都致力于通过改革来构建更加美好的未来。我们不仅为本国人民谋福祉，也心系国际社会的发展。我们不满足于建交 45 周年以来双边关系所取得的巨大发展成就，将继续致力于相互支持，为两国人民创造更多福祉。

今天我在这里演讲的主题对墨中两国都具有至关重要的意义，是我们两国政治制度良好运转的基础，也是我们应对不断变化中的各种社会问题的有效工具。我指的是政党，它是建立富强国家的根本工具，是确保向公民赋权的重要手段，能够让一国内部的各种声音都得到倾听，同时通过公民投票检验政党自身公信力。

在这样的背景下，我今天想谈谈政党在民主国家中的支柱作用。什么是政党？他们在国家中发挥什么作用？政党是在特定理念指引下致力于国家建设的代表性组织，不同政党的存在让我们有着不同的发展理念，让有着共同理念和价值诉求的人们可以相互靠近，组织起来并共谋大业。因为政党的存在，我们可以对国家发展做出不同的解读和规划。

政党不仅要为大选而生，还行使着所有支持者赋予的权利，是人民权益的代言人，也只有这样，政党才能上台执政，并保住政权。政党动员和团结全体人民，让人民参与国家建设和日常决策，他们代表集体的利益，聚集不同的政治主张，形成共同的政治承诺，并确定未来的政治路线。政党将成千上万个个体聚集起来，共同确立可以解决社会问题并且创造共同福祉的政治平台。

我们政党的宗旨是凝聚力量做大事，这也是一个政党之所以存在的根本遵循。政党必须通过对话应对挑战，让所有人可以开放和坦诚地表达他们的观点和诉求，通过达成共识来解决问题。政党组织下的公民参与为国家带来极大益处，包括对墨西哥而言，难以想象，如果没有政党，社会是怎样的情形，无论对墨西哥，还是对其他国家而言，无论对多党制国家还是对两党制国家而言，政党所带来的多元性都是不可或缺的。

对所有政党而言，人的因素是关键。要使一个政党有效运转，并实现其所确定的目标，需要有全身心投入的党员，需要有忠于本党且具有价值遵循、工作热情和社会责任感的成员，需要有为社会进步与和谐共存而不懈奋斗的成员。

青年是世界变革的动力，青年改变了社会现状，开创了一个全新时代，一个更加包容、团结和人道的时代。年轻人的果敢也促成政治的变革，政党也需要青年，才能展现出应有的活力。一个面向年轻人的政党不仅能确保本党的未来，而且政党以开放的态度吸收青年的思想和倡议，将更好地为社会服务。青年还能从危机中发现机遇，推动政党开展重要变革。当今的政党如果没有青年的话，就不能称之为是现代政党。我们总统做出重要改革，让妇女党员占比达到50%，同时也大大提高青年的比例，今年占比已达到33%，占到所有党员的三分之一，这也是我们国家的基本原则，而我正是一个年轻的女议员。大家可以看到，我们党在议会里占据绝对多数，作为一个政党我们除了要给国家带来多样性，在自身建设方面同样遵循多样性的原则。为了更好地体现民意，一个党的内部不能只有正式党员，也应该有公民代表。举个例子，墨西哥革命制度党内部就有这样的公民代表，他的名字叫何塞尔·安东尼奥·梅亚德博士，他虽然不是党员，但提出了对国家未来六年发展最具意义的建议。

政党如果能恪尽职守，履行社会责任，就能服务于国家发展，因此政党领导人必须严肃而富有责任感，大众和青年的参与是必不可少的，这样才能让我们的政党更好地引导舆论，打破陈规。

非常感谢大家的聆听。

罗纳尔德·弗洛雷斯

哥斯达黎加公民行动党总书记

女士们、先生们：

大家下午好！

在此，我想向此次大会的主办方表示感谢，此次对话会让我们聚集在一起，让我们了解文化、价值观、宗教、政治方面的差异，也让我们看到相互间的许多共同点和共同面临的问题。我们都致力于为自己和子孙后代创造一个更加美好的世界。在这一共同目标面前，我们之间的差异都变得微不足道，这些差异不能凌驾于国家和人民的利益之上，不能阻止各个国家和各国人民发出自己的声音，为创造美好世界作出贡献。

作为政界人士，我们期待通过像此次对话会一样开放的国内国际对话来实现我们的美好追求。中国不断发展，占得发展先机，成为世界上最强大的国家之一。这不仅是因为中国幅员辽阔、人口众多、文化多样、经济发展迅速，也是因为中国的社会进步，每年有几百万人走出贫困。中国共产党最高领导人习近平总书记还指出，中国致力于保护环境、维护世界和平。这些都至关重要，因为政党可以推动实现构建美好世界的目标。实现这一目标，时不我待。当今世界上许多地区都饱受战争、饥饿和自然灾害之苦，某些战争中使用了大规模杀伤性武器，并且这些战争在向外蔓延。我们所有人都有义务阻止此类悲剧的发生。尽管哥斯达黎加是小国，但我们呼吁世界各国在以下两个方面采取具体措施，以构建美好世界。

第一，保护环境和生物物种，哥斯达黎加近25%的国土都得到了保护。第二，推动裁军，消除核武器，维护世界和平。今年是哥斯达黎加军队解散68周年，我们是世界上首个解散军队的国家。因为我们信任国际机制弥合争端的能力。以上两点都可以通过政治决定得以实现。每个国家的国情不同，但各国可以在以上两方面及其他方面作出努力，为我们生活的星球作出贡献。

然而不采取行动，不作出努力，固步自封是不可接受的。让我们利用好这一前所未有的对话会，为共同推动实现中国提出的伟大目标，为我们自己、为我们的子孙后代构建可持续发展的美好世界，作出各自国家和政党的贡献。

非常感谢。

莱奥纳多·奈尔蒂尼
阿根廷正义党副主席

各位代表，女士们、先生们：

大家下午好！

首先，我想感谢中国人民，感谢中国共产党，也感谢习近平总书记。

世界各国政党都致力于维护各自国家的利益，有 72 年历的史阿根廷正义党也不例外。在这样的背景下，听到习近平总书记所提到的未来 30 年的中国和人类发展愿景，无论是对中国还是全世界而言，能够成为推动和实现这样一个历史性宏伟蓝图的一员，我们感到非常荣幸和骄傲。同时，我们也感到责任重大。因为所有的国家，无论国情如何，都应该携手为构建人类命运共同体作出努力。中国提出的这种发展前景，共同的世界、共同的家园，为我们提供了实现共同发展的美好前景和选择。

我们也向中国共产党表示衷心祝贺，你们在组织和领导人民，实现国家发展方面取得了突出的成就。中国人民能够与时俱进，不仅能抵御外来干预，同时也可以建立一个更加和谐、美好的世界，并为此作出不懈努力。我们所有参与这次对话会的代表，都应感到非常荣幸，并感谢习近平总书记对我们的盛情邀请，让我们能够齐聚于此，同中国共产党共同探讨国家的建设和发展问题。

阿根廷正义党和中国共产党的关系非常紧密，我们两党很久以前就建立了友好的联系。我们两党拥有许多共同宗旨和理念，我们的最终目标，都是为人民带来幸福，实现国家的繁荣和富强。要实现这样的目标，就要确保社会的公正、经济的发展以及政治和主权的独立。对阿根廷而言，我们距离这样的目标还很远，但是我们已经采取有效措施，未来也会不懈努力来实现这一目标。

谢谢。

罗兰·博拉

格拉纳达新民族党总书记

各位来自不同政党的同事们，中国共产党的同志们，女士们、先生们：

下午好！

首先，感谢中国共产党邀请我和我的同事参会。我来自格林纳达，一个非常小、但却充满阳光的岛国。我们国家经济发展非常艰难，而现在的情形更为严峻，因为第三世界，尤其是拉美和加勒比海地区的经济正处在转型期。我们地区的经济体量小，开放度高，并相互依存，外部经济下滑对我们地区的影响较大。同时我们也易受到气候变化的影响。我们已认识到保护人民、保护经济的重要性，必须探索不同途径，促进投资、资本增长和经济转型。为此，我们新民族党为应对挑战采取了以下战略措施和部署。

格林纳达人信奉携手同行，共建共享，新民族党也是如此，我们认为，没有共识，社会就无法转型和发展进步。我们和相关各方共同磋商后制定了国家发展和转型的议程，以及凝聚包容民族发展的新理念。这一新发展理念的基础是包容和共同责任，提倡自由和坦诚交流之后再作决策。并要求决策一旦作出，个人意愿要服从集体意愿。新民族党具有强大的凝聚力，凝聚起一支朝着同一目标前进的高水平领导队伍，来提高不同政府部门的协同力，同时制定并执行有效、可持续的计划，致力于建立一个以人民为中心、激发人民开创精神和创造力的社会，一个团结高效、人人共享的经济和文化繁荣的社会。

新民族党致力于打造一个公民受教育程度高、与时俱进、适应多样化需求的经济体，一个促进东加勒比国家经济联盟、加勒比共同市场和西半球一体化发展的经济体，一个生态绿色的经济体。我们以格林纳达人民的健康与福祉为己任，推动建立了高标准医疗，确保通过资源有效持续供应，完善医疗制度和设施，提高人民生活水平。我们十分依赖交通和能源产业的发展，要提高经济竞争力和人民生活水平，就必须减轻对这两者的依赖。实现经济发展并非易事，必须制定全面的发展方案。实现绿色发展，要进行技术创新。必须确保社会和经济方面的公平，社会经济改革必须要以人民为中心，必须要得到人民的全力支持。

感谢。

阿林德尔－艾萨克
安提瓜和巴布达联合进步党主席

女士们、先生们：

大家好！

首先，我想向中国共产党表示感谢，同时向女士们、先生们表示问候。根据习近平总书记的倡议，拥有美好的生活是所有人的梦想，但是在安巴这样的小国，美好生活仅仅是我们的梦想，并没有变成现实。我们制定了十年（2014 年至 2024 年）发展计划，确立三个关键性原则：一是以人民为中心，为大多数人谋福利。二是倡导提升领导力。三是支持公平透明的政府运作。

在第一个原则上，联合进步党减少社会的不平等现象，通过一系列措施来保护弱势群体。在我就任的前两年，联合进步党推出为小学生制定营养计划的社会项目，为贫困人口提供完全免费的教育。联合进步党还与其他政党一起合作，为弱势群体，为那些残疾人群体，提供援助，提高他们的生活标准。同时提高最低工资标准，向贫困学生提供奖学金。

第二个原则由我们的总理创立，即联合进步党的党员是为了服务人民，而非服务自身利益。我们充分执行这一理念。我们的党首以身作则，每月将自己的工资减少 10%，减少公务员所享有的特权等。

第三个原则是通过建立透明政府，以实现良政。包括为预防腐败立法，实现政府信息的公开。联合进步党还建立了听证会制度，使公众有权了解政府事务。同时致力于建立问责制度，减少政府债务。

以这三个原则为指导，我们在过去几年中，通过制定和执行全方位计划，在制造业、能源等方面取得了长足进展。

我们的未来将继续以人民为中心，希望和中国一同为人民建立一个美好的世界。

马丁·雅克

英国剑桥大学政治和国际研究系高级研究员

女士们、先生们：

今天下午三个多小时的讨论内容非常丰富，我认为当前很明显的一点，就是全世界各国尤其是发展中国家都认为应该向中国学。中国共产党领导中国成功实现了一个壮举，可能所有其他政党在这段时间都没有实现的壮举，那就是改革。中国共产党展现了改革的决心，与时俱进的决心，和历史洪流主题一致的决心，永不停止、永不放弃、永不懈怠。我们都知道实现这一点有多难。从治国理政的角度，中国共产党有三方面的做法和经验值得借鉴：

第一，中国共产党非常务实。我们去中央党校参观的时候，看到中央党校有一块"实事求是"的石碑。中国共产党总是关注很务实的这一方面，总是保持开放的姿态。这一点是值得各国政党学习的。

第二，要有战略思维。中国共产党人一直是这样做的。中国共产党制订了从现在到本世纪中叶的战略规划，提出第一步要做什么，下一步要做什么，明确了国家的发展走向。

第三，说到做到。要实现目标，不能光说不做，不能光是政治宣言，政治宣言的最终目的是要执行、要实现，要说到做到，改善人民的生活。

这三点是中国治国理政的经验，这也是大家可以学习的。

中国在过去的30多年取得了巨大成功，发生了巨大的变革，从一个贫穷的国家变成了一个强国。中国共产党举办这次中国共产党与世界政党高层对话会，想的就是如何对世界做出更大的贡献。这也和中国自己的变革紧密相连。这次会议规模很大，反映出中国强大的影响力。大家在讨论中都谈到世界各国的多样性。中国的人口占世界六分之一，建设更加美好的世界是发展中国家和发达国家共同的任务。比如说中亚、北非、中东、撒哈拉以南国家都要共同协作，加强各自的国家治理，努力应对各自的困难。在这方面，中国作为一个成功的发展中国家可以提供很多经验。发展中国家所面临的问题主要是发展问题，中国通过"一带一路"倡议可以帮助其他发展中国家，这方面中国大有可为，也提出了很多的计划。

中国的贫困人口曾经很多。现在世界经济发展的重心已经转变，转移到发展中国家。现在世界经济的68%都来自于发展中国家，过去这个数字只有33%。今天，中国共产党举办这样的会议很有意义。这样的政党高层对话会有非常广泛的代表性，让代表不同声音的政党和群体在一起展开讨论。我们也希望这个对话会能够机制化，也期待这个对话会能够孕育更多的创意，推动创立新的国际话语体系。

这次高层对话会值得称道的一点，就是与会的政党大多数都是发展中国家的政党，他们可以从中国的经验中学到很多。中亚、南亚、拉美和非洲的各位代表的发言让我很感慨，在75年前这些国家还不可能参加这样的会议，因为当时他们还都是殖民地。历史已经发生了很大的改变，尤其是非洲的发展让我们要重视发展的作用。中国是非常独特的一个发展中国家，中国有自己独特的历史和文化，非洲有自己的独特历史和文化。我们不能低估各个国家的差异，各国的发展道路不能照搬。我对"中国模式"这个概念非常谨慎，我认为"中国的方法""中国的方案"等措词会更适合。希望中国能够为其他发展中国家带来更多发展的方法。这些方法和美国、欧盟都不同。

共建"一带一路": 政党的参与和贡献

翟东升
国家发展改革委员会西部开发司副司长

尊敬的各位嘉宾，女士们、先生们：

下午好！

中国共产党十八大以来，中国党和政府把握国内外形势的深刻变化，统筹国内国外两个大局，提出了共建"一带一路"倡议。中共十九大报告从构建人类命运共同体、推动形成全方位外交布局，促进区域协调发展等方面对新时代共建"一带一路"作出了新部署，使之成为中国扩大对外开放的重大举措、经济外交的顶层设计推动全球经济治理的重要平台、构建人类命运共同体的重要途径，这也是当今世界规模最大的国际合作平台和各方普遍欢迎的全球公共产品。

中国共产党十九大报告还把共商、共建、共享"一带一路"的原则上升为中国的全球治理观，把推进"一带一路"建设纳入了新修订的《中国共产党章程》之中，这充分说明推进"一带一路"建设是新时代中国共产党人矢志不渝的宏大事业。十九大报告的其他许多思想精神，如坚持正确的义利观等，对推进"一带一路"建设也具有很重要的指导作用。其他许多战略部署和要求，如坚定文化自信、提高文化软实力等，对推进"一带一路"建设也具有很重要的促进作用。

中国提出共建"一带一路"要秉持和平合作、开放包容、互学互鉴、互利共赢的丝路精神，遵循共商、共建、共享的原则，打造政治互信、经济融合、文化包容的利益共同体、责任共同体和命运共同体。这些思想理

197

念根植于中华民族博大精深的传统文化，与中国的国家制度和外交基本准则一脉相承，与联合国宪章精神高度一致，是中国政府的庄重承诺，可谓是共建"一带一路"的定海神针。这也是共建"一带一路"倡议的强大生命力之所在，因而得到了国际社会的普遍认同。

要强调的是，共建"一带一路"是开放、包容的。就共建的地域范围而言，以亚欧非大陆为重点，欢迎所有有意愿的国家参与，不分远近。就共建的领域内容而言是全方位的，不仅仅是贸易投资和基础设施建设，还包括国家间发展战略政策的对接、人文交流合作以及金融、旅游、灾害防治、反恐等领域的合作。中国不仅要积极对外投资、开展出口贸易，还要积极引进外资、开展进口贸易。就共建的对象而言是多层次的，政府、政党、社团企业、科研院所、大学都可以相互开展合作。就经贸投资合作而言，要坚持市场化运作为主，以企业为主体，遵守国际规则、所在国法律，积极履行社会责任，坚持生态环保优先，这些体现了共建"一带一路"倡议的系统性、开放包容性和互利共赢性，是中国向世界提出的世纪工程，不是权宜之计。

2013 年以来的这四年，"一带一路"建设从理念转化为行动，取得了丰硕的阶段性成果。四年的成果可以用四句话来概括：一是国际社会积极响应。有 100 多个国家和国际组织表达了对共建"一带一路"的参与意愿，中国与 80 多个国家签署了共建"一带一路"合作协议。

今年 5 月份，中国成功举办首届"一带一路"国际合作高峰论坛，30多个国家和地区的国家元首、政府首脑和国际组织的领导人出席，来自五大洲 100 多个国家的各界代表参加了盛会。

二是国内政策机制设计基本成形。成立了中央高层领导亲自挂帅的工作领导机构，30 多个部委作为成员单位，对外发布了《共建"一带一路"的愿景与行动》，各省区市出台了推进"一带一路"建设的实施方案，科技创新、教育、文化、能源、海关、税务、生态、环保、标准等领域都出台了专项规划、行动方案，与多个国家联合发布了合作规划。

三是实施了一批早期收获项目。非洲首条电气化铁路亚的斯亚贝巴至吉布提的铁路竣工通车，全线采用中国技术标准和设备。中巴经济走廊上的一批项目正在建设，印尼雅加达至万隆的高铁、连接中国和老挝的铁路、连接匈牙利和塞尔维亚的铁路相继开工建设。与 20 多个国家开展了产能合作，确定了一批重点项目清单。截至目前，中国企业在"一带一路"沿线国家建设园区 75 个，累计投资 270 多亿美元，吸引入园企业近 3500 家，上缴东道国税费 22 亿美元，为当地创造近 21 万个就业岗位。中欧班列开行超过 5000 列，通达欧亚 12 个国家 29 个城市，今年 10 月份以来平均每天开行 10 列以上。

四是助推中国全方位开放格局加快形成。中国西部地区借助"一带一路"建设，开放步伐明显加快，正在由开放的末梢变为开放的前沿。中部地区人力资源丰富、产业基础好，形成"一带一路"建设的腹地支撑，东部沿海地区发挥龙头引领作用，形成国际合作的新优势。

在首届"一带一路"国际合作高峰论坛上，中共中央总书记、国家主席习近平提出要将"一带一路"建成和平之路、繁荣之路、开放之路、创新之路、文明之路，为"一带一路"建设指明了前进方向。我们要以"五路"建设为方向，继续强化战略对接，强化经济合作，强化开放引领，强化创新驱动，强化人文交流，保持定力、把握节奏，以"钉钉子"的精神与各国一道把"一带一路"建设推向前进，行稳致远。

谢谢大家！

庄尚标
中国铁建股份有限公司总裁

尊敬的李军副部长，尊敬的各国政党代表，尊敬的朋友们，
女士们、先生们：

大家下午好！

非常荣幸参加今天下午的专题研讨会，就参与"一带一路"建设、履行企业社会责任简要介绍中国铁建股份有限公司的实践和体会。

中国铁建是中国国资委管辖的中央企业，是参与"一带一路"建设的先行者和主力军。自 2013 年习近平主席提出"一带一路"倡议以来，中国铁建牢牢把握这一历史机遇，坚持"亲诚惠容"的理念，贯彻共商、共建、共享的基本原则，积极参与"一带一路"沿线重大基础设施项目建

设，主动融入项目所在国经济发展，切实履行企业社会责任，实现了从工程承包商向投资商、开发商、运营商以及服务商的转变。探索出了一条合作共赢、互惠互利、协同发展的新路子。"一带一路"倡议以互利共赢为核心精神，其目的是构建人类命运共同体，实现共同发展。

中国铁建在参与"一带一路"建设中注重与所在国建立相互理解、相互尊重和信任的伙伴关系，真正以当地人的视角充分考虑所在地的产业发展规划及环境保护要求，切实促进当地可持续发展。2016 年 10 月，由中国铁建承建非洲大陆第一条跨国电气化铁路和最长距离的电气化铁路——埃塞俄比亚至吉布提铁路建成通车。在铁路建设上，我们对吉布提段进行了股权投资，并且将参与后期的运营维护，真正实现了投建营一体化。同时，公司注重基础设施建设与产业协同发展，积极参与沿线的工业园开发、商贸物流、加工制造、地产开发等相关业务，帮助埃塞俄比亚建立自身的工业体系，全方位服务埃塞的经济发展。据初步测算，由于铁路及沿线的工业园运营带来的拉动效益，对埃塞的经济增幅将提高两个百分点以上。

习近平总书记强调，在"一带一路"建设中要坚持正确的义利观。义利观作为中国传统哲学思想的重要精髓，强调重义轻利、舍利取义、以义取利、见利思义。中国铁建奉行正确的义利观，秉承企业发展与社会进步、人民福祉相结合的宗旨，切实履行企业公民的责任和义务。在瓦努阿图，我们积极协助当地政府应对飓风灾害，运输救灾物资、提供应急充电设备；在阿尔巴尼亚，我们投入自有资金和设备帮助当地修建营区附近的排水沟，解决污水排放问题，美化社区环境；在马来西亚，我们注重实现生产配套要素的属地化，不断提升原材料属地化的采购比例；在尼日利亚，我们建立培训中心，为当地员工提供大规模培训、传授技术，提高当地用工比例；在巴基斯坦，我们参与社会公益事业，举行贫困人群救济、义务捐赠活动；在埃塞俄比亚，我们利用施工用的内燃机车运送救灾物资，帮助当地政府应对 30 年不遇的严重旱灾；在建设亚吉铁路工程中，我们雇用当地员工并主动为沿线村镇捐款、捐献办公用品，义务为当地村庄修建乡村公路、教堂。履行社会责任，积极为所在国发展服务，使我们赢得了所在国人民的信任和支持，当然前提是要能够为业主提供一流的产品和服务。

中国铁建依托在中国大规模基础建设中所积累的专业优势、技术优势、品质优势以及工程产品和服务，承建埃塞俄比亚的阿瓦萨工业园项目，荣获工业类全球最佳工程奖。所承建的安哥拉凯兰巴·凯亚西住房工程，荣获中国建设工程领域最高奖鲁班奖。凭借良好的品牌影响力和知名度，我们建成了中国企业在海外承建的第一条高速铁路——土耳其安哥拉至伊斯坦布尔高铁；在非洲采用中国标准承建第一条现代化铁路——尼日利亚阿布贾至卡杜纳铁路；中国企业首次进入欧洲铁路既有线改造市场，承接了黑山共和国的铁路修复改造项目。

截至目前，公司的经营范围已遍及全球 118 个国家和地区，业务覆盖工程承包、基础设施投资、工业制造、房地产开发、矿产资源投资等众多领域，已跻身世界 500 强第 58 位。在全球最大 250 家承包商排名中稳居前 3 位。在践行"一带一路"伟大倡议中，我们切身体会到"一带一路"建设需要政党、工商企业、智库媒体以及民间组织等各方面力量参与。需要营造良好的政治、舆论、商业以及民意氛围。我们真诚地希望与各界朋友加强沟通、增进了解、达成互信，为推动"一带一路"建设、为促进中外友好合作和构建人类命运共同体作出我们积极的贡献。

谢谢大家！

托德·麦克莱

新西兰国家党议员、前贸易部长

尊敬的李军副部长，尊敬的各位来宾，女士们、先生们：

非常荣幸能够代表新西兰国家党发言，作为前贸易部长，我充分认识到这个会议的重要性，也再次感谢东道主中国共产党招待我们。新西兰国家党非常骄傲能够在过去九年和中国交往中取得各种成就，这对我们来说非常重要，我们将在双边各领域继续加大投入。

关于"一带一路"的讨论以及政党的作用的讨论恰逢其时。新西兰和中国 1840 年开始联系，两国 1972 年正式建立外交关系。这个月将迎来两国建交 45 周年。

新中关系迅猛发展。第一个来自中国的移民是"阿伯豪伯屯"的人，他1842年到了尼尔森；第一批大规模中国移民于十九世纪六十年代来到新西兰。而双方贸易、领事、移民和其他方面的联系从1972年正式开始。在此之后，每年有数万计的学生和数十万计的游客来到新西兰。双方高层也建立了常态化的交往机制，2014年习近平主席访问新西兰。

中国是新西兰最大的货物贸易伙伴，也是第二大服务贸易伙伴。两国的自贸协定于2008年签署，这是中国和发达国家签署的第一份自贸协定。中国和新西兰之间有很多的第一：1997年，新西兰成为第一个同意中国加入世贸组织的国家。2004年，新西兰第一个承认中国完全市场经济地位。新西兰也是第一个和中国进行自贸谈判的发达国家。2008年4月，新西兰第一个和中国成功完成自由贸易协议谈判。去年我们两国共同宣布开启双边自贸协定升级的谈判，这也是中国和发达国家进行的第一个升级谈判。

两国关系超越了贸易关系，还涉及到很多其他方面，比如说援助合作以及对两国体制的相互认可。2014年新西兰第一个和中国政府签署了政府间合作协议，共同生产影视作品。2015年新西兰是第一个成为中国亚投行意向成员国的发达国家。尽管我们两国之间距离遥远，但还是取得了很多成就，国家党在这些成就的取得中起到了非常重要的领导作用。自贸协定签署9年来，双方贸易不断增加，人文交流不断提升。

如果我们对对方的指导思想以及诉求有更清晰的理解，我们能获得的东西就更多了。去年3月，李克强总理成功访问新西兰，我们签署了在"一带一路"框架下加强合作的协议备忘录。这将使我们获得更多促进贸易、文化和人文交流的机会。我们支持"一带一路"框架下的五个最主要的目标，即政策沟通、设施联通、贸易畅通、资金融通、民心相通。这项协议有一个重要前提就是消除障碍，惠及几十亿人民的生活。我们两国人民也可以不断地通过这项协议提升生活水平。我们要继续以更快的速度投资基础设施建设，亚洲在未来十年需要一个超过8万亿美元的基础设施投资。"一带一路"能够帮助我们化解障碍，增进互相理解。新西兰前20个出口市场有8个在"一带一路"沿线，其中10个已经签署了这项协议。

考虑到"一带一路"的整体范畴非常广，所以我们参与也是非常重要的。如果减少运输时间，我们将能更好地开拓市场。合作成本的降低也能够提升我们的竞争力。亚欧之间的物流连接也能够为新西兰带来探索"一带一路"沿线供应链的机会,国家党已经做好了准备来拥抱"一带一路"所带来的机遇。

谢谢!

彼得·保伦

斯洛伐克斯中商会、斯中商业联合会主席

尊敬的李军副部长,尊敬的各位来宾,女士们、先生们:

非常荣幸能够参加今天的会议,并且有机会代表斯洛伐克代表团发言。

"一带一路"倡议代表了一种新的国际化合作模式。2016 年,中东欧国家和中国的贸易额已经超过了 600 亿美元,其中对中国出口达 150 亿美元。2017 年 11 月 27 日,第六次中国 – 中东欧国家领导人会晤在布达佩斯举行。由此可见,中国同中东欧国家经济合作的重要性在不断提升。中国和中东欧国家距离遥远,物流业成为促进双方经贸合作、国际贸易发展的重要元素。

对于斯洛伐克来说,"一带一路"倡议具有重要意义。斯地理位置优越,既是商品货物绝佳的目的地,也是进入欧盟的西大门。历史上斯洛伐克就是重要的交通枢纽,它把欧洲从南到北、从西向东连接起来。从那时起,布拉迪斯拉发和科西策就成为了著名的"琥珀之路"沿线地带。

近年来,斯洛伐克和整个欧盟市场进一步向中国靠拢,连接大连和布拉迪斯拉发的货物运输线已正式建立。未来几年,预计每年将有 150 个货运班列往返于两个城市之间。位于科西策州的东欧联合运输终端将作为货运理想平台继续服务于中欧贸易。作为国际运输枢纽,该项目已得到斯政府和科西策州的支持,将被列入国家战略规划中。目前,这条线路运力达 150 万标准箱/年,我们将利用欧盟金融机构的资金支持,不断完善仓储和运输等基础设施的建设。科西策作为运输中心的优势明显,宽轨列车可直接抵达,今后必将更好地为欧盟提供贸易和服务。

谢谢大家!

一　促进政策沟通

何塞·拉蒙·加西亚·埃尔南德斯
西班牙人民党执委会成员、国际书记

各位嘉宾，女士们、先生们：

我来自西班牙，非常感谢中国共产党提出"一带一路"倡议。我来自西班牙美丽的城市之一阿维拉，我相信今天的嘉宾都是来自非常美丽的城市。5 月份的时候，西班牙高层领导也出席了"一带一路"国际合作高峰论坛，这也说明了"一带一路"倡议从经济上来说对于我们是有益的。我们大力支持这一倡议。国际的贸易与投资，使我所在的社会发生了改变，使我们国家脱离了危机，而互利共赢的合作也是这项倡议的基础。

讲到政治，你是否知道我们这个倡议最大的挑战是什么？这就是不信任或信任缺失。信任缺失必须通过政治的途径来解决。由于对自由贸易的信任缺失，我们现在需要大力支持自由贸易。我们所生活的这个时代有许多国家都希望让新的保护主义抬头，在信任缺失方面我们必须谈到地缘政治，同样也要谈一下"一带一路"的地缘政治，同样也要克服这个倡议所面临的一些国内的阻力。"一带一路"是向所有投资者开放的，是平等的、互惠的，不能损害参与国家的利益。"一带一路"必须是着眼长远的，不仅惠及一代人，要长期秉持灵活、慷慨互惠的原则，只有这样这个倡议才能变为现实。

这个倡议不是短期的，而是长期的，是要惠及我们的子孙后代的。自由贸易也必须是公平的贸易。我们都要考虑到自由的方方面面，言论的自由、人权和民主，因为这符合所有国家的利益。在全球化的时代，我们倡导这些价值观，所有欧盟国家尤其是西班牙都非常推崇这些理念。西班牙是一个向全球开放的国家，我们不能够陷入不平等的陷阱，不能够因为国家大小不同而区别对待，而应该主张自由、公平的贸易。我们要牢记整个世界正在进行大的变革，同样也有一些新的问题在抬头，比如分裂主义、恐怖主义、极端主义。我们只有克服这些挑战之后才能成功地推进"一带一路"建设。同样我们也要构建民主，因为民主能带来稳定。"一带一路"的好处就是它是非常多元的、充满活力的。但前提是我们必须要克服信任缺失的问题，我们要学会向一个更加自由的贸易体系敞开怀抱。

法尔多·马尔蒂尼·柴杜尔
印度尼西亚国民使命党副总书记

尊敬的李军副部长，来自各政党的代表，女士们、先生们：

各位下午好！

众所周知，印尼实行总统制和多党制，是个民主国家。印尼已跻身世界前十大经济体（注：按购买力平价标准计算）。印尼2.6亿人居住在1.7万个岛屿上，将印尼与世界连接起来就需要现代而且高效的基础设施。因此，本届政府将提升印尼的基础设施作为施政重点，希望与中方对接发展战略，加强在基础设施等领域的合作。

说到"一带一路"，印尼政府有相似的构想，我们的总统提出构建"全球海洋支点"战略，旨在加强印尼群岛之间的互联互通。政府目前正致力于建设与此目标相匹配的基础设施，希望借此促进国内和全球范围内的经济发展。

政党最重要的职能是制定政策。两国执政党应该确保有关两国合作的政策保持连贯性，尽可能减少政策的不确定性，因为这是一个大问题。印尼有很多政党，每5年举行一次大选，他们都有各自的需求，导致很多政策朝令夕改。因此，我们两国应尽可能建立一种长期稳定的互惠合作关系。

国民使命党将持续推动政府制定长期发展规划。我们将重点关注以下几个问题。一是推动发展基础设施建设。二是推动政府出台更加公平的相关政策。三是与其他政党配合，推动两国在中央和地方层面的合作。四是公开信息，推动两国政府间成立"一带一路"合作办公室。五是评估基础设施项目实际效果。

欢迎各位来印尼，与我们建立更多的伙伴关系。我们希望和中国以及更多国家进行合作，也希望"一带一路"可以为印尼人民带来更多福祉。

丹尼尔·米克勒夫
马耳他工党主席

各位嘉宾，各位同事：

首先，我想感谢中联部，感谢你们组织了这次高层对话会。我非常荣幸作为一个政党的代表来和其他政党代表相聚在北京，来探讨政党的责任和使命，并且为我们开创了机会，在未来进行更好的协作，为全球化的推进做出我们的贡献。

马耳他总理明托夫在 1972 年的时候就宣布与中国建交，使马耳他成为西方第一个与中国建交的国家，我们的友好交往历史悠久。中国在建交的时候，经济实力并不像现在这么强。但是在马耳他刚刚独立的初期，中国也给我们提供了很多帮助，让我们脱离了曾经被军事殖民的过去，同时也成为地中海地区的"和平之塔"。同样也帮助马耳他发展了经济，尤其是在制造业、海事、基础设施和旅游业等方面。四十多年已经过去了，现在马耳他是欧盟经济增长率最高的一个国家，我们几乎没有失业，在财政方面也有盈余。在今年的前 6 个月，我们继斯洛伐克之后成为欧盟轮值主席国，我们的首都瓦莱塔也被认为是欧洲的文化之都。这就是一个背景，在此背景下我们共同探讨共建"一带一路"。

马耳他工党在我们国内发挥着非常重要的作用，与世界上许多国家建立起了长期友好合作关系。我们一直秉持相互信任、相互尊重的原则。习近平主席的愿景就是要进一步开放对欧洲的海陆连接，所以"一带一路"对于我们来说是一个激动人心的倡议，我们对此也是积极的支持，马耳他是亚投行的创始成员国之一，我们财政部长也是亚投行董事会成员之一。马耳他在"一带一路"上具有战略意义，我们两个国家一直都进行着互利友好的合作，马耳他也是一个非常好的与中国进行良好合作的典型，尤其是过去四年我们在能源领域的合作成效非常显著。为了让我们的愿景能够进一步变为现实，充分实现愿景的潜力，我们必须意识到这个倡议是互惠共赢的，能够帮助我们构建一个更加美好的未来。而"一带一路"要惠及社会的方方面面，要惠及最繁忙的都市，也要惠及最偏远的乡村地区，如果没有改善人们的生活水平，我们实现经济繁荣又有何意义呢！

马耳他近年来，尤其是约瑟夫总统上台以来，经济形势不断回升，是因为我们制定了一些支持商业的政策，鼓励人们参与劳动市场，吸引外商，同样也创建良好的经济环境，这就使得我们为马耳他人民带来了更多的社会福祉。作为政党，我们的职责就是要代表我们人民的利益，也要确保我们的子孙后代在一个全球化的世界中能够拥有更加光明美好的未来。但是只有通过和平、经济增长、教育和文化交流、互联互通以及交流沟通才能够实现。变革是至关重要的，它也是唯一的出路，我们的政策必须考虑到与时俱进，我们也必须要高瞻远瞩，不能够局限于眼前利益，这就是作为政党、作为政策决定者的一个重大责任，也是我们留给子孙后代的非常重要的遗产。

谢谢大家！

乔治·皮尔格林
巴巴多斯民主工党主席

尊敬的嘉宾，女士们、先生们：

我是巴巴多斯民主工党总书记。

我们国家的人口有 12 万多，位于加勒比海地区。"一带一路"倡议，尤其是构建人类命运共同体和创建更加美好未来的提议，填补了全球发展议程的空白。这需要我们采取措施创造就业，开放市场，推动政治稳定和透明。在这一背景下，我们认为加勒比海地区有机会参与到这一伟大的倡议中。中国希望构建一个更加美好的未来，通过互联互通来与世界上更多国家联系起来，同样也要为全球经济发展议程作出贡献。1944 年布雷顿森林会议构建了二战后的新经济秩序，此后国际交往体系是由西方国家所主导的。但"一带一路"倡议的提出，为世界各国政党来更好地共同参与全新国际体系建设，提供了新机遇。

中国倡议成立亚投行和丝路基金，这两者都是新的金融机构和工具，为发展中国家提供基础设施建设的融资途径。各国政党应团结起来，改善我们现在的世界金融环境。同时，要让先进的科学技术发挥更大作用，要积极推动实现互通互联，来确保区域安全。现在加勒比海地区各国国内的形势变化赋予政党引领社会发展的重大使命，"一带一路"倡议给加勒比海地区国家的政党提供了共同探讨如何推进区域整体发展和进步的机会。具体而言，讨论如何加强道路、铁路、桥梁、港口等基础设施建设，如何建设高速光缆和互联网宽带。我们呼吁各国政党共同致力于"一带一路"建设的国际合作。

当前，我们进入了社会主义和资本主义共存的新时代。发展中国家和发达国家都在不断地加大投资，发达国家不再过多地控制我们巴巴多斯的经济。同时，我们传统主流政党意识形态的依赖已发生变化。我们之前非常依赖英国，但随着进入由美国主导的新自由主义和国际化时期，我们依赖的国家发生变化。作为政党，我们非常支持中国共产党提出的相互尊重、公平正义、合作共赢的理念，这个理念在学术界是非常新颖的。合作共赢就是各政党要进一步增强互信，通过对话和交流沟通来推进"一带一路"建设，携手共建人类命运共同体。

最后我想说，中国不附加任何政治条件通过"一带一路"倡议帮助他国开展经济建设，将为全球治理及建设更加美好的未来作出巨大贡献，我们的投入和产出是成正比的，政党必须在政治、经济、文化、社会以及生态方面共同追求相互尊重、合作共赢。我们也会进一步教育我们的公民，让他们做好准备，迎接新的时代。

女士们、先生们，共建"一带一路"为我们重新启动了发展的引擎。

谢谢大家！

穆罕默德·扎米尔

孟加拉国人民联盟中央顾问委员会委员

各位尊敬的来宾：

大家下午好！

我想感谢我们的东道主中国共产党组织这次会议。我来自孟加拉国执政党人民联盟，非常高兴参加中国共产党举办的这次重要会议。

2013 年，国际风云变幻，习近平主席提出了"一带一路"倡议。亚洲、非洲以及欧洲地区的区域内合作不断发展，而"一带一路"致力于在各大洲之间建立互联互通，促进人员、商品、服务、技术自由流动。许多经济学家都认为，应推动所有参与"一带一路"国家之间的合作，寻求"最大公约数"来消除贸易障碍和壁垒。习近平总书记昨天发表了非常激动人心的演讲，强调了构建人类命运共同体的必要性。中国共产党愿意和世界合作，世界更愿意向中国共产党伸出合作的双手，共同开展减贫、提高人民生活水平以及提升国际安全等方面的合作。

1957 年，孟加拉国国父穆吉布·拉赫曼率领代表团访问北京，与中方就治国理政进行了很好的交流。孟加拉国政府非常支持"一带一路"倡议，也非常愿意积极参与"一带一路"建设。中国共产党提出的这条发展道路将帮助我们实现经济发展和创新发展。本次对话会为各政党交流想法提供了平台，并且将促进中国共产党和我们党的友好交往。2016 年习近平主席成功访问孟加拉国，两国关系提升为战略合作伙伴关系，充分体现了两国领导人对双边关系的重视。我国总统也曾前后三次访问中国。政党交往可以在推动技术领域合作、减贫、维护区域安全方面起到很大作用。我们两国之间合作领域更加宽广。这次参加会议的政党应携手合作，把我们的共识变为实实在在的行动，促进各国之间的互联互通，增进各国之间的相互理解。所有政党应该铭记一点，要杜绝一切影响地区稳定、国际和平的行为，禁止一切加剧不平等和侵害人权的行动，让大家建立更多对"一带一路"倡议的信心。孟加拉国有句古话："如果你往一碗牛奶里放一点土，牛奶就坏了。"为将"一带一路"建设继续向前推进，我们要一点一点地积累包容，防止信心缺失影响"一带一路"建设大局。

最后，再次感谢主持人给我发言的机会，谢谢大家！

二　增进民心相通

拉贾卡鲁纳·苏普
斯里兰卡统一国民党青年委员会主席、国会议员

女士们、先生们：

大家好！

斯里兰卡与中国友谊源远流长，两国保持长达几个世纪的友好交往，两国不仅仅是贸易伙伴，同时也是互利共赢的合作伙伴。几个世纪前，正是由于斯里兰卡处于印度洋上航运中心的战略性地理位置，使斯有幸成为中国古代海上丝绸之路的重要组成部分。当时斯里兰卡与中国开启了友好往来，与欧洲的罗马帝国也进行了交往。当前，斯里兰卡倡导开放包容的自由市场经济，真诚期待斯民众和贸易伙伴从中获益，斯方希望与中方在"一带一路"框架下开展务实合作，造福两国民众。

在此，我想强调，即使是对"一带一路"建设持有怀疑态度的人，也无法忽视斯中务实合作取得的丰硕成果。两国大项目合作进展顺利，不久前，斯中正式签署关于南部汉班托塔港的特许经营协议，中国也为斯西部发展做出了重大贡献。斯政府开辟专门土地，用于建设科伦坡国际金融城，相信两国大项目合作一定能使双方获益。

2015 年，斯举行总统和议会选举，统一国民党和自由党联合执政，组建联合政府，前总统拉贾帕克萨开启了两国在汉班托塔港等项目上的合作，但是反对党为谋求自身政治利益，现在对项目合作持反对意见。我认为，作为政党，不仅要关注政治上的收益，更要关注国家的发展。斯里兰卡当前面临着沉重的债务负担，斯方积极参与"一带一路"倡议无疑将有

助于促进两国合作共赢，增进两国人民福祉。

彼得·日加
斯洛伐克方向党副主席、经济部长

女士们、先生们，各位嘉宾：

大家下午好！

非常荣幸代表斯洛伐克方向党参会，也非常感谢中方给我们机会在盛会上发言。我愿在此祝贺中共十九大胜利召开并取得丰硕成果，热烈祝贺习近平再次当选中共中央总书记。首先我想介绍中国和斯洛伐克整体合作情况，我们重视两国政府间合作，各领域合作不断加强，相信党际合作将发挥更加重要的作用。

斯洛伐克国土面积小，是欧盟成员国，也是欧元区成员国。斯洛伐克致力于加快经济发展，积极拓展同欧盟成员国及域外国家经济合作。近年来，中国经济繁荣发展，GDP 不断增长，对外投资及吸引外资数量与日俱增。需要强调的是，斯中两国长期友好，经济合作成果丰硕，但在科研、教育、农业、林业、环境保护、能源、汽车等领域仍有巨大合作潜力。斯洛伐克支持中国"一带一路"倡议，愿积极参与有关合作项目。

今年 5 月，我有幸参加了"一带一路"国际合作高峰论坛，高度赞赏让合作成果惠及沿线所有国家的宗旨原则。我相信，斯洛伐克在沟通本国同其他国家联系、便捷斯中及与其他国家货物往来方面将会发挥桥梁作用。斯中传统友好，独立后斯洛伐克即与中国正式建交。我们签署了许多经济合作协议，为投资者积极创建良好环境，投资者到斯洛伐克兴业，能够实现他们的价值，我们愿给予最大限度的支持，可以为他们提供建筑师、设计师、专家学者等必要帮助。作为申根成员国，斯具有资本、人员和货物自由流动的优势。中国企业选择到斯投资，可以此为通道进入欧盟市场。目前中国企业对斯投资并不充分，相信随着"一带一路"不断深入推进，会有越来越多的中国投资涌入我们国家。

斯洛伐克政府高度关注工商界发展，相信"一带一路"倡议将为中国和斯洛伐克合作开拓更多机遇，更好实现双方愿景，更好推进项目落实。

斯洛伐克将会继续支持和积极参与"一带一路"建设。

谢谢大家！

埃里·马姆
苏丹全国大会党非洲书记处副书记

尊敬的李军副部长，尊敬的各位客人：

苏丹全国大会党是苏丹的执政党，一直与中国共产党有着非常牢固的关系。我们已经举行了四届两党高层对话，两次在北京，两次在喀土穆。

我们今天讨论的这个题目，所有人都知道非常重要。在我们现在这样一个时代，世界已经成为了一个村庄。随着相互沟通交流频度的增加，不同国家之间的交流都变得非常紧密，不必考虑地理距离的分隔，陆海空的距离都不再重要，重要的是我们之间心灵的距离。今天人们探讨安全、稳定、经济、政治，但之前曾经历长期战争。所以，习近平主席提出的高瞻远瞩的"一带一路"倡议深得人心，这是一个战略性的倡议，得到了世界不同国家人民的广泛接受。这也体现了中国外交政策的重要的、一贯不变的原则，那就是不干涉别国内政，这加强了各国人民对中国以及对这一倡议的信任。"一带一路"倡议也体现了人性和人道主义精神，有助于增进不同大洲、不同国家人民之间的相互了解和理解，让他们找到各自文化之间的共同点、人性道德的共性探讨以及如何实现互利共赢，这是非常重要的出发点。所以"一带一路"倡议将会改变很多人，道路之间的相互联通，基础设施的建设，就业机会的增加，以及心灵之间的相互交流……不同地区的人们互通有无、取长补短，很多国家的人民可以从中国的发展和改革开放经验中受益，这都是非常重要的。

我们希望这一倡议造福所有热爱和平的人。无论来自何方，我们都生活在地球村，有着共同的命运，实现人类命运共同体这一终极目标，"一带一路"倡议是我们要共同承担的责任。我们所有人应朝着这一目标共同前进，寻求共同利益的最大公约数，通过和平方式化解战争和冲突，统一人们的意志和愿景。

我们作为不同的党派，在人类社会有着共同的使命和方向，那就要促成实现人民的共同福祉。我们要给予必要的支持和帮助，这是我们分内之事。建议采取以下方式：

第一，每个国家制定与"一带一路"建设相关的目标，寻找本国发展计划与"一带一路"的对接点。这一工程将解放人民思想，滋润人民心灵。

第二，推动各国政府制订相应规划和政策，改变目前规划和政策中的不合理之处，使它真正地与"一带一路"建设相符。

第三，克服当前的困难和短板，实现利益最大化。

第四，在"一带一路"倡议框架内提出自己的倡议。苏丹是海上丝绸之路的重要一站，苏丹政府将同各邻国一道促成"一带一路"建设实现自身和中国利益最大化，在政治、经济、社会等各领域取得更大成就。

谢谢各位！

策·苏赫巴特尔
蒙古民主党书记

尊敬的李军副部长，来自全球各个政党的代表：

大家好！

非常荣幸能够出席今天的会议，与大家共聚一堂。这个高层会议的代表性非常广泛。我代表的是蒙古民主党，我们是一个中右政党，同样也是民主联盟成员。去年之前，连续7年都是蒙古的执政党。今天我想代表民主党向中国共产党表示感谢，感谢你们组织了这次会议，并且邀请我们与会。

关于我们今天的主题"共建'一带一路'：政党的参与和贡献"，我想与大家分享我们蒙古的观点。蒙古支持并积极参与"一带一路"建设，蒙古的各个政党对这个倡议也都是支持的。我党非常重视蒙古与邻国之间的关系，这是我党的一条重要原则。我党提出了"草原之路"战略，希望通过这个战略来加强蒙古与中国等邻国之间的设施互联互通。蒙中之间的贸易及人员往来非常密切，我们建立了蒙古、中国、俄罗斯三方合作机制，并已经举办了三次元首会晤。我党执政时期提出了"蒙中俄经济走廊"，该合作协议已经在 2016 年签署，自协议签署后三方经济合作关系进入了一个新时期，这对于蒙古的经济复苏、发展和长期稳定都非常重要，这也将会积极推动三国的经济发展。民主党非常重视发展蒙中全面战略伙伴关系，我们愿秉持透明、互惠和相互尊重以及相互信任与合作的原则，积极发展与中国共产党的关系，并积极构建两国政府间关系。民主党非常重视"一带一路"倡议，这个倡议是开放包容的，它开辟了非常光明的未来，必将推动"一带一路"沿线区域和国家实现繁荣发展，为本地区带来和平、安全与稳定。"一带一路"倡议也激发鼓励了其他许多古丝绸之路沿线国家积极参与到"一带一路"建设中。在"一带一路"倡议的背景下，蒙古已经开始采取切实行动推动"一带一路"建设。

此外，还有一条"道路"。这条"道路"是在十七世纪形成的，当时中国江西省通过这条"道路"把中国的茶叶出口到蒙古以及俄罗斯，这条"道路"也通过福建省对外出口茶叶。这个茶路也已经被纳入到蒙中俄三方的合作机制中。我们希望通过这些倡议积极推动在以下领域开展合作，首先是能源领域，矿业、农业、旅游业、建筑业。其次"一带一路"也要积极推动青年、媒体、地方政府之间的交流合作，以及经贸合作。蒙古和蒙古民主党都非常愿意参与到"一带一路"建设当中，我们也将会提出我们的一些倡议和项目来克服目前所面临的经济困境。

最后，我想再次说，"一带一路"是个长期的战略项目，它将推动古丝绸之路沿线国家的经济发展，同样也将会让所有参与到"一带一路"建设中的国家受益，有助于构建一个更加美好、更加安全、更加稳定的未来。

谢谢大家！

阿巴斯·哈桑·穆萨
伊拉克伊斯兰达瓦党中央委员

以至仁至慈真主的名义。

女士们、先生们，朋友们：大家好！

非常感谢你们邀请我来参加这样的盛会，我们要祝贺贵党十九大胜利召开，并且再次选举习近平主席作为党的最高领导人。我们高度赞扬贵党在新中国成立以来所发挥的重要作用，一直给我们不同国家的人民带来很多启示。今天这样一个大会的使命，就是再次肯定共产党的执政能力，无论是自由派、马列主义还是其他意识形态，这都不重要，我们都应该共同合作，为了共同的最高的人道主义目标共同奋斗，为了崇高的共同目标，那就是为我们带来国内和国外的和平，为了这样一个社会的公正，为了实现共同的发展，为了摆脱世界上的贫穷问题和解决冲突，为了应对极端派别、宗教极端主义，这些对我们来讲都是一种毒瘤。在这种框架内，我们任何的工作都是我们的义务，所有人都应该致力于维护和平稳定和我们共同普世的价值。

我来自伊拉克，我们是一个文明的国家，有不同文化的国家，有不同的宗教、不同教派的国家。伊拉克人过去几年一直生活在非常困难的环境中，我们有"伊斯兰国"在作怪，我们的武装部队付出了巨大的牺牲，在不同的省份都进行着艰苦卓绝的斗争，最终我们真正光复了我们所有土地，击溃了"伊斯兰国"。我们进行了三年艰苦卓绝的斗争，现在"伊斯兰国"在伊拉克没有一寸领土。其实如果没有各方的帮助，也许我们的战斗要持续更长的时间。我们现在还能够看到一些恐怖事件，这就需要我们共同作出努力。同时我们还看到库尔德人有独立的思潮，但由于中央政府坚强的、正确的领导，在阿巴迪总理的领导下，并通过与人民进行对话，我们最终实现了伊拉克的统一与独立。我们不需要任何暴力行为，通过对话可以解决我们的问题，实现我们心中的目标。现在伊拉克政府更加全面、更加具有代表性，我们的领导人通过选举产生，产生的是真正爱国爱党社会精英，我们把发展作为当务之急。

建设是非常重要的，战争带给我们的创伤很大，需要给我们的孩子、给我们的下一代建设更好的未来，这个过程中中国的企业可以发挥更重要的作用。我们已经开启了1000亿美元的重建计划，其实还有很多的油气资源，这些都是中国企业可以参与其中的有利条件。伊拉克是一个非常重要、非常敏感的战略性地带，伊拉克有"五个第一"，有着世界上最大的油气储量，为了我们人民的利益，我们采取了对外开放政策，我们对所有邻国都采取睦邻友好政策。我们与伊朗虽然有一些矛盾，但是我们一直坚信所有的分歧都可以通过和平的手段去解决，让整个地区向着更好的方向发展。我们拒绝任何外来势力的干涉，无论从也门到巴林，到叙利亚，我们都可以自己去解决。我们希望能加强人民之间的合作，建立人民之间友好的关系，通过文明之间的对话和全面均衡的发展来解决我们自己的问题。我们觉得这样一个高层对话给我们这样一个平台和机会，并且给我们提供很多的经验来解决相应的问题。我们这次对话的主办地是在北京，把大家聚集一堂，我们互通有无，来建立这样的对话机制。第二，我们建议建立一个定期对话的机制，每年举行一次，不同党派汇聚在北京或者其他地方，尽管我们有不同的诉求。第三，我们可以把这个章程递给联合国，呈现在联合国宪章中。第四，这样的高层对话，可以发表一个《北京倡议》，献给全世界。

我再次重申我的感激之情，感激中国共产党，感激中联部给我们这样一个机会，让我们有这样一个很好的倡议，给我们更多的想法和建设性的支持和帮助。

再次感谢给我们这样的机会，感谢大家！

三 凝聚社会共识

霍勒斯－郑
牙买加工党总书记

来自各国的政党领导和企业界代表:

你们好!

首先,非常感谢中国共产党组织了这次盛会,将各国政党代表汇聚一堂,共商如何共建"一带一路"。"一带一路"是新时代最为重要的倡议。我是牙买加工党总书记,同时我也是负责发展经济和创造就业的部长。牙买加是世界上最早与中国建交的国家之一,同中国一直保持着友好往来,双方在合作过程中一直尊重彼此主权平等。在习近平主席2013年提出"一带一路"倡议之初,牙买加就表示积极支持。

我们相信,"一带一路"倡议对未来很长一段时期的国际关系都将产生重要影响,不仅将促进各国的民心相通和资本融通,还将在基础设施建设方面进行许多投资,有助于提高人们的生活水平。

其中,政党的角色是非常重要的。我们可以与其他政党达成一定的政治共识,以便共同推动倡议的实施。"一带一路"沿线国家执政党之间的关系也是非常重要的,因为关乎是否能够提供稳定和持续的商业环境。牙买加工党保持着非常稳定的对外关系和对华政策。1966年,我们国家总理就曾经说过,牙买加坚定地支持一个中国政策。1972年,我们另一个政党当选之后,新政府再次重申这一立场。早在1854年就有华人到达牙买加,在这里安居乐业。在食品、农业、基础设施等领域,牙买加和中国的合作在不断地发展,我们双方已签订产能合作的框架协议。

中国的传统文化和企业创新精神在牙买加社会产生了深远影响。牙买加各大政党都会大力支持中国所提出的"一带一路"倡议。牙买加工商界也认为"一带一路"倡议有着非常重要的战略意义。作为加勒比海地区的枢纽，牙买加在推动南北美洲之间的交流和贸易往来方面能够发挥非常重要的作用。

我们现在也面临着国家身份和文化认同等诸多挑战，我们将会进一步推进文化教育，让牙买加人拥有更多文化自信。同时，我们也会积极推动牙买加同中国的文化交流。最后，再次感谢习近平总书记带领中国和中国共产党不断发展牙中及中国同加勒比地区的友好合作关系，祝愿牙中两国及加勒比地区同中国的关系更加紧密。

费萨尔·卡里姆·昆迪
巴基斯坦人民党开普省委员会总书记、前国民议会副议长

各位代表，女士们、先生们：

我首先想代表巴基斯坦人民党感谢中国共产党，同时传达人民党主席比拉瓦尔对中国人民的亲切问候。我们今天谈论的话题是"共建'一带一路'：政党的参与和贡献"，我非常赞同昨天习近平总书记发表的讲话。我也希望未来他的愿景能够实现，我也想再次祝贺他连任中共中央总书记。

巴中建交已经66年，我们为促进人类共同发展深入开展合作。中巴经济走廊是"一带一路"建设旗舰项目。2013年，习近平主席提出"一带一路"倡议。2015年，他在巴基斯坦宣布全面加快中巴经济走廊建设。"一带一路"倡议通过陆路、海路和空中航线，加强与亚非、大洋洲的互联互通，中国在巴发挥着至关重要的作用。2012年，中巴双方签署了瓜达尔港项目协定，瓜达尔港的运营权移交中方。中巴经济走廊启动后，长达3000公里的走廊将为我们带来很多机遇。中巴经济走廊能够使中国企业和产品进入更多中亚国家，这些国家的产品也可以通过中巴经济走廊进入巴基斯坦。

巴基斯坦面临的最大挑战是政治稳定，政治稳定对建设中巴经济走廊非常重要，政治不稳定影响到了走廊建设的进展。瓜达尔港口建设还关乎

石油运输，因此对中国以及其他国家而言，非常重要。在南海，美国联合中国的对手一起给中国制造麻烦。我们期待中国在世界经济发展及其他国际问题上发挥主导作用，并实现自身长期发展规划。

最后，我想代表人民党感谢中国共产党邀请我参会。

克里斯蒂安·布绍伊
罗马尼亚国家自由党副主席、欧洲议会议员

女士们、先生们，各位嘉宾：

首先，我想引用习近平主席在今年5月"一带一路"国际合作高峰论坛上的论述：构建以合作共赢为核心的新型国际关系，建设和谐共存的大家庭。我之所以强调上述内容，是因为这对于落实"一带一路"倡议非常重要。落实"一带一路"倡议需要我们切实了解彼此的共同利益。借此机会，我想再次感谢主办方的热情款待，感谢你们为提供坦诚交流平台付出的努力。

在共建"一带一路"过程中，政党发挥的作用是双重的。首先它需要与本国公民进行沟通，传达这个概念和倡议。在国际上则需要把这个倡议同本国重点任务结合起来。构建贸易通道，目的是促进贸易及货物往来，不是改变我们的政治方向和意识形态。

当前欧洲面临一些问题，比如加泰罗尼亚公投、英国脱欧、难民移民政策等，使得欧盟内部充满不信任，对域外合作倡议也保持审慎态度，对"一带一路"倡议自然也缺乏积极性。因此，我们需要开展坦诚务实的政治对话，需要搭建政党交流平台，向欧洲更好地阐述"一带一路"互利共赢的本质。这一平台应传递的最重要信息是，中国是欧盟政治稳定的支持者，因为欧盟稳定对中国有益。中国和欧盟是推动世界经济发展的两个重要引擎。罗中两国关系源远流长，两国人民友谊深厚，罗马尼亚作为欧盟成员国，愿以双边关系为基础，更好推动欧中关系发展。

只要保持两国合作的持续性和可预见性，确保项目稳步实施，罗中两国就大有所为。罗马尼亚不仅是欧盟具有影响的成员国，还有能力成为连接欧亚大陆的交通枢纽。罗马尼亚拥有黑海最大港口康斯坦察港，拥有覆

盖全境的铁路网，并与三条泛欧铁路干线相连通。罗马尼亚高度重视铁路、公路等基础设施投资，所有政治力量已就加快基础设施建设达成广泛共识，这使罗马尼亚不仅成为欧中合作的有力推动者，也成为"一带一路"建设的直接贡献者，成为中国快速增长的贸易伙伴。

最后，我想引述习近平总书记在中共十九大报告中的观点，即："开放带来进步、封闭必然落后，我们要积极推进'一带一路'建设，协调统筹推进'走出去和引进来'，要秉持共商共建共享原则，进一步推动开放和创新。"最后，希望双方进一步向东、向西开放，不忘初心，牢记使命！

谢谢大家！

梅斯巴希·穆格达姆

伊朗确定国家利益委员会委员、基建和生产委员会主席

各位嘉宾，女士们、先生们：

很高兴有机会与大家一起出席这次会议，请允许我在发言之前先引用伊斯兰教先知穆罕默德和中国古代哲学家孔子的两句话：伊斯兰教先知穆罕默德曾经说过"求知哪怕远在中国"，中国古代哲学家孔子曾经说"凡事预则立，不预则废"。根据历史文献的记载，伊朗和中国两国之间贸易往来的历史可以追溯到公元前115年，那是中国汉武帝时期和伊朗的梅赫拉达德二世国王时期，这种悠久的历史不仅体现在贸易往来方面，也体现在人民的交往之中。可以说中伊两国之间的友谊是独一无二的，甚至可以说今天没有其他任何两个民族可以像中国和伊朗人民之间有如此长时间的合作和友谊。

女士们、先生们，在2013年中国卓越睿智的国家主席习近平先生提出了"一带一路"的宏伟规划，从那时候开始伊朗就一直关注和跟踪这一宏伟规划。我们非常愿意参与到这一倡议中来。我们相信这一倡议将为古老的丝绸之路带来再次的振兴，为伊朗和中国的两国贸易带来繁荣，同时也为所有的丝绸之路沿线国家带来更多的发展机遇。2016年1月，伊朗最高领袖哈梅内伊在会见中国国家主席习近平先生时曾经强调，伊朗是中东地区唯一一个独立的国家，因此可以成为中国可靠的能源供应伙伴，和地区

的其他一些国家不同，伊朗所有的能源资源都掌握在伊朗人自己手中。伊朗和中国分别位于亚洲大陆的西端和东端，是两个重要的国家，都对亚洲事务具有重要的影响力。因此，中国和伊朗之间的合作和交流可以为所有亚洲国家的贸易和金融往来做出更大贡献。

我想和大家强调的是，伊朗最高领袖一直对中国复兴丝绸之路的宏伟倡议有积极的看法，我们随时准备与中国发展各领域的往来。我们不会忘记在2011年到2015年之间，在伊朗遭受制裁的困难时期，友好的中国对我们提供的支持和帮助。

亲爱的朋友们，我们高兴地得知伊朗是"一带一路"沿线的65个重点国家之一。我们想向大家强调，伊朗有着非常明显的地理优势，可以被称为亚欧大陆的十字路口，因此可以成为"一带一路"倡议推进过程中的一个战略性的合作伙伴。伊朗的这种地理优势可以被运用于建设油气管道、输电线路、发展航运等各个方面，伊朗在政治、经济、文化、外交等各个领域都已经做好了与中国在"一带一路"框架下拓展合作的准备。

伊朗南部的海岸线长达1250公里，在北部里海沿岸海岸线长达420英里，这就意味着伊朗在航运方面有着巨大的优势。在"一带一路"的框架下，伊朗可以与中国在很多方面进行合作，比如航运、铁路运输，比如说转口贸易、石油、油气、石化领域、信息技术、可再生能源、清洁能源、水力发电、环境保护、农业科技、基因技术、合作建设工业园区、高科技园区、航天技术、钢铁工业、重工业、旅游业、食品加工业、制药业等等。

最后感谢大家聆听我的发言，谢谢大家！

伊萨姆·哈利勒
埃及自由埃及人党主席

各位来宾：

请允许我对中国共产党举行这次对话会表达感谢和赞赏，中国提出的友好合作政策是面向全世界的。自由埃及人党非常荣幸能够参与这次对话会，与中国进行深入对话。在外交政策方面，中国是世界性大国、强国，给我们树立了不干涉别国内政的榜样。

"一带一路"倡议首先是为了保证世界各国人民的福祉和繁荣。"一带一路"倡议基本覆盖了所有发展中国家，它将从海陆空等多种维度进行整合，包括在基础设施、科技、信息的整合，这就推动了各国经济发展和科技进步，以上所有人都能参与其中。

埃及位于亚、非、欧三大洲交汇之处，有着得天独厚的区位优势。埃及爱好和平，对所有的人都持欢迎态度。埃及也是非洲统一组织重要的创始国和成员国，积极支持非洲统一。埃及既是非洲国家也是亚洲国家，既濒临地中海也濒临红海，大约有 2000 公里海岸线，是非常重要的海陆通道，尼罗河、苏伊士运河让埃及拥有得天独厚的地位。与其他赤道国家相比，埃及气候宜人。埃及与很多非洲国家签署了自贸协定，是同非洲拓展贸易的很好窗口，我们期待埃及与中国的合作实现更加深入的发展，塞西总统对中国发展抱有非常大的期许。

谢谢大家！

四 助推务实合作

阿巴斯·纳斯鲁拉

黎巴嫩阿迈勒运动领导局成员

各位贵宾：

首先，我要感谢中华人民共和国、中国共产党邀请我参加这样一个盛会——以"共建'一带一路'：政党的参与和贡献"为主题的大会。我代表黎巴嫩阿迈勒运动领导局和黎巴嫩共产党、纳赛尔民主人士运动、叙利亚社会民族党、纳赛尔独立人士运动、伊斯兰行动阵线、联盟党、黎巴嫩民主党来发言。我要感谢所有参会的人，还要感谢阿迈勒运动领导局的各位领导，他们委托我带来了热情洋溢的信件，带来了给中共十九大的贺信。这次会议是成功的大会，规模之大，实属首次，且组织得井井有条，赢得阿拉伯世界的高度赞扬。大部分阿拉伯国家皆派代表出席。

在任何国家，党派都是社会的先锋，引领社会政治生活的方向，并帮助制定宪法。政党应该是社会的先锋。昨天听到了习近平总书记鼓舞人心的讲话，他谈到了关于未来规划的一种构想，涉及了所有领域，我们支持习近平总书记的建议和构想，希望它们从"一带一路"开始，最终能够建成人民幸福安康的一个世界。

几千年来，黎巴嫩一直是"一带一路"沿线国家。有很多人关注黎巴嫩，很多列强曾占领过黎巴嫩。因为黎巴嫩处于地中海边缘，在欧洲、亚洲、非洲的交界处，同时也是西亚的一个重镇。黎巴嫩和中国的合作涉及多个领域，黎巴嫩处于"一带一路"的地理位置上，可以进行基础设施的合作，尤其是对大宗物资的转移和运输的投资，可以修建铁路，为两国物资的流动铺平道路。最重要的一个因素，二十世纪东西德统一之后，这样一个铁路带来了人民之间的民心联通。现在，中国对黎巴嫩而言是非常远的国家，就是由于交通不太方便。我们需要更加便利的交通设施，比如说铁路。丝绸之路的建立真的把不同国家、天各一方的人民从民心上联系在一起，增强了他们的合作。

同时，两国还可以在信息领域、旅游、工业、制造业等方面进行合作。我们说这样一条合作道路需要更多的帮助，需要道路建设各方提供基础性的支持。由于西方列强的介入及其对犹太复国主义的支持，阿拉伯世界一直生活在动荡的背景下。中国的外交政策非常温和，基于不干涉别国内政的基础上，这就给我们带来了非常广阔的空间，但同时也给西方世界留下了更多空间来制造困难、制造矛盾。我们希望中国加大支持阿拉伯世界的力度，让他们免予遭受西方国家的侵略，因为这是我们的权利，阿拉伯世界是人民的，而不是一种挑战。建立一个安定、安全的世界，也是"一带一路"背景的要求。从叙利亚到伊拉克都是这样。没有安宁、没有稳定，就没有发展。再次感谢中国共产党、感谢中华人民共和国对我们的盛情款待。希望它能够取得更多成就，在建立一个和谐、稳定、共同体的世界上走得更远。

谢谢各位！

瑞维斯·泽尔蒂斯特

拉脱维亚民族联盟——"一切为了拉脱维亚及祖国自由联盟"党总书记

尊敬的各位来宾，女士们、先生们：

"一带一路"倡议是最有雄心壮志的倡议，很多政党、国家积极参与，这让我们知道，那些有雄心壮志的人往往能成为领导者，再加上经济因素，往往他们可以改变世界。和欧盟经济现在的停滞增长相比，我们知道"一带一路"的目标有多高远。英国脱欧之后，欧盟就停止了接受新的成员。欧盟曾经也用一些诱饵，以对基础设施投资为诱饵，来团结这一片曾经被碎片化的欧陆大陆，但是现在欧盟的碎片化重新回到了世界舞台上，因为欧盟更多是用惩罚方式，而不是利益引导。这种带有惩罚性的措施其中一个体现，就是对"一带一路"倡议的怀疑，以及对中国对欧投资的怀疑。在未来，我们认为很有必要的是，我们要实现双速欧洲，欧盟已经有很多的危机，但对于欧洲的国家政党来说也有很多能团结和凝聚的因素。很多时候经常是政治意愿能够帮助我们创立一些机制、基础设施以及其他政治团结的因素。与此同时，这种团结也可以通过我们一起合作，来创建这种基础设施以及其他超越国家的项目，以实现这一目标。

利益引导型的政策可以再次创造政治上的合作，我建议中国应该更多地看到和16个中东欧国家合作的机遇可能性，而且是在"一带一路"框架下。我认为这比欧盟能够给我们提供的东西还要多，所以非常有意义，我们需要连接这个区域南北的基础设施，它也能够惠及中国，因为中东欧地区的人民受教育程度很高，他们很有创新意识。我们有很好的环境、很好的法治，适于长期合作。

谢谢。

福井照
日本自民党国际部长

各位嘉宾，女士们、先生们：

我是日本自由民主党国际部长福井照，首先请允许我代表日本执政党，对日前中共十九大的成功召开表示由衷的祝贺，同时也对本次中国共产党与世界政党高层对话会的成功举办表示祝贺。能够在这里发言我感到非常荣幸，"一带一路"的构想是由习近平主席倡导提出的，在很短的时间内，各领域相关合作迅速展开，受到了世界各国的高度关注。

今年5月，中方在北京举办了"一带一路"国际合作高峰论坛，自民党干事长二阶俊博应邀出席，当时我也陪同他参加了这次论坛。今年8月，中联部宋涛部长应邀访问日本，出席日中执政党交流机制第六次会议，双方围绕日中互惠合作及"一带一路"合作等进行了深入探讨和坦诚交流。我们认为，"一带一路"构想横跨东方和西方，具有连接不同国家和地区的潜能。日本安倍首相在出席今年6月5日日本经济新闻社举办的"亚洲的未来"国际交流会议欢迎晚宴上也曾表示，期待"一带一路"建设在充分吸纳开放性、透明性、经济性以及财政健全性等国际社会共同观点的基础上，为地区和世界的和平与繁荣做出贡献，并表示如果条件成熟，日本也愿同中方开展合作。

在这里我想谈一谈我个人的一些看法。我认为，连接不同区域、构筑各国之间的互惠关系是"一带一路"倡议的理念之一。日中两国也应该在各个领域积极开展互惠合作。特别是在第三方开展日中合作也是很有必要的。但是我们的合作领域不应该局限于基础设施，比如还可以开展观光旅游业的合作，通过到日本旅游，可以看一看、听一听、感受一下原汁原味的日本，我想这是最有效的促进相互理解的方式，也可以说是促进民心相通。此外还有防灾减灾领域的互惠合作，日本和中国都是自然灾害多发国家，吸取过去自然灾害的教训，防患于未然，积极开展防灾减灾合作是非常重要的，也是必要的。

在此我想介绍一个具体项目。2015 年 12 月，在日本的倡议和世界各国的支持下，联合国大会通过决议，把每年 11 月 5 日定为"世界海啸日"。去年开始，日本举办了"世界海啸日·高中生峰会"。邀请世界各国的高中生到日本学习旅行，就海啸的预防展开讨论，设定课题，交流探讨各国应对措施。今年 11 月，来自世界 26 个国家的约 150 名高中生齐聚日本，在冲绳举办了预防海啸的高中生峰会，我们希望借此活动，让高中生这样肩负各国未来的年轻一代认识到生命的宝贵，提高防灾减灾意识，并希望他们回国以后影响身边的人。我们希望从明年开始高中生峰会能够在拥有共同理念的国家举行，我们也希望这一"感动的互联互通"能够传遍全世界，因为年轻人对于防灾减灾合作的交流能够带给更多人心的感动。

我想，包括"一带一路"合作在内，日中两国有很多可以共同合作的领域。今后也愿同中方不断加深共识。最后，预祝这次对话会取得圆满成功！

谢谢！

扎尔科·奥布拉多维奇

塞尔维亚社会党副主席、议会外事委员会主席

各位嘉宾，各位同事，各位朋友：

首先祝贺中国共产党成功举办第十九大次全国代表大会，成功举办中国共产党与世界政党高层对话会。中国高度重视"一带一路"倡议并积极予以推动。塞尔维亚社会党同中国共产党友好交往历史悠久。发展对华关系是塞尔维亚外交政策的优先方向，塞中两国建立了全面战略伙伴关系。塞尔维亚总统和总理多次访华，今年 3 月尼科利奇总统访华，5 月总理、当选总统武契奇来华出席"一带一路"国际合作高峰论坛。塞尔维亚与中国签署了多项合作协议，积极参与共建"一带一路"，2014 年塞尔维亚承办了"16 + 1"领导人会晤。塞尔维亚也是"16 + 1"合作的积极参与者。依托这一平台，塞中大项目合作稳步推进，比如在建的匈塞铁路项目。在能源领域我们将合作建设一个新的热电厂，它不仅能为塞尔维亚同样还将为周边国家供应电力。中国公司在塞尔维亚修建的跨多瑙河大桥，是中国在欧洲承建的第一座大桥，也是"一带一路"建设的重要项目。上述项目仅是两国合作的开端，塞中合作前景广阔。

中共中央总书记习近平在昨天的演讲中多次提及我们还有很多事情要做。塞中双方在加强政府、党际合作方面大有作为，我们要共同建设一个更加美好的未来，共同构建人类命运共同体。

谢谢！

何国忠

马来西亚华人公会副总会长、马六甲港务局主席

各位下午好！

我代表的马华公会是马来西亚最大的华人政党，也是执政联盟中的重要成员，领导多元族群共同建立了马来西亚，参与了马来西亚建设发展的全过程。马华公会和马来西亚政府率先支持"一带一路"倡议。马来西亚也是"一带一路"合作早期收获成果丰硕的国家之一。2017 年，马中双边贸易总

额有望突破 1500 亿美元，我党总会长、马来西亚政府交通部长 2013 年底接任党魁后，设立了马华对华事务委员会，并在 2014 年 7 月与中共中央对外联络部签署两党交流合作备忘录，推动了两国"一带一路"有关合作。

在过去三年多的时间里，马华公会与中共中央对外联络部展开了多次交流对话，达成多项合作共识。马华公会举办"一带一路"马中工商界对话会，成立马华"一带一路"中心，并与全马 46 个华人社团于 2016 年 12 月 12 日联合发表了《马来西亚华社"一带一路"宣言》，全力支持马参与"一带一路"建设。马来西亚和马华公会是全球最先推动民间团体支持"一带一路"倡议的国家和政党。今年 6 月，马华公会在西马北部设立了槟城"一带一路"中心。2017 年 11 月 27 日，马华公会在西马南部柔佛州与当地九大华人社团首创新山"一带一路"中心。2017 年初，在中国发布"一带一路"文化发展行动计划后不久，马华公会即联合国内文化艺术团体启动"一带一路"马中文化艺术年活动，为两国文化艺术交流搭建平台。

在教育方面，马华公会积极推动下属两所大学和其他院校致力于"一带一路"倡议的研究与推广。文化教育是马中两国在"一带一路"框架下进行交流与合作的重点领域，最显著的例子就是马华公会推动中国厦门大学在马来西亚设立分校。厦门大学马来西亚分校于 2016 年正式开课，标志着马中文化交流进入新阶段，也成为"一带一路"框架下马中学术交流与合作的典范。

"一带一路"倡议秉持共商共建共享原则，但也需要有人积极倡导、推动。在马来西亚，马华公会作为华人执政党，必将负起领导作用，带领国人抓住"一带一路"历史契机，推动马中两国各领域合作深入发展，更好造福两国人民。

谢谢各位！

张燕生

中国国际经济交流中心首席研究员

各位嘉宾，今天共有 20 多位代表发言，我在此做三点总结：

第一，今天下午的讨论，我们首先讨论了共建"一带一路"：我们政党参与和贡献。关于这个问题，代表们主要讨论了三个问题：1、要加强政策沟通。主要包括战略对接、政策对接、规划对接。2、要加强民心相通。我们的政党、领袖、政治家，在"一带一路"建设合作中要为人民谋幸福，要为民族谋振兴，要为国家参与谋共赢。3、政党的角色，政党是社会的先锋，要引领时代的发展。因此政党和政治家要有历史责任，要有政治信念，要有合作行动，也就是我们要共同推动"一带一路"的合作，要取得多赢的结果。

第二，总结代表们的发言：1、提出"一带一路"的合作是公共产品，因此要在"一带一路"的合作中推动开放、安全、合作、包容。2、提出"一带一路"是我们共同的事业，是世界上最大的经济合作项目，众人拾柴才能火焰高。3、提出这是我们共同的使命，尤其是李军副部长就"一带一路"合作的共同使命提了四点建议。4、提出"一带一路"是我们合作的桥梁。将推进中国和新西兰、中国和欧洲、中国和非洲、中国和亚洲之间共商共建共享的沟通桥梁。5、提出"一带一路"有广泛的合作领域，包括港口、铁路、公路、农业、科技、观光、旅游、救灾、扶贫、青年等等。6、提出很多建议，比如苏丹埃里马姆先生提出了四条建议，蒙古国苏赫巴特尔先生也提出了多条建议。

第三，代表们进行了提问和讨论，我也总结为三点：1、地缘政治、地缘冲突、地缘问题，说明我们这个世界不太平。因此，需要政党加强对话、交流与合作，来促进政治家更努力地减少世界的分歧和冲突。2、讨论涉及西亚、伊朗、巴西、日本，以及我们与会的所在国，如何参与和把握"一带一路"的机会。3、提出在当前逆全球化、保护主义、民粹主义抬头的情况下，更需要加强"一带一路"框架下的合作，这是我们各国政治家责无旁贷的责任。

最后，与会代表都对中联部、中国共产党举办此次高层对话会表示感谢，对来自世界各国的嘉宾表示感谢。

谢谢大家！

引领构建人类命运共同体：
政党的角色和责任

罗马诺·普罗迪

意大利前总理、欧洲委员会前主席

各位嘉宾，女士们、先生们：

我很荣幸能够在这一重要场合发言。我接下来会花几分钟的时间讲一讲政党在西方世界的重要作用，或者说在欧洲的重要作用。首先，我想要从我们的共同认识开始讲起，就是没有任何的政治是独立于政党存在的，在世界上任何地方，政党都是政治的基础。在我们国家的宪法当中，政党是政策或上层建筑的基石，我想在所有国家都是如此，不仅仅是在主权国家，甚至在欧盟，政党也是我们欧盟政治的基础，他们享有议会内和议会外的权利。他们构建了最基本的原则，在西方民主中，国家形态会有所不同，民主形式也有所差别。在美国，政党主要是一种工具，如提名候选人、组织竞选活动，他们很有影响力，影响到政治决策，但是他们却没有一个强有力的决策机构，也没有强有力的地方基层组织，他们的功能主要是竞选机器，这和欧洲的传统很不一样。欧洲政党有着很强的组织性，对党员有很强的约束性，政党具有官僚属性，同时内部竞争激烈，如在提名候选人方面。

政党在地方选举或全国大选中发挥着重要作用。在欧洲各国，通常有两个主要政党，意识形态不同，因此他们的执政理念、选民基础也不相同，主要分为保守主义政党、改良主义政党。保守主义政党致力于捍卫社会的传统价值，支持自由市场，主张最大程度地削减国家的作用。同时主张严格的预算政策，维护福利体系。改良主义政党主要是主张平等和社会公正，他们是社会的黏合剂，在政治生活中发挥着重要作用。他们在市场经济中，也有一席之地。

　　以上我简单讲了讲两大主流政党的区别。十年前情况相对简单，选民通常会支持某一主流政党。但十年来情况发生了很大变化，首先是社会的变化，社会变得越来越多元化，政党难以承受这样的后果，他们很难适应这种多样性，因为每个人都有不同的需求，有不同的目标，因此新兴政党纷纷涌现出来。在这些新兴政党中，有些"绿党"有非常明确的纲领，也有一些政党则选择更加的多元，有些党中有极左的，也有极右的，如在西班牙、意大利等国家都是如此，他们的差异如此之大，甚至和政党的基本出发点背道而驰。还有另外一个变化，如在法国、希腊、意大利等国，有一些抗议型政党，他们的纲领是批判性的，他们认为自己不属于建制派，站在其他政党的对立面。有的政党提出了要进行公投，认为自己不属于主流政党，他们对是非对错的评判标准与从前意识形态的标准是不一样的。

　　传统政党也发生了一些变化，他们难以适应新媒体的冲击，为了适应社会的多元化，他们也变得越来越多元化，新的争论已超越政党边界，或者说已经不受媒体和政党的控制了。社会发生了巨大变化，社会架构出现调整变化，政党的基础被削弱了，党内选举制度也发生了变化，在欧洲很多国家，包括德国除了传统型的或者改革型的政党，也出现一些革命性的政党。德国反映了欧洲国家普遍的状态。我们都面临巨大的挑战，传统的政党形式可能已经很难适应时代的变化。他们难以让政府有效地执政，只得由五至六个政党组成执政联盟，这是很没有必要的，在过去一年中荷兰就是如此，由联合政府执政，德国的大选也正在讨论组建联合政府的问题，所以现在的政治也发生了变化。

　　出现了选举型政党，他们不再有一个明确的纲领，而是更加强调自身的能力，强调把自己的意识形态转化成现实行动。但在当前这样复杂的形势下，这种做法越来越难。在我分析看来，现在各个政党需要加强自身力量建设，把民众重新组织起来，重新构建他们意识形态的基础，重新思考选举制度。刚刚王亚军部长助理也讲到，政党仍然是各国政府制定政策的基础，我们现在面临的历史阶段要求我们重建政党，使之适应社会的变化，成为民主的重要力量。

　　谢谢。

赵志敏

中共中央政策研究室国际研究局局长

尊敬的李校长、各位朋友、各位同事：

很高兴有这个机会就构建人类命运共同体问题同大家进行交流。构建人类命运共同体是中国共产党对当今世界的核心主张，习近平总书记在联合国纽约总部和日内瓦办事处的两次演讲，和党的十九大报告以及昨天的开幕式上，对什么是人类命运共同体、如何构建人类命运共同体都作出了很详细的阐述，在这里我简要讲一下对为什么中国共产党要提出人类命运共同体主张的理解。

人类命运共同体这一主张不是凭空来的，有四个最基本的基础：

第一，这一主张符合当今时代潮流和各国人民共同心愿、符合全人类的利益。在过去的一个世纪里，人类先后经历了两次世界大战和近半个世纪的冷战，有血的教训和惨痛代价。冷战结束以后，经济全球化、社会信息化深入发展，使人类前所未有地形成了相互依存的关系，地球变得越来越小。这两方面都提出，人类不能再走对抗的、冲突的老路，同时人类之间的利益紧密联系在一起。人类面临的一系列共同的难题需要共同解决，只有构建人类命运共同体才符合人类共同利益，才是世界各国人民的共同心愿，才顺应和平发展合作共赢的时代潮流。这是第一条理由。

第二，构建人类命运共同体符合中国自身利益，是中国基于自身利益作出的战略选择。大家都知道，中国在这 100 多年时间里先后经历过非常黑暗、非常痛苦的阶段，中国人民经过不懈的探索和奋斗，找到了今天的发展道路。中国人民非常珍惜今天和平稳定的发展局面，也希望各国人民都能够不经受中国人民曾经经历过的那些痛苦，也都能够和平稳定地发展。走和平发展道路，坚持互利共赢的开放战略，打开国门搞建设，建设开放型世界经济，把中国的发展作为世界各国发展的机会，在大家共同发展中发展中国，这是符合中国利益的战略选择，不是权宜之计，是长远的、全局的、根本的、战略性的。所以，这些是毫不动摇的。

第三，构建人类命运共同体基于中华文化基因。中国人历来讲究中庸、和谐、不争、求同存异、以和为贵，中华民族几千年的理想社会就是四海一家、天下大同。两千多年前孟子就说过，穷则独善其身、达则兼济天下，就是说没有力量的时候照顾好自己，有条件的时候要帮助别人，这是根植在中国人的基因里的。中国历史上也有过分分合合、战乱纷争，但是每当天下稳定、王朝鼎盛的时候，中国人都是讲求王道，讲求怀柔，讲求仁政，追求亲仁善邻、讲信修睦、和谐万邦，这些基因都深深融入在中华民族的血脉之中，体现在当今中国共产党的对外政策的世界主张之中。在中国迈向复兴的今天，有一些人提出来所谓"修昔底德陷阱"、"金德尔伯格陷阱"，面对这些担忧和疑问，中国倡导和践行互尊互信，推动构建相互尊重、公平正义、合作共赢的新型国际关系，推动构建人类命运共同体，为落实这些倡议和推动"一带一路"国际合作，这些都是从中华文明几千年延绵过来的，同中华文明精髓一脉相承。

第四，构建人类命运共同体符合中国共产党的性质和使命。习近平总书记在中共十九大报告中强调，中国共产党是为中国人民谋幸福的政党，也是为人类进步事业而奋斗的政党，中国共产党始终把为人类作出新的更大的贡献作为自己的使命。我们是这么说的，也一贯是这么做的。在国内，中国共产党带领中国人民为现代化而奋斗，要实现中国梦；在国际上，就是要推动构建人类命运共同体，为全人类的福祉而奋斗。在中国共产党的每一个奋斗阶段，每一个时期的政策中，也都体现着这样的精神，中国共产党在奋斗历程中也都得到了国际进步力量的支持和帮助。在中国还比较困难的时候，中国能够帮助非洲修建坦赞铁路，在中国有条件做更多事情的今天，中国共产党也不会忘记自己的使命，会更好履行自己的使命。我们现在提出来的一系列主张，所做的一切工作，都是在履行这样的使命。

刚才普罗迪先生讲到欧洲的一些情况，当今世界确实处在深刻复杂的变化之中，这种变化不只是国际范围内国与国力量对比的变化，而且是很多国家国内的一些情况，包括政治思潮、政治图谱、政治结构在发生一些重大变化，越是在这样的重大变化中越需要正能量。我相信，构建人类命运共同体、树立命运共同体意识就是这样的正能量，不管对国际还是对国内，都是有效的。

谢谢。

让－皮埃尔·拉法兰

法国展望与创新基金会主席、法国前总理

女士们、先生们，大家好！

我不会说中文，我的中文和我的英文一样糟糕，都是马马虎虎，很抱歉我不能待到这个会议的最后，我有别的活动要提前离开。我会试图总结一下，王亚军部长助理和普罗迪前总理说到的内容，是关于引领构建人类命运共同体的重要性，同时我们也要关注人类的多样性，昨天我们在人民大会堂看到一个展品有两个翅膀，一个翅膀象征着多样性，另外一个翅膀象征着共同性。

关注多样性，其实也是政党的职责。我们看到美国、欧洲、非洲、中国，随便举一个例子，我们谈论如何管理这个国家，政党和政府的关系，在我的国家法国，政府的职员希望能够独立出来而不受政党的管理，这些运动也成为法国历史上重要的时刻。今天我们说到人类命运共同体，实际也需要两个翅膀、两个支柱，需要合作以及多样性。

合作有四个方面，亲爱的中国朋友们，中国人喜欢用数字，在政党方面，我们需要代表人民的利益，有多种多样的代表人民的方式。昂山素季女士昨天说到，我们可以用不同方式代表人民，即便是在民主法治之内，在法国、以色列的民主制度之间有很多不同点，代表人民的方式也可以有很多，确定目标也可以带来很多的多样性。昨天有人发言时说到，我们要想到保留哪些东西，去除哪些东西，增加哪些东西，这些也是多样性，接下来还需要采取行动，积极地进行行动，最后还有要充分尊重力量的多样性，有各种力量。刚刚说到这四点，在政党来看要抓住它的精髓，更为重要的是，这四种多样性对应的合作，也是我想在会议上强调的。我们每一个人能够在这样的会议上得到什么样的启发？我们在这四个领域首先是视野。政治是什么？政治家是要有一个蓝图的，我们要定一个高的目标，然后实现。

在这样的指导下，我们才会有发展的动力。昨天习近平总书记也说到，世界就像一个大家庭。我们大家想一想这句话，这是很重要的一点。要处理好和平与发展之间的关系，并通过每个人之间的合作实现共享。怎

么样能够通过实现发展来实现和平，通过保证和平来实现发展，这是值得深思的问题，只有这样才能共同地分享一个共同的世界。我们认为世界是一个共同的家庭，就像习近平总书记昨天说到的，我们要分享这样的视野。第二点我们要分享的是经验。我们今天早上说了很多关于创新的问题，在中共十九大报告中提到了59次创新这个词。大家现在看到了很多变化，经济、能源等等都在变化当中。在每一个国家，在世界的各个角落，大家在不断创新，在非洲、在北美，一切都在变化。我们要分享各自的经验，比如说在智慧城市方面，在健康和其他的发展领域。我们还需要尊重彼此的文化，我们都有自己的文明和文化，不能够以自我为中心，而要彼此尊重。作为政党，作为社会当中的一个中流砥柱，必须分享彼此的文化。

最后要分享一些项目，比如"一带一路"这样的倡议，这是我们可以共同分享的。这是中国提出的，而对于法国和其他的国家，我们也能够来分享，现在法国的空客以及法国布列坦尼大区的核技术也可以和其他国家合作，来分享一些项目。总的来说是分享我们的远见、经验、项目、文化，这样世界才能成为一个大家庭，才能远离战争。

谢谢。

格莱斯·霍夫曼
巴西劳工党主席

女士们、先生们：

各位下午好！

首先，我很荣幸参加这次高层对话会，探讨构建人类命运共同体问题。感谢中联部热情周到的接待。习近平总书记在中共十九大所作的报告使我们深受鼓舞，报告中明确指出了要坚决打赢脱贫攻坚战，实现农村贫困人口全面脱贫，并且列出了明确的时间表。同时报告还提出了多项发展规划，包括"一带一路"倡议和与世界各国发展友好关系。中共十九大报告强调了中国共产党在各项发展事业中的核心作用。我们认为，左翼政党的作用正是推动人与人之间的平等，因为在全球社会极不平等的今天，各个国家应该积极促进发展，创造机遇，推进平等。在卢拉和罗塞芙执政期间，巴西积极寻求发展进步，提高人民生活水平，为实现可持续发展创造良好的政治经济环境。

通过一系列社会计划，我们使 3600 万巴西人摆脱了极端贫困，在 12 年间创造了 2000 万个就业机会，最低工资实际增长 80%。这是一项史无前例的成就。我们应该建设包容性发展的社会，并和周边国家积极推进一体化进程，积极融入国际社会。为此，我们积极建设南方共同市场，加入南美国家联盟、拉美和加勒比国家共同体。我们积极建设金砖合作机制，在二十国集团等多边机制中积极发声。此外我们还积极推动和非洲国家的关系，捍卫多边主义，呼吁和平解决冲突。

在构建人类命运共同体思想指引下，世界各国政党应该聚集在一起共同建设公平正义的社会。如果不携手应对饥饿、难民、贸易壁垒等问题，暴力将摧毁良政，战乱将终止对话。可持续发展与社会凝聚力，与建设公正和谐的国际社会紧密相连，全球左翼政党需要切实履行职责，使得各国人民平等发展。左翼政党应该推动人民享有平等和自身权利，避免社会倒退。在这一背景下，我们高度赞赏中国共产党发起此次高层对话会，这有利于我们更好地了解全球局势，创造和合理分配财富，实现可持续发展和社会平等，为推进世界和平、人民和国家之间和谐共处发挥积极作用。巴西劳工党支持中方发起的政党对话会机制化，我们愿为此作出贡献。

非常感谢。

津塔乌塔斯·帕卢茨卡斯
立陶宛社会民主党主席

各位同事，女士们、先生们：

大家好！

各位朋友，有些人认为欧洲的政治体系是由两样东西保障的，它们在社会是有深厚根基的，一个是保守型的，一个是改革型的，但是可能现在并不是这样了。现在这是个问题。我们现在发现，在德国没有可以选择的对象，不论是左派还是右派，不管是基督教民盟还是其他各个政党等等，他们都变得越来越相似。为什么会这样？我想这是一种新自由主义的影响，新自由主义在各个政党当中都找到了立足之地。我们看到整个政治体系的不稳定。在欧洲地区，我们观察到激进主义，以及极右势力的兴起。我可以以立陶宛来举例，我们是欧盟的一员，27 年前获得了独立，脱离了苏联。在过去 27 年当中，我们一直都是这样的情况，要么是民族家园党执政，要么是社民党执政，要么是轮流执政，或者是组建联合政府，但是现在已经不是这个情况了。在 2016 年，我们社民党输掉了大选。有一个另外的政党赢得了大选，他们不把自己称为政党。因为现在政党已经不受人欢迎了。我们在欧洲已经发现了这个趋势，很多欧洲的政党让位于国民运动，这些国民运动会组成自己的组织，在英国、其他国家很多都是这样。

为了让政党重新回到群众当中，我们需要找到一种方式来和基层进行互动。我们需要和新一代进行互动，和年轻人、和新移民的一代人进行互动，他们在社交媒体非常活跃，传统的政党现在正在逐渐消退，他们很难适应新的科技的进步，他们很难根据新的时代精神来安排政党的活动，所以我们有一些很重要的问题需要解决，让政党重新获得公众的信任，不论是在欧盟还是西欧，都是如此。如果我们要构建人类命运共同体，这是左翼政党的责任。因为我认为至少在欧盟内部右翼或者民主主义政党没有共同的未来，他们是有自己版本的未来的。所以，为了有一种共同的愿景，我们必须要有一个更强大的、更广阔的左翼政党联盟。我希望我们能够获得成功。

谢谢。

阿披实·维乍集瓦
泰国民主党主席、前总理

各位代表，女士们、先生们：

很高兴应中国共产党邀请参加本次对话会并发言，鉴于泰国过去十年所面临的政治冲突，人们总会想，如何能让很难妥协的各个政党坐在一个屋子里交流。这要归功于富有智慧和远见的中国共产党，让我们知道无论实行何种政治体制，秉持何种意识形态和政治原则，我们都有一个共同的使命和目标，这就是服务民众。

作为政党，我们需要这样的交流平台，以更好制定和执行政策，实现人民的愿景。这次对话会的主题也让我们意识到，无论我们来自哪里，我们的人民都有着共同的愿景，这就是希望实现和平与繁荣。实现这一目标是所有政党都面临的挑战。普罗迪先生说得非常好：我们所处的时代，政党政治正在衰落。由于经济发展不平衡，民众感到没有充分享受发展的红利，同时我们还面临着传统安全威胁和恐怖主义等非传统安全挑战，面临环境恶化、发展方式不可持续、民粹主义、极端主义问题等。在此背景下，政党应发挥更大作用。

在我们对话前，必须先审视自己是否能始终获得民众的信任。我们不能自满，因为不少民众认为我们是高高在上的精英阶层，容易脱离群众。这不利于我们开展工作。

我们现在面临以下任务：一是重视人民的关切。我们的政治对话要面向基层，面向民众，切实为人民群众解决困难。人民厌倦了没有意义的政治辩论，认为这些和他们的生活没有任何关系。二是赢得信任。我们必须证明，政党领导人和党员是人民公仆。我们需推进政务公开，远离腐败，永远将人民利益置于首位，甚至不惜做出自我牺牲，以满足人民需求。三是要制定解决问题的具体方案。作为政党，我们不能只关注意识形态问题，而应通过彼此交流，提出具体方案，解决各种实际问题。我们还应调动民众参与的积极性，以更好完成我们的使命。

我要强调的是：第一，我们正处在一个很多问题一国没有办法独立解决的时代，我们需要出台地区性甚至是全球性解决方案。政党必须要适应这种新情况。比如针对全球化时代各国发展不平衡问题，我们需要弄清楚市场体制机制失灵的原因，以及怎样通过国际合作加以解决。我们不应再向民众兜售民族主义，或者固执坚持一国或民族独善其身。第二，找到一个互利共赢的解决方案，让各国都能从全球化中受益。因此现在举办本次对话会，推进各自政党改革恰逢其时。

谢谢。

索尼拉·恰托

阿尔巴尼亚社会党全国大会成员、国务部长

女士们、先生们，各位朋友：

我非常荣幸能够代表阿尔巴尼亚社会党和政府参加这次高层对话，同各位一道探讨如何构建人类命运共同体。中国和阿尔巴尼亚的友好关系一直是两国合作的坚实基础。在过去几十年当中，我们两国保持良好合作，为两国人民带来了实实在在的利益。双方合作取得积极进展，越来越多的中国公司赴阿尔巴尼亚投资兴业，感谢中国政府支持这些企业参与阿尔巴尼亚各领域建设。

阿尔巴尼亚政府愿意进一步加强两国合作。2016–2017年，有不少阿尔巴尼亚高级别政治家和政府官员访问了中国。当前，中国是一个经济大国，并且在国际社会中扮演着重要角色。毫无疑问，政党应该在构建人类命运共同体中发挥引领作用。中国提出的"一带一路"倡议致力于加强互联互通，加强中国在欠发达国家的投资，这也体现了中国构建人类命运共同体的理念。

阿尔巴尼亚认为，"一带一路"倡议为世界各国加强互利合作创造了历史机遇，特别是加强同中国的合作。阿尔巴尼亚将积极参与共建"一带一路"，支持发展稳定繁荣和睦的国家关系。近年来，阿尔巴尼亚经济取得长足进步，政府积极推进财政改革，为经济发展扫清障碍，大力吸引外国投资，通货膨胀保持稳定。地区国家开启欧洲一体化进程以来，睦邻合作持续加强，柏林进程进一步推进了西巴尔干国家之间的互利合作。巴尔干地区基础设施现代化水平的提升，不仅对于地区经济发展非常重要，而且还将大幅缩减中国和西欧之间的贸易通道距离，减少贸易成本，特别是它会促进阿尔巴尼亚的转型，强化其欧洲市场门户地位。阿尔巴尼亚政府支持西巴尔干地区的一体化，支持建立统一的地区市场，促进经济可持续增长和扩大就业。

欧盟委员会2017年10月在萨拉热窝召开的西巴尔干峰会上也表达了支持该地区一体化建设的观点。这也将助力巴尔干国家和中国在"一带一路"框架下的合作。作为阿尔巴尼亚国务部长，我认为，阿尔巴尼亚的经

济发展是地区和全球经济发展的重要推动力量之一。我们有责任进一步加强国际和地区合作，通过基础设施互联互通、产能合作、智库交流，密切各领域互利合作。阿尔巴尼亚一贯支持建立一个更开放的国际关系，这种国际关系的构建需要加强各国之间的互联互通。

谢谢大家。

阿文德·库马尔·施里瓦斯塔瓦
印共全国理事会成员

女士们、先生们：

我们党总书记今天不能亲自来参加会议，由我代表他发言。

各位同志，我谨代表印度共产党，对受邀参加高层对话会表示感谢，预祝此次对话会取得圆满成功。印度共产党祝贺中共十九大成功召开。中国共产党第十九次全国代表大会得到全世界关注，中国媒体的每一句话，尤其是关于中国共产党的报道，都受到全世界的媒体的密切关注。我们党也非常关注中共十九大召开的情况及作出的决策。我们认为，中国共产党建设中国特色社会主义的规划非常鼓舞人心。中共十九大为中国从现在到本世纪中叶制订了发展规划、发展蓝图，同时要与世界各国的政党一道共同构建美好世界。

共建美好世界的目标广受欢迎，也符合当今世界发展的需要。我们非常高兴地看到，中国现在进入了新的发展阶段。中共十八大以来这五年，中国发生了翻天覆地的变化，中国进入了经济中高速增长阶段，同时积极深化改革。中国共产党努力确保全面建成小康社会的胜利，建设中国特色社会主义。中共十九大指出，中国特色社会主义已经进入了一个新时代。非常令人振奋的是，中国也关注生态文明建设，致力于保护生态环境。现在世界面临巨大变化和许多危机，包括世界帝国主义引发的危机。新的技术飞速发展，生产力快速增长，人们的意识也在觉醒，拉美国家和印度、尼泊尔左翼政党正在努力推动进步力量的团结。在这些地方以及美国等地，我们看到了反帝国主义和民主意识的觉醒。

帝国主义正经历非常严重的危机，美帝国主义和全世界都有矛盾，威胁退出世界市场和区域协定，已经宣布退出《巴黎气候变化协定》，实行保护主义政策。美国总统特朗普和美国政府也存在矛盾，就连美国人民也反对他。美国在世界上每个角落制造紧张和武装冲突，世界反帝国主义运动飞速发展，欧洲一些国家的人民也反对美国政策。美国主导的全球化和新自由主义政策正面临危机，全世界的反帝国主义运动正在形成。人们反对金融资本和跨国公司，认为他们是剥削者。

在很多地方，右翼势力和新法西斯势力同样存在，99%和1%的对立是一个新口号。在印度，我们看到形势也是比较严峻的。三年前，印度新上台的政党，没有很好地继承印度自由运动的宝贵遗产，也未缓解印度社会教派和种姓冲突。对印度历史和传统的扭曲破坏了我们的基本文化。我们号召所有左翼势力团结起来，反对帝国主义，反对教派主义和反动主义。现在印度人民感到非常失望，尤其是在最近几个月，印度实行的货币改革以及商品和服务税改革，在中小企业阶层非常不受欢迎。失业率迅速上升。本届政府捍卫大资本家的利益，而印度共产党努力团结人民，反对右翼势力。我们相信我们能够通过共同努力建设人类命运共同体，建设更美好的世界，共同反对金融资本、大型跨国公司和右翼法西斯势力。如果能够团结一切反帝国主义的力量，我们将能够建设一个更加美好和更加宜居的世界。

谢谢。

王　帆

外交学院副院长

各位朋友：

大家下午好！

首先，我作为一名中国共产党党员，参加此次中国共产党与世界政党高层对话会，感到非常荣幸。这个对话会预示着一个重要的、新的历史时刻的到来。刚才有很多的政要都进行了发言，他们中的很多人都曾担任过总理、政府的高官，从他们的发言中我得到很多启发。围绕今天的话题，我想做一简单的点评：

第一，关于人类命运共同体。人类命运共同体是由中国共产党提出的，它是中国共产党人伟大目标的一种延续和发展。我们知道，在新中国刚刚建立的时候，毛泽东同志就曾经讲过，中国有 6 亿人口和 960 万平方公里土地，我们应当对人类做出较大贡献。改革开放时期，中国的总设计师邓小平先生也讲，中国再强大一些，人类的和平就更有保障一些。在新时代，中国共产党人提出人类命运共同体，也是要向世界宣示，中国将为人类发展和繁荣做出更大的贡献。为什么要推进命运共同体，首先，我觉得是中国世界观的一种体现。我们认为世界具有连续性和相关性，是一个不可分割的整体。人类发展到今天，最大的变化就是全球化和相互依存的不断发展。这两个因素联系在一起，无论我们愿意承认与否，国家间的关系已经与第二次世界大战时和冷战时期有很大不同了。

第二，人类命运共同体的概念符合经济全球化相互依存的国际现实。从经济上看，命运共同体就是利益共同体。从安全上看，命运共同体就是安全共同体。命运共同体是利益共同体和安全共同体的总和。从实现人类命运共同体的理论价值角度看，我觉得人类命运共同体是当今国际秩序观的一种最好体现。正是基于中国和其他国家一起倡导的和平共处五项原则精神的发展，这个原则体现了公平、正义、法治的价值观，回答了在充满差异的社会中，国家间不同利益的诉求下，国家间如何共存的问题。所以，命运共同体首先体现了一种东方智慧，这就是自我和他者的关系。在国家层面，就是一国的国家利益和人类利益相一致的问题。同时，命运共同体也强调责任和权利的互动、对等以及一致，强调共同的责任和义务，所以命运共同体特别突出一个"共"，共存、共融、共同发展、同舟共济。在推动命运共同体时要强调四个方面，一个是共同性，这个共同性有三个方面，一是共同的利益，二是针对共同的威胁，三是共同的责任。再就是互动性，要倡导良性互动。过去有一些大国很少考虑互动，强调单边性、单一性，中国主张的互动则强调平等与相互尊重。三是包容性，开放包容是中国所极力推进和倡导的重要外交理念。四是强调协调性，是要整个命运共同体的推进，强调各国在促进热点问题的解决，在针对共同利益方面，各国要加强团结协作。

政党在构建人类命运共同体过程中应该发挥很大作用，政党必须强而有力，才能有效推进各项事业的发展。当前国际社会出现的很多问题，许多是政党本身或执政党出现的问题。中国共产党的领导地位是中国历史的选择，中国人民的选择。中国共产党从最初创立就将人民利益放在首位。回顾历史，今天的中国与100年前相比可以说发生了翻天覆地的变化，其中一个最重要的原因就是中国共产党的诞生和壮大，并且长期领导中国的发展。当然，我们这个政党也需要不断完善与发展，从严治党，保持党的活力，而且始终不断学习。历史实践表明，这种学习是创造性的学习，而不是生搬硬套、死板教条。我们党一直在锐意创新，以保持党的生机。

中国共产党为什么坚持和平、推动构建人类命运共同体，因为我们懂得必须维护和发展人民的利益，不能背离人民的意愿，违反历史发展的潮流，必须同时为中国和世界谋利益，实现中国共产党的历史使命。我特别想提到的是，在中国共产党推动构建人类命运共同体的时候，不可能单打独斗，必须与各国、各国政党进行深入有效的合作，这正是我们召开此次高层对话会的深刻原因。

谢谢。

王义桅
中国人民大学国际事务研究所所长、国际关系学院教授

各位嘉宾：

大家好！

非常荣幸有机会向大家介绍我对这个问题的看法。

中国有句古话说："天下大势合久必分，分久必合"。今天的世界分的比较多，分当然有分的好处，分导致了竞争、创新，导致了民主等等，但是这个世界分的恶处也不断显示出来，刚才普罗迪先生谈到西方政治激化、政党碎片化，小党林立、小党平庸化，斗争过度、合作不够，所以我们再也分不动了，要合。怎么合？我觉得中国共产党为此提出了一个倡议，我理解就是在国内要以人民为中心，而不光以选民为中心，仅为选举服务。在国际上要以人类为基本思考单元，构建人类命运共

同体。

人类命运共同体概括为三个关键词，第一是个人类。我们发现当今世界各种不同文化、宗教、哲学，都有人类的关怀。不久前我在印度参观了泰戈尔博物馆。泰戈尔曾说，我们的世界就像一个鸟巢，我们共汇一个鸟巢，有这样的思维方式。人类命运共同体激活了各种文明、各种宗教、各种文化的最大公约数。

第二个是命运。在中文里面，命和运是两层意思，命强调安全、身份、认同，运是一种发展的态势。我们以前比较强调合作共赢，现在仅有合作共赢可能还不够，还要强调命运。共同体，我们集成了马克思主义关于自由人联合体，康德的共同体，也有西方的和其他文明的共同体思想。把人类命运共同体结合在一起，这是中国共产党的重大倡议，表明中国共产党带领中国进入了中国特色社会主义新时代。以前我们的社会主义是从苏联那里学来的，以阶级斗争、最终消灭资本主义制度为理想，今天我们现实的理想是各国的命运应该掌握在自己的手里，各国要走一条符合自身国情的发展道路，而人类命运共同体是中国特色社会主义进入新时代的重要指导理念。我们希望各国政党围绕这个理念展开充分讨论，共同分享，当然中国共产党在中国的领导地位是很好与中国的传统文化相结合，弘扬了天下大一统的传统，是社会历史和全体人民实践的选择。别国政党在历史背景和文化方面有所不同，我们并不强调大家都来照搬，而且有些东西是学不来的。我们主张各个政党之间通过对话，形成良好的政党伙伴关系，共同承担如下的重要责任。

第一是对历史负责任。中国有五千年历史文明，我们必须对悠久的中华文明负责任，各个国家也有自己的传统和历史，要避免轻易将自己的历史割断。英国举行公投，让英国脱欧了，将英国与欧洲的命运脱离，造成双输，是极不负责任的。

第二是对人民负责任。不能只顾一个选区、一个利益集团，要对整个国民，乃至全世界人民负责任，因为这个世界是相互依存的。

第三是对未来负责任。人类命运共同体强调我们只有一个家园，人类的生态环境非常脆弱，全球性问题挑战日益凸显，我们要对整个世界的未来负责任。

这三种责任合起来，就是各个政党间加强协商、推进人类命运共同体建设的重要出发点。

谢谢大家！

哈维尔·米兰达
乌拉圭广泛阵线主席

女士们、先生们：

非常高兴参加此次高层对话会。

人类社会的一项重要使命就是推动社会进步来实现人民最基本的权利。这是国家、政治和法律三者之所以存在的目的和理由。政党是一种工具和组织形式。通过政党，人们可以组成不同的集体来实施计划，并且最终实现自己的目标。政党在行动中代表了社会的利益诉求，同时也体现了社会的价值观，并以此来制定社会计划和政治方案。从这个意义上来说，政党不仅仅要倾听人民的声音，也要选择并且学会如何引领人民。现在，世界上很多人对政治失望，不参与公共事务。在很多西方国家出现治理问题，主要原因就是腐败。一些政治领袖背离了道德规范，丧失了政治公信力。面对这种情况，有什么样的替代方案？我们可以看到，强者通吃愈演愈烈，产生了更多的不平等和不公正。作为担负引领人民责任的政党，我们应当坚定行动，时刻警惕，在打击腐败和防止滥用权力的斗争中毫不妥协。

我们相信，构建人类命运共同体是更好的政治蓝图，需要我们做出更多承诺，成为更透明、更好地为人民服务的政党。每当想到"一带一路"建设的宏伟蓝图，我们就倍感激动。因为在"一带一路"建设中，我们所有人都可以参与进来，贡献我们的经验，共同为世界的发展贡献力量。政党还要担负起建设国际社会的责任，要超越国家、企业和个人私利。我们要更多地进行交流和对话，就像今天我们在这里举办这个活动一样，要提出未来的行动目标。乌拉圭广泛阵线是乌拉圭执政党，乌拉圭虽是小国，但我们愿贡献自己的绵薄之力。

谢谢。

近藤昭一
日本立宪民主党副党首、众议员

女士们、先生们、朋友们：

下午好！

我是日本立宪民主党副党首近藤昭一，请多多关照。

我到北京留过一年半的学，学过中文。不过很遗憾，都还给老师了。立宪民主党是在两个月前的 10 月份刚刚成立的新政党，但是我进入政界已经是第 21 年了，这次亲自参与了立宪民主党的成立，也在随后的大选中再次当选为众议院议员。虽然立宪民主党刚刚成立，但是我们能够受到中国共产党和中联部的邀请参加这样一个盛大的对话会，深感荣幸，也深表感谢。

我曾经在中国留过学，对于日中两国的友好交流充满兴趣。日本现在有很多超党派议员联盟，如最大的"日中友好议员联盟"，成员来自自民党、公明党、立宪民主党等各主要政党，这是日本政界非常重视日中关系的表现。我在日中友好议员联盟任干事长。作为一个新生的党，今后我们愿同更多的中国朋友一道进一步推动日中关系向前发展。

接下来我谈谈对政党作用的看法。各国政党都在国会中进行各种各样的讨论，我们常说，作为政治家必须倾听民意并将它反映到国会中。但遗憾的是，作为一个在野党，虽然非常想把普通民众的民意反映到国会中，我们也深感有这样的责任，但效果总是不尽如人意。这次我们受中国共产党邀请，出席这个世界各国主要政党参加的对话会并和大家交换意见，意义十分重大。我们认为，构建人类命运共同体是人类共同的目标。日本和中国，或者说日本同亚洲各国的关系，经常受到历史问题的干扰，我对此感到非常遗憾。围绕历史问题，日本与包括中国在内的地区各国都产生了不少摩擦。我的父亲没有参加过战争，但我小时候经常听他说起自己的同学曾作为一个义务兵奔赴战场。此外，为了制造飞机、坦克、枪炮，很多学生被动员到兵工厂工作，我父亲也是其中一员。我的家乡在日本东京和大阪之间，叫作名古屋，战争期间也遭受了空袭。我父亲的同学中，也有人因此身亡。我从小就常听我父亲说，战争绝不应再次发生。

我们认为，正视历史、超越历史非常重要。在超越历史的基础上，构建起人类命运共同体具有非常重要的意义。此外，我还非常关心环境问题，认为日本和中国在环境问题上有很大的合作空间。最近日本和中国在《巴黎协定》问题上展现出了一定共识，具有积极意义。最后，我想强调的是，我们党叫立宪民主党，所谓"立宪"，就是要重视宪法。日本国宪法强调，日本国民追求永久和平，认为那是人类永久追求的最高理想。正因为世界各国人民追求和平、热爱和平，所以我们党才拿出勇气、下定决心，要为维护地区和世界和平而努力。我们愿和大家共同努力，维护和平，保护环境。

谢谢！

夸库·班达曼
科特迪瓦共和人士联盟副总书记、政府文化和法语国家事务部长

女士们、先生们，各位代表：

我非常荣幸能够代表我的党派共和人士联盟来参加这次会议，我们的世界是一个大家庭，而因我们赞赏中方选择这样一个充满兄弟情谊的主题，向非洲人民展现出了友好关切。我们都属于同一个种族，就是人类。大约300多万年前，人类从非洲诞生，并逐渐从这片大陆走向世界各地，首先往北走，然后往东走。今天我们分享这个观点，世界是一个大家庭，就是追寻历史的根源。尽管我们肤色不同，但都属于人类大家庭。

科特迪瓦共和人士联盟建立伊始就提出，共同的财富需要由人们来共同分享，而且拥有越多财富的人有越重大的责任。我们致力于推动平等。在科特迪瓦人民之间推动平等，要实现包容、公正、透明。从2011年开始，尽管我们经历了危机，但是我们的党以及其他兄弟党派共同努力，为实现和平团结，做出共同的贡献。我们为了国家的和平民主，贡献了自己的一份力量，特别是在推动和平、脱贫等方面，我们投入了很多力量，给人民提供了可以用的水，提供社会服务，给人们提供用电的机会和渠道，并且使得人们有机会能够进行交流和互动。

今天在扎塔拉总统的领导之下，我们国家实现了持续的经济增长，经济年均增长 8% -9%。我们的就业情况也有所改善，在五年的时间内我们新创造了 200 万个就业岗位。给予妇女和青年人更多机会，也是我们的重要工作。我们还要实现可持续的发展，尤其是要让农民走上可持续的发展之路。我们注重区域之间的团结以及非洲大陆的整体团结。今天，在非洲有很多外来人口，在我们的国家也有很多外国人，我们也需要推动他们彼此之间的和谐共处，这样才能实现共同的梦想。我们是一个开放的多民族的国家，是一个努力勤劳的国家，也是一个和其他国家民族团结友好的国家，我们将继续坚持这些原则，这就是我们今天站在这里的原因。当前，很多人想要移民到世界其他地方，我们可以理解这些行为，这是人类的天性。当然有一些非法移民，他们采用非法方式，企图越过海洋去到其他国家，我们在这方面需要给他们更多的引导和帮助，而不是一味镇压。

今天和中国在一起，我相信我们能够共同为人类以及世界的和平做出更多贡献。

谢谢。

戈麦斯·埃尔南德斯

西班牙工社党联邦执委会委员、国际书记

女士们、先生们：大家下午好！

非常荣幸能够代表西班牙工社党来到高级别对话会，也非常荣幸能够站在这里代表我们的国家发言，因此，感谢中国共产党对我的盛情邀请。此次对话会汇聚了许多政党，这些政党的共同目的就是建立一个共同的未来，也祝贺中国共产党成功举办了十九大，十九大让中国共产党变得更加坚强和团结。

我想告诉大家，西班牙工社党总书记佩德罗·桑切斯将会在明年访问中国这个美丽的国家。西班牙工社党是一个有着一百多年悠久历史的政党，在发展历程中面临非常多的挑战，曾经历长达 40 多年的弗朗哥独裁，经历过战争，也经历过恐怖主义盛行的时期。在发展历程中，在艰苦时

期，我们很多政治家都失去了他们的生命，比如在最近一年，伊斯兰国在马德里策划恐怖活动，杀害不少人，这些事件和世界面临的挑战，需要我们共同去努力解决。在我们西班牙国内，我们还面临一个挑战，就是加泰罗尼亚的分裂主义，这种分裂主义是没有前途的。刚才普罗迪先生在演讲中说到，欧洲正在经历多极化，正在经历分裂主义，现在有传统的政党，也有非常激进的政党，许多欧洲国家都面临这样的问题，比如葡萄牙。激进政府最近纷纷上台，执掌国家权力，这使得我们很担忧，我们在未来还能否拥有一个强有力的欧洲。

英国举行了脱欧公投，对欧洲提出了更多挑战。我说这么多挑战，就是想说一说西班牙所在的大洲面临的整体形势。西班牙现在的失业率相对较高，西班牙工社党呼吁通过合作和多边主义来解决人类面临的问题，主张将政治操纵和各个政党的个体利益放在一边。最近我们看到世界上的民粹主义愈加强烈，面对民粹主义，我们呼吁各政党都应该严格遵守国家的法律。欧洲的政党分为不同的流派，也有不同的利益。我们认为所有的政党都应该在国家现代化和亲近民众等方面发挥更大的作用，刚才乌拉圭广泛阵线的主席在他的演讲中说，现在所有的政党都面临一个巨大的挑战，那就是腐败。所有的政党和政治组织都有责任去同腐败做坚决的斗争，打击腐败应该是所有政党应该扛在肩上的重任之一。

谢谢大家。

蒂埃里·马里亚尼
法国共和党政治局委员

女士们、先生们：

非常感谢各位，非常感谢中国共产党邀请我们。首先我想介绍一下法国的共和党，它是尼古拉·萨科齐和希拉克的党，很多总统都出自我们的党派。我们和中国的共产党一直维持着非常好的关系。习近平主席在昨天晚上的时候，也就是在高层对话会开幕会时说，我们要建立人类命运共同体，我们看到中国作为一个在几十年之中就已经实现了很多国家近百年发展的国家，这是非常令人惊讶的进步和发展。所以，我们在这样的情况下要与中国进行合作，建立命运共同体，解决人类重大的问题，比如减贫，为人民创造真正的福祉。

我们相信，法国也是有一些经验可以分享的，尤其是应对一些政党在治理方面的问题。今年法国大选对我们来说有几点比较重要，第一点是我们看到这次的法国大选第一轮中很多传统政党败选了，社会党以6%的选票被淘汰，两个比较小众的党派进入第二轮。在政党内部，政党领导人在初选的时候遇到的情况也发生了变化，瓦尔斯在社会党当中败给了哈蒙。萨科齐也被另外一位候选人取代。大家都问为什么，有人可能说我们想换换口味，在西方国家或者法国，我们通常很容易厌倦一个候选人。在初选的过程中，通常是向大家开放的，不仅仅是政党党员可以参加，其他人也是有权利参加选举的，大家也有机会来竞争这个职位。我所在的党派是法国最大的，党员人数是最多的，当然和中国共产党的数量相比是不可同日而语的。

今年当选的马克龙总统，他的党派是相对小的党派，但是最后胜选了。我们还要看到，在社交网络上他们也获得了很多的反响，这些政党在社交网络上大量地和民众进行辩论、互动，同时也引起了在政党之内的一些系统性反思。我们所有人都应当关注几个关键性的政党人物，有一些极端化的政党，他们由于在社交网络上非常活跃，也引起了大家的关注。所以这些都是法国现在政党的一些情况，这也是我们所经历的一场所谓的政治危机，正是因为处在危机时期，所以我们更应当做出努力。马克龙总统当选时是35%的选票，得票数量不是很高，而且他现在担任这个职务时间还很短。现在我们进入了一个所谓的消费型的社会，同时也可以把它说成是进入了一个政治的消费型社会。我们都知道在社交网络上要发一条微博或者推特，是有150字的限制的。但对于政客来说，为了表达清楚自己的思想，150字太少，有时候我们有非常深刻的思考，也需要找到其他的平台，比如今天这样的平台，能够真正地给政治带来一个意义，只有这样我们才能够作为传统的政党来争取大多数，而不给极端的党派机会。

谢谢。

罗伯特·科尔维尔

英国保守党政策研究中心主任

各位代表，女士们、先生们：

谢谢，非常荣幸有机会发言。感谢中国共产党举办了这样好的一场活动。我今天要讲的问题是如何一方面领导民意，一方面顺应民意。这是英国多年以来都面临的一个问题。

1774 年，著名的保守主义理论家爱德蒙·伯克发表了一个重要演讲。他说，作为一名议员，我们有责任为了民众的利益放弃休息和享乐，让民众满意。同时作为民众的代表，议员不仅要为民众贡献精力，也要贡献自己的判断，如果只是一味迎合，则是背叛了民意，而不是服务民众的利益。这是一个非常高尚的感悟，但是 16 年之后他被同一群选民所拒绝，因为他支持自由贸易和提出了一些不受人待见的倡议。容克曾经说过，我们都知道应该怎样去做，就是不知道如果我们这样做了还能不能当选。

在英国这样的代议制民主中，政治家和政党必须反映民意，但为了避免混乱，这种民意必须要经过一些过滤和自己的判断，通过媒体得到抒发，此后更好的决议才会惠及到民众。民意可以通过议员、媒体从下而上传递到体制的最上层，同时明智的决策自上而下惠及民众。但说起来容易做起来难。几十年前，就已经有了一种比较普遍的共识，选民会在大选中通过投票表达对政党及其竞选纲领的态度，五年后再次大选是检验成效。

撒切尔夫人及其盟友希斯·约瑟夫成立我所在的组织保守党政策研究中心时，他们的很多理念都来自哈耶克、弗里德曼等知识分子。英国选民根本不知道这些知识分子是谁，更别说认同其理念了。但这些理念却能够帮助解决选民最关心的问题。当这些理念——包括低效国有工业私有化、给企业更大自由度、稳定的货币供给等付诸实践时，确实扭转了英国经济状况，保守党因而也赢得了更多选票。

然而，今天事情发生了变化，由于出现了新的通信技术，很多小团体更可能发声，他们要求政府立刻采取举措，或者反对政府的计划。因此政党越来越关注怎样进行民意测验和媒体管理。一个议员曾经说，过去民意就像威士忌，偶尔喝一两口，小酌怡情，但现在往往就是一饮而尽。还有另外一个变化，我们的文化越来越注重个人主义，缺乏对等级或者传统的尊重，在英国或其他地方，很多民众是以怀疑的态度来看待政治家的。政治本身也不再是一种大众活动，保守党在过去几年获得了选举上的成功，但是成员规模与50年代比起来缩小了30倍。工党在科尔宾的领导下，党员人数获得了巨大增长，但是还是比原来少了很多。而导致工党党员人数大增的原因是工党提出了反建制观点。

英国政治反映出一个道理，只有站在政治中间地带才能赢得选举，只要政党替大众代言、面向大众发声，就能赢得选举。但这并不是要一味迎合民众的观点，而是要表明你确实能解决他们的关切，要表明你有能力负责任地执政，让公众能够获得更好的发展。政治家应当能够推动重要、必要的改革。比如说卡梅伦领导下的保守党政府就推动了一系列改革。但是，在民众中凝聚共识越来越难。在脱欧公投中，所有主要政党的领导人都呼吁民众投票留欧，但民众拒绝了。因此，我们现在看到一个主张留欧的首相，带领着多数成员主张留欧的内阁，推动绝大多数议员都主张留欧的议会通过一个法案，来落实民众的脱欧要求。

过去几个世纪，英国树立了很好的榜样，就是怎样引导和顺应民意，在政党之间获得平衡。我们现在正在建设习主席所说的更美好的世界，如何引领民意和顺应民意的任务比以往任何时候都更艰巨，但也更重要。

谢谢。

金 鑫
当代世界研究中心主任

女士们、先生们：

感谢主持人，很高兴参加这一环节的发言。

当代世界研究中心是中联部下属的一个思想库，目前我们和世界上60多个国家的主流智库建立了不同形式的联系。作为搞国际关系研究的学者，大家都有同感，现在搞预测研究，就像搞企业投资一样，同样具有风险。为什么？因为国际形势变化太快了。近年来，国际关系学界预测不准的事件接二连三，之所以出现这种情况，是因为我们身处的世界复杂多变，尤其是随着推特、脸谱等信息工具的广泛使用，很多国家传统政党的选民基础在不断变化。上一轮经济全球化给世界带来巨大财富的同时，也滋生出很多全球性问题，这些全球性问题具有跨国性和公共性，不管是社会主义国家还是资本主义国家，不管是发达国家还是发展中国家，大家都在"同一条船上"。

世界变化这么快，我们怎么办？人类已经进入了一个全球治理的时代，全球金融风险加大、贸易摩擦增加、国际恐怖主义猖獗、难民问题凸显等全球性问题的治理，需要各国政党和政治组织在全球层面范围内共同关注，需要超越意识形态分歧和社会制度差异共同加以解决。全球相互依赖的加深，要求各国政党在全球治理中体现更多的国际参与，承担更大的国际责任。

一、对新型政党关系"几个关键词"的理解

习近平总书记在中国共产党与世界政党高层对话会主旨讲话中指出，要探索在新型国家关系的基础上探索构建新型的政党关系。中国倡导的新型国家关系的特征有几个关键词：相互尊重、公平正义、合作共赢。中国共产党倡导的新型政党关系的特征也有几个关键词：求同存异、相互尊重、互学互鉴。关于新型政党关系这几个关键词，我和大家分享一下我的理解。

第一，各国政党之间的交往应该坚持"求同存异"的原则。政党交往中的"求同存异"，其实质是倡导各国政党要超越意识形态和社会制度的差异，社会主义国家政党之间、资本主义国家政党之间，社会主义和资本主义国家政党之间，都应该"求同存异"，加强合作。一个国家内部不同政党之间，也要"求同存异"，不管是执政党还是在野党，都应该超越党派利益，以人民为中心，为广大民众来服务。

第二，各国政党之间的交往应该坚持"相互尊重"的原则。"相互尊重"就是指要尊重别的国家政党和人民独立自主的选择自己的社会制度和发展道路的权利，就是要尊重对方根据自己的国情和党情制定的内外政策。各国都有自己的国情特点，不能拿自己的观点或模式强加于人。

第三，各国政党之间的交往应该坚持"互学互鉴"的原则。在国际形势复杂多变的今天，一个政党的政治生命力，并不看她有多么光荣的历史、执政时间有多长，关键要看她是否具备适应所处时代和社会环境变迁的能力。如果不能顺应时代的发展变化，不能因应世情、国情、党情、民情的变化，固步自封，就有可能一夜之间垮台。一个政党要立于不败之地，必须向其他政党学习，借鉴其他国家政党治党治国的经验教训。当前，社会利益的多元化发展，对传统政党整合民意、凝聚共识、调和社会矛盾带来巨大压力。信息技术的快速发展和新兴媒介的延伸覆盖，也在有效影响选民的政治取向。很多国家的政党面临选票分散、民意碎片化的窘境，执政难度加大。在这种背景下，各国政党交流互鉴特别重要。中国改革开放40年之所以取得巨大的成就，就在于我们学习借鉴了西方发达国家在社会管理、城镇化等方面的经验。

二、关于政党开展国际交往、建立全球政党伙伴关系的建议

第一，各国政党在条件允许的情况下，应加大对外交往的力度。政党外交是一个国家总体外交的重要组成部分，政党外交在国际舞台上日益发挥着不可替代的作用。通过与其他国家不同类型的政党建立联系和合作，借鉴其他国家政党兴衰成败的经验教训，探索总结政党执政的共同规律，可以有效提高自身的执政能力，增强政党的亲和力，塑造政党良好的国际形象。所以，各国政党应根据国际形势的发展变化，在对外交往方面适当加大人力和财力的投入，在关注自己的政党、自己国家发展的同时，也要关注全球性问题，同时学习借鉴其他国家和其他政党的有益做法。

第二，鼓励构建各种形式、多种层次的国际政党交往合作网络。随着世界政党数量不断增多，政党外交日益频繁，政党多边外交已经成为当今国际政治和国际关系中的一道亮丽的风景线，其影响和作用日益显现。一些意识形态相同或者相近的政党在全球和地区层面成立了不同的政党组织，政党区域性国际组织在欧洲、非洲、拉美、亚洲都有，但是这些政党组织相互之间缺少沟通和联系。政党交往的核心是政治家之间面对面地坦诚对话和沟通，政党之间的对话能够从党的执政理念和发展方略出发，深入解读各自党和国家政策背后的深层次考虑。这样做的目的，不是为了说服对方接受自己的价值观和理念，而是通过深入沟通促进相互理解和尊重，增进互信。目前，世界上缺少不同类型政党之间交流探讨的平台，中国共产党与世界政党高层对话会就是这样的平台，通过这个平台，各国政党和政治组织可以就人类面临的共同问题进行观点碰撞和思想交流。我们希望类似的全球政党对话平台能够经常性的举办，发展为长效合作机制。

第三，有条件的政党应加强思想库建设，鼓励所在国家智库加强对外交流。他山之石，可以攻玉。在全球化时代，各国普遍面临共同的风险和挑战。推动国家治理体系和治理能力现代化，是各国政党的重要职责。智库是各国的思想库，研究成果和政策建议对于政党和政府决策发挥着重要的作用，其立场和观点也会产生较为广泛的社会影响。智库之间交往是一国公共外交的重要组成部分，通过和其他国家智库建立合作关系，可以增进其他国家智库和民众对自己国家的认识，进而服务国家关系的发展。

第四，在政党交往中，可以注入更多的积极因素。"政党外交搭台，经贸合作唱戏"。通过政党之间的出来访和双多边论坛等渠道，可以为国家间的务实合作铺路搭桥，穿针引线。在今后的政党交往中，各国政党应不断探索新的交往模式，争取把政党外交与国家的经济社会发展更加紧密的结合起来，依托政党交往这个大平台，服务所在国家的经济发展和对外开放，共同把经济合作蛋糕做大做优。

谢谢大家。

米尔扎·阿拉姆吉尔
孟加拉国民族主义党总书记

尊敬的主持人先生，各位阁下，各位朋友，女士们、先生们：

首先，我想感谢中国共产党给予我这次机会来发表演讲。这场活动给了我们难得机会，让我们彼此交流思想，与中国共产党交流观点、加强对话，使我们理解了中国共产党关于构建人类命运共同体的理念和共建美好世界的主张。

在全球化的今天，我们面临很多问题，比如有些国家还面临种族歧视等问题，有些国家追求霸权主义，有些国家干涉别国内政，有些国家彼此缺乏互相尊重，不尊重其他国家的主权和独立。在这种形势下，共同构建一个美好的世界就显得更加重要了。大家知道，全球化和互联互通对于整个人类都是有利的，也为我们提供了很多新的机遇。世界在变，理念在变，各国政党扮演的角色更加重要。希望政党能够反映真实民意，代表人民利益，发挥好政党的责任。

孟加拉国坚定支持一个中国政策，欢迎中国"一带一路"倡议以及中国提出的其他理念，促进地区与世界互联互通。孟加拉国与中国关系良好，双方在很多问题上有着共识，这对于两国来说都是非常重要的。我们党和中国共产党保持着良好的关系，我们赞赏中国发展模式，也希望借鉴中国模式促进孟加拉国未来发展。我们党认为，"一带一路"倡议是由中国提出的重要倡议，将加强世界各国互联互通、促进人类共同利益，共建人类命运共同体，对孟加拉国来说有着重要意义。

各位政党领导人，这场会议给了我们宝贵机会来交流观点，我们期待未来加强与中国共产党的交流。

非常感谢！

谢尔盖斯·波塔普金斯
拉脱维亚"和谐"社会民主党议会党团副主席
议会拉中友好小组主席

各位领导，各位朋友：

在前面这么多演讲嘉宾从欧洲、拉美各个角度，做了这么精彩的演讲之后，我再做演讲确实很有压力。我从欧洲的角度来给大家讲讲我的看法。我将努力让我的演讲尽量有趣一些。看看最近的历史，也就是说近代史，大部分的政党都是在工业革命当中诞生的，现在是在后工业革命时代，方方面面的价值观，包括政党的文化已经改变了，而这些改变也给我们带来了新的挑战。我们知道，民粹主义和存在持续时间比较短的政党现在正在增加，有一些制度，现在也遭到了破坏。体育和文化现在似乎是和政治不相关的，外交使团的合法性和不可侵犯性也是准则，但这是在过去几个世纪以来都遵循的原则，现在在西方世界也遭到了破坏。

现在，中国共产党有着自己的方式，我同意来自立陶宛的同事的观点，就是传统的政党现在无法去应对现在的挑战，政治管理方面的挑战是非常严峻的。但是我想说，中国向世界其他国家提供了一个更重要的理念，尤其我想强调关于减少贫困和社会公义，大家知道中国在减贫和减少不平等方面引领世界。在短短的时间内，尤其是在西方经合国家组织收入不平等增加是非常迅速的，而中国现在清晰地表明，中国在这方面所采取的措施成效明显。我是代表社民党，我想祝贺中国和中国卓越的领导人，他们在减贫和促进公平方面有着非常不错的成绩单，进行了一系列的改革。

现在还面临很多问题需要解决，比如全球变暖、污染、腐败、犯罪等等，但是我认为中国能够在接下来的几十年当中采取有关的措施，一步一个脚印做好工作。我们认为，这种对话会能够让我们互相交换经验，对于共建人类命运共同体来说是十分重要的。

最后，我想感谢中国共产党，能够让我们在这里共聚北京，我认为这类的会议都是非常重要的，每一场会议都是向前迈了重要的一步，促进了世界和平，增进了相互理解和合作。我想借此机会祝贺中国共产党与世界政党高层对话会圆满成功，以及在政党层面举行广泛的探讨，因为现在整个世界政党在决策中扮演着非常重要的角色。

谢谢。

穆罕默德·安索尔
摩洛哥人民运动党总书记

尊敬的各位阁下，各位朋友：

我相信之前的几位发言人已经说了很多了，但是今天我们的主题是构建人类命运共同体，这是一个非常重要的议题，我非常感谢中国共产党组织这次高层对话会，因为人类命运共同体实际上是非常重要的一个议题，我们一方面要在国家层面上建立这样的命运共同体，同时要在政党方面建立这样的命运共同体。

我想再次祝贺中国共产党能够齐聚世界这么多的政党来讨论这个问题。首先我们要探索一下，对于政党来说，怎么样才能够超越国家层面，想得更大一些，去思考人类的未来，而不单单是政党的利益。之前有很多人已经提到，现在有一些政党的地位和力量有些削弱，也有很多新的政党出现。摩洛哥宪法规定了我们实行多党制，自几十年前独立开始我们一直坚持多党制，现在的宪法规定有自由组建政党的权利，也给予了反对党发表自己声音的权利，反对党与其他所有政党享有同样的权利。对于我们来说，宪法规定了我们享有相同的权利，那么在不同政党之间达成一致就变得非常重要。

摩洛哥是一个非常多样的国家，从多样性的角度来看，我们有各种各样的人，来自世界各地的人在我们这里，同时在我们的国家，也有说着各种语言的人。我们希望能够进一步与世界各国、各种族、各民族开展并扩大合作。摩洛哥非常重视这次对话会的机会，我们认为，这次对话会是一个非常重要的交流平台，政党应该通过这样的机制慢慢找到共同点。为此，我想再一次感谢中国共产党组织这次对话会。我相信，这个会议不应该止于此，应该将我们在会上讨论的议题进一步推进。无论我们是不是执政党，都应该超越政党的利益去考虑人民的利益，因为我们都是世界的一员，我们拥有共同的家园，我们必须要进一步努力，去选择我们的道路，去确定我们的意识形态，同时要考虑人民的根本利益。我们要考虑一些问题，比如贫富差距扩大问题，比如气候变化的问题，比如污染问题，这些世界性问题都是普遍的关系全人类的议题，我们有责任、有义务携手合作，去应对这些国际的问题和挑战，这样我们才可能推动构建人类命运共同体，这样才能解决世界性难题。我们必须要跨越不同党派、不同利益集团之间的利益或者意识形态的隔阂，我相信我们最终一定能够找到共同点，并且把这些共同点发扬光大，共同努力为整个人类做贡献。

谢谢。

米舍利娜·库伦巴

刚果（金）争取重建与民主人民党副总书记

各位阁下，尊敬的各位来宾，女士们、先生们：

我非常荣幸也非常高兴能够代表争取重建与民主人民党发言。首先，我想要感谢中共以及在场的所有政党的同事，请允许我借此机会代表我党领导人以及刚果（金）总统向大家致意。我们今天来到这里参会，也带着自己的目标。此次高层对话会旨在扩大我们的合作，共同讨论一个重要的议题，引领构建人类命运共同体，我们要讨论政党的角色和责任。实际上，在2013年我们最初提出人类命运共同体的概念时，政治家就已经在国际治理方面开始了思考。构建人类命运共同体要求每个国家都要考虑其他国家的利益，每一个国家应当维护自己国家的利益，同时也尊重其他国家的利益。

这一概念其实也给予了我们一个思路，它让我们紧跟时代以及国际秩序的发展，同时也指出一条道路，并给我们发展制定出新规划。人类现在正在经历一个快速变革的时代，因此至关重要的是，我们要对此给予正确的反应。当我们面临重大挑战和机遇的时候，就格外需要建立人类命运共同体。因此，我们需要加强交流，并且丰富人类具有多样性的文化。根据中国的发展经验，并且考虑到人类整体的共同价值观，构建人类命运共同体的提议受到了大家的欢迎。中国为了构建更好的世界，推动构建人类命运共同体，也就意味着大家可以在一起和谐共处，做出更大的事业，这就是国际上所有政党的职责。而在现在的民主环境中，政党的角色和责任达到了前所未有的高度。今天我们必须要发挥出政党的关键性角色，我们要考虑在构建人类命运共同体的过程中做出怎样的努力，要制定一个切合实际的发展计划，同时也要在政党领导人以及所有的选举、选民当中发挥调解作用。关注政府职能，使得政府能够顺畅执行执政党的政策，认真贯彻党的意识形态。我们要保证政府有正确的行为准则，同时我们还要间接但是带有影响力地参与到地方利益的实现中，政党的角色将是所有成功事业背后的一块基石。

在每一个国家的发展政策中，都需要重视政党的角色和责任，所有现任政党的领导人都需要了解并铭记人类命运共同体这一概念，并在他们的日常执政和工作中贯彻这一理念。政党今天在民主的活动当中扮演重要的角色，我们不仅仅需要夺取政权，同时也要真心为人民办实事，我们要制定社会发展纲领，构建人类命运共同体应当是我们政策的中心。每一个政府的领导和政党的领导，也应当采取所有可能的措施来实现这个目标，为人民带来福祉。是的，世界是一个大家庭，让我们携起手来，忘记我们的差异，如果每一个人都可以为其他人的利益考虑一下，那么世界上就会少了很多的纷争。如果能够做到这一点，那么成功将会在不远的未来等待我们。

同志们，最后我想要再次感谢中共，也感谢各位。

尼古劳斯·托尔纳利蒂斯
塞浦路斯民主大会党议会发言人

各位阁下，女士们、先生们：

首先，我想要感谢中国共产党，感谢邀请我们来参加这次会议，感谢你们的热情招待。我很荣幸能够代表塞浦路斯民主大会党参加这次会议。民主大会党是塞浦路斯的执政党。中国共产党举办的这次高层对话是一个很好的机会，来讨论并增进我们各个政党之间、国家之间的共识。近年来，民主大会党和中国共产党不断加强关系，给两国人民带来好处。我们双方都愿意找到切实的途径，来加强合作，进一步提升两国关系。本着这一共识，2014 年我们党和中国共产党、中国驻塞使馆开展合作，举办了"中塞两国文化周"。文化可以成为加强双边关系、增进两国人民相互了解的重要途径，让人们走得更近，减少各国之间的鸿沟。文化的交流还有利于加强其他领域的合作，如经贸、旅游、工业、科研以及加强两国的互相投资，这对于双方都是有益的，两国将在现有良好双边关系基础上，继续加强在政治、经济和文化等方面的友好往来。

这一双边关系是建立在友谊和信任的基础上的，塞浦路斯坚持一个中国政策，作为欧盟成员国，将继续和各个欧洲伙伴合作，促进欧盟与中国的关系，我们感谢中国政府在塞浦路斯问题上给予我们的支持，中方主张在尊重国际法和其他法律的前提下，在联合国有关决议基础上解决塞浦路斯问题，不仅照顾到了我们的安全关切，并且也保卫了基本人权。

过去几年，塞中关系稳步发展，在投资、旅游、能源、商业和技术方面都取得成果。塞浦路斯的大门永远向中国敞开，欢迎中国企业来塞浦路斯投资兴业，我们在这方面有很多优势，也会给中国企业提供优惠。阿纳斯塔夏季斯总统曾于 2015 年访问中国，这给两国经贸合作进一步夯实了基础，塞浦路斯有着重要的地缘战略地位，也是一个重要的国际经济活动中心，它将成为中国在欧盟的一个重要市场，对于中国、欧盟、北非、俄罗斯都是如此。我们会帮助中国企业在此进行投资，开展"一带一路"框架下的合作。作为政党，我们应进一步推动国家关系发展，扩大交往，加强互动。当今世界，随着全球化不断发展，各国之间的交流互动越来越多，所以我们必须要一起努力，确保人们可以享有更高的生活水平。

谢谢大家。

刘建飞

中共中央党校国际战略研究院执行院长

各位嘉宾：

大家下午好！

我想就今天下午的主题谈一点个人的看法。大家知道，在刚刚结束的中国共产党第十九次全国代表大会上，习近平总书记将构建人类命运共同体纳入到新时代中国特色社会主义思想和基本方略中，这表明构建人类命运共同体已经成为新时代中国执政党意识形态的重要组成部分，也成为新时代中国的一个重要国策。我们今天汇聚在这里，主要目的就是想凝聚政党的共识，求同存异，构建新型政党伙伴关系，让大家携手共进，一起为构建人类命运共同体，建设一个美好世界而努力。

我想从另一个角度反过来说，构建人类命运共同体恰恰是为构建新型政党关系提供了一个良好的机遇。我们知道，在现代社会，各种政党的意识形态是不一样的，阶级基础也不一样，往往分歧很大，如果没有一个共同的目标，可能是南辕北辙，甚至往往是争吵对抗，互相内耗。但如果有了一个共同的目标，就有可能形成合力，就像一架马车，有几匹马一起拉，如果没有前进目标，它往东它往西就形成内耗，如果目标明确，都往前拉就形成合力。构建人类命运共同体恰恰为政党合作、构建新型政党关系提供了一个非常明确的目标，也提供了良好的契机。在构建人类命运共同体上，世界政党不管是什么样的意识形态、什么样的阶级基础和背景，最起码都可以做这样四件事情：

第一，要引领本国人民树立人类命运共同体的意识。当今时代还是以主权国家为基本国际行为体的时代，这就决定了国家之间会存在各种利益分歧，这是十分正常的事情，很自然。但是，当今又是一个全球化时代，各国的共同利益越来越广泛，世界的整体利益也越来越突出，所以人类已经成为一个命运攸关的整体，政党应当将人类命运共同体纳入本党的意识形态，进而引领本国民众逐渐树立人类命运共同体的理念。

第二，促进本国政府的施政纲领趋向于有利于构建人类命运共同体。正如习近平总书记在十九大报告中讲的，当今世界任何一个国家都不可能退回到自我封闭的孤岛，也没有哪个国家或国家集团能够独自应对人类面临的各种挑战。因此，各国的施政纲领都应该在促进本国发展、满足本国利益的同时，关照世界的整体利益。各国的政纲不应该与构建人类命运共同体的要求相背离，而是要有利于建设一个持久和平、普遍安全、共同繁荣、开放包容、清洁美丽的世界。

第三，推动本国政府同世界各国携手构建新型国际关系。主权国家是国际社会的基本行为体，也是人类命运共同体的主要构成单位，所以说构建新型国际关系就成为构建人类命运共同体的根本途径和基础工程。在构建新型国际关系上，各国的政党也应该携手努力。

第四，积极推动本国经济社会发展和治理体系进化，一个国家如果发展赤字太大，治理赤字明显，不可能成为构建人类命运共同体的一个正能量，反而会提供负外部性，成为重要的负能量，各种政党应该在促进本国发展和治理上发挥自己的积极作用。

谢谢！

克里斯蒂娜·维耶娜
比利时法语社会党副主席

女士们、先生们，各位同志、各位朋友：

首先，我想要感谢中国共产党能够组织这么精彩的一次活动，特别是对于所有的合作者，负责筹备工作的同事，你们这几天工作非常辛苦，才能最终向我们呈现这一场精彩热情的活动，能够让我们共同在这个平台上进行分享和探讨。

说到政党，首先他们应当制定出自己的政治计划，要有一个社会发展的愿景，并且要积极地参与到社会的生活当中，他的计划应当要和公民们共同分享，只有这样才能吸引更多人民来支持他们。所以，在这种背景下，我们制定出由公民共同支持的一个计划。作为政党，我们今天还需要重新考虑他的角色，我们要给政党足够的发言机会和可能，同时要求更多的政党支持者参与，只有这样才能继续激发他们从政的意愿，即便他们不会真正走上政治生涯，他们依然可以对国家的政治发展建言献策。对于政党来说，特别是社会党来说，因为我自己来自社会党，我比较了解，一个重要的事情就是要建立起一个真正的意识形态的脊椎，就像人体的脊椎这样一个意识形态的支柱。我们要积极地和市民们一起合作，刚刚同事们也说到，今天在欧盟大家开始对生产的方式以及财富的分配进行反思，特别是从十九世纪以来到现在工业世界的发展，如何分配财富，我们进行了思考。

今天的世界当中，我们看到就像一个大的超市，殖民主义在过去获得了很多的特权，而今天我们需要改变过去的一些陋习，把人类的共同利益放在前面考虑，建立人类命运共同体，让那些没有办法发声的人民有机会表达自己的概念和想法。我们还有一些推动的计划，商业的计划，通过文化、科技的发展来促进人与人之间的交往和合作，只有通过合作，我们才能使得命运共同体成功地建立起来。现在我们还面临很多问题，这些问题已经超过了每一个国家国界的范围，也超过了每一个党派单独的范围，比如有两个问题刚刚已经说到，我也想强调一下，第一个是经济全球化以及经济数字化，它才刚刚开始，对于工人来说，在经济当中要扮演什么角色，能够从事什么样的工作，怎样才能给他们提供有尊严的工作机会，怎么来分配财富，以及各个社会阶层在新的时代中意味着什么。还有技术的发展，现在我们的科学技术发展得越来越好，也给出了新的问题的解决方式，这时候还要考虑到公平的问题，是否能够让所有人都被科技发展的成果所惠及，能够用上这些好的科技。另外是气候问题，之前提到了气候问题的重要性，还有难民的问题，现在有很多的难民，他们现在冒着生命危险，这些难民也是气候问题造成的气候难民，他们也许不会因为自己的国籍不同而被区分，他们统一都被称为气候的难民。而我们也应当为了保护他们而做出一些工作，这就要回到政党的职责和角色问题。我的政党比利时法语社会党在思考这个问题，最近几年我们召开了多次全体会议，共同来讨论如何能够制定一个宪章，实现这些目标。

总的来说，我想要再次重申这样一个观点，社会党不相信这个世界是在自私的冰海当中生存的，我们将会不断抗争，创造一个新的世界。在这个新的世界当中，每一个人都能够有自主权来选择自己的发展道路，同时有这个可能来实现自我。在这个社会当中，社会是公平的、团结的。在这个社会当中，每一个人都能够在平等的基础上和平地相处，不管他们来自什么国家，有什么样的宗教信仰，说什么样的语言。在这个社会当中，它是民主的，每一个人都能够自由地表达自己的思想。所以，综上所述，我们才能够真正理解如何才能构建一个人类的命运共同体。

谢谢。

塞尔托里奥·比奥特
几内亚比绍社会革新党副主席、议会党团领袖

女士们、先生们：

昨天，我们共同出席了高层对话会的开幕式，并听取了习近平总书记所做的精彩报告。各位来自中方的领导，来自组委会的成员们，来自世界各国和不同政党的朋友们，尊敬的各位嘉宾、学者，非常感谢受邀参加此次意义深远的中国共产党与世界政党高层对话会。中国和几内亚比绍是亲如兄弟的国家，我们来到中国参加此次盛会，是对于中非友谊合作的高度认可。同时，我们希望继续加强和拓宽中非合作关系，继续造福我们的人民，让我们的人民能够共享和平、稳定和民主。我们的价值观相同，所以自从非洲各国摆脱殖民统治、争取独立斗争时，我们就得到了来自中国的支持和帮助，我们要感谢中国政府和人民给予我们的热情支持。我和我的代表团一踏上中国的土地就感受到了这份诚挚的情意，在这里，我们要缅怀中国伟大的解放事业战士毛泽东，并致敬中国经济社会的发展成就。

在非洲人民争取独立解放的事业中，中国提供了宝贵的支持，我们非洲人民永远铭记。中国正在民主这条道路上发展，在清洁能源、工商业、

交通和通信方面取得了进步，所以说中国是非洲国家学习的榜样，当然也是几内亚比绍学习的榜样。两国在经贸、人员培训和投资方面开展合作，巩固了中国和几内亚比绍的伙伴关系，使得人民能够受益。我们的人民也能够在农业、畜牧业、渔业、旅游、住房以及中小工业方面受益。所以我想，我们应该共同携手，构建人类命运共同体，建设美好世界。要实现这一目标，我们应该实施正确的政策并做出良好的舆论引导。在政治民主体系中，政党无论在过去、现在或者未来，在构建人类命运共同体、携手建设美好世界的过程中，都扮演着决定性的作用。

我们的党——几内亚比绍社会革新党是一个具有开放视野的政党，我们高度赞赏双边和多边合作，推动全球和平和安全，构建人类命运共同体，携手建设一个美好的世界。这要求我们大家共同努力，能够协同发展，让全球每一个人受益。我们的责任是共同努力，一起翻开历史的崭新一页。

女士们、先生们，最后，我想说，在我们这些国家寻求国际社会的支持和援助之前，我们首先应该自己努力，发掘自身的潜力，发挥我们自身的优势，包括在农业、渔业、生物多样性、文化多样性方面的优势。各位，愿上帝保佑世界、保佑非洲、保佑几内亚比绍，愿所有的人民能够生活幸福。中华人民共和国万岁，几内亚比绍万岁，我们的友谊万岁。

谢谢各位。

卡拉·安库拉奥
尼日尔争取民主和社会主义党第一副总书记

尊敬的中国共产党各位领导，各位参会代表，女士们、先生们，朋友们：

首先，我谨代表尼日尔民主和社会主义党向中国表达最友好的问候，同时祝贺高层对话会成功举办。借此机会，我想再次祝贺中国共产党成功召开第十九次全国代表大会，祝贺中共十九大所作出的重大决策。

尼日尔社民党高度重视此次对话会，因为对我们来说这是一个千载难逢的机会，可以进一步深化尼中两国友谊。尼日尔与中国是一个命运共同体，政党也有责任进一步推进人类命运共同体建设，对所有人而言，无论观点是否相同，都可以齐聚一堂，共同推进命运共同体建设，以建立一个共享的现代化世界，为人类谋福祉。建设命运共同体，对于尼方而言也是一项重要工作。对于政党的角色问题，实际不仅是一个政党的问题，是所有政党的考量和关切，我们应该在各个领域和不同层级确定政党应该扮演的角色，以确保无论是在国内还是国际上，政党都能够充分扮演应有的角色、发挥应有的作用。

我们希望各个政党不断努力，不仅要为本国人民，更要为世界人民，为人类谋福祉。政党的作用实际是为人民谋福祉，而非让人民为政党利益付出。我们必须更加积极，更加灵活，采取必要的方法和政策，帮助我们的公民和全世界的人民创造利益，共享发展。

我们未来的战略方向，不仅是政党的发展方向，也是国家的发展方向。因此，只要我们携手共进，一定能够实现共同体的建设。在近几十年，尼民社党作出了积极努力，希望使尼日尔摆脱贫困状态，改善人民生活。在安全领域，尼也面临诸多挑战，所以我们也要在此方面加大努力。我们相信，中国的成功对于我们来说是可借鉴的实践经验，我们可以在全球化的今天，从中国学到更多的发展经验，如果任何一个政党、任何一个国家不与其他国家合作的话，他们终将面临失败。所以，我们一方面要吸取经验，尤其是从中国共产党辉煌的历史和成就之中汲取经验，另一方面在未来与中国进一步深化合作。我们希望中国能够成为世界强国，尼日尔也可以摆脱贫困，日益强大。

我们现在比以往更需要一个和平和公平、公正的世界，只有这样人们才能够生活在安全和和平之中，但不幸的是，现在各种各样的地区冲突问题此起彼伏，我们必须要介入其中，竭尽所能推动一个共同的、普惠的发展。构建人类命运共同体体现了中国的战略远见，是习近平总书记提出的重要倡议，这对于全人类而言都是至关重要的。如果我们想构建人类命运共同体，必须要有更普惠的、包容性的发展，使所有国家摆脱贫困、悲惨的生活，共同走向富裕。

谢谢。

马吉迪昂·帕贾·吕特

乍得爱国拯救运动第一副总书记

女士们、先生们，参加对话会的朋友们：

今天，我非常高兴与大家共同讨论构建人类命运共同体议题。当今世界具有互补性和多样性特点，讨论命运共同体议题意义重大。首先，我代表乍得政府和爱国拯救运动，转达党的领袖、国家总统伊德里斯·代比的问候，同时我们也要感谢中国共产党以及中国政府始终对乍得党和政府给予无私的帮助。

我们今天的主题是引领构建人类命运共同体，建设更加美好的世界。此次对话会召开的时间恰逢其时，当今时代谈论这个话题至关重要。我们应当自由表达观点，共同促进世界的和平与发展。

女士们、先生们，尊敬的各位代表，我们总会在一些重要的时刻想起历史，回顾历史。例如，2017年2月10日，联合国社会发展委员会第55届会议通过第2344号决议，呼吁秉持构建人类命运共同体的精神，加强对非洲经济社会发展的支持，这体现出国际社会对新型国际关系的赞同。今天我们讨论政党的角色和责任概念将会让我们以崭新的方式审视合作的关系。我们要看到一个国家是如何追求自己的利益，同时如何对其他国家的合理关切给予保护的。我们要实现所有国家的共同发展，就意味着我们在行事方式中要改变国际秩序，我们要有共同的声音、共同的行动，建立起新的国际秩序，实现人类社会的发展。

我们今天提及要基于平等协商和相互理解建立起发展的合作关系，同时我们还需要在遵循公平、正义、共同参与和分享原则基础上建立起一个安全机制，只有这样我们才能够实现开放、创新、包容、惠及所有人的发展。在非洲有句话，独行快、众行远。只有共同合作，才能实现互利共赢，才能真正为人类社会的发展做出贡献。

女士们、先生们，这些议题都唤起了我们作为政党的责任，以及我们意识的觉醒。乍得爱国拯救运动一直遵循社会民主，党的领导人始终强调坚持这项原则。我们希望能够在国家层面和社会层面实现团结，坚持自己的理想，改善人民的工作和生活环境，推动人类的可持续发展，促进世界的团结与融合。在国家层面，我们党通过政府施政，加强了各个领域的团结，例如推动农业发展、提高农业生产力和农业机械化水平，以及改善畜牧业和渔业工作条件。同时我们还进行了大量的机构改革，使地方的人民有更多自主管理公共事务的权利。在国际层面，我们党通过多种手段展现团结精神，例如我们开放的态度，在中部非洲次区域产生积极影响，乍得在帮助马里政府打击恐怖主义的行动中，发挥了重要作用。同时，由于乍得的积极行动，博科圣地以及圣战者未能侵入尼日尔、尼日利亚、喀麦隆以及其他非洲国家。

最后，我希望所有的友好合作国家以及中国能够共同实现人类的繁荣，创造更加美好的未来，实现人类命运共同体的建设。

谢谢。

温斯顿·拉金
苏里南民族民主党总统顾问、前外交部长

尊敬的各位嘉宾，女士们、先生们：

我谨代表苏里南民族民主党主席鲍特瑟以及我们党的党员，感谢中国共产党邀请我们参会，感谢你们的周到安排。此次高层对话会恰逢其时，全球和国家层面面临的挑战是息息相关的，这些挑战让我们想到作为人类的一些基本问题，就是我们是谁？我们为什么生活在地球上？人最基本的价值观又是什么？当前世界处在全球化阶段，我们面临各种各样的挑战，包括气候变化。这就意味着各个政党，尤其是希望成为执政党的政党，必须要有明确的环境政策，这样才能在社会经济中发挥重要作用。在苏里南，环境对我们的生存至关重要，我们国家森林覆盖率高达93%。如果要构建人类命运共同体，我们必须从现在做起，要在政治、经济和社会层面增强包容性。

现在社会上存在着一些不平的现象，是和政党的政策相关的，因此政党必须从现在开始就要更加包容。如果有一天当人民能够在国家层面上得到真正的包容和代表性，构建人类命运共同体的行为才能在全球产生影响。如果希望我们的子孙后代能生活在人类命运共同体中，我们必须从今

天起就采取行动。其中的一个前提是，我们必须要以年轻人为中心，如果年轻人被排除在这个过程之外，我们就无法做成任何事情，因为未来取决于年轻人。今天，在全球各个政治层面，同政党最为疏离、最不愿参与的就是年轻人。30 年后，世界上大部分政党的建立者和活跃的党员、领导人年纪都会越来越大。有些年轻人似乎天生是从政的料，但他们在政党中发展速度非常慢，这让人感到奇怪，为什么年轻人在那么多领域都做得不错，唯独在政治领域参与度不够。年轻人在选举中投票率也不高，在全球年轻人投票率下降，这意味着他们缺乏兴趣，如果年轻人继续对政坛不感兴趣的话，会导致未来政治运转失灵，因此各个政党必须培养年轻人的能力。像农民一样，先把种子种下去，让植物自己依靠阳光和水来生长。政党必须明白，共同体是由公民构成的，政党有责任鼓励、组织、领导年轻人走向良好的发展道路。

因此，政党应当向其公民宣介，并且践行构建人类命运共同体的理念，各个政党必须在这一事业中赢得公民的支持。如果公民对此不感兴趣，不想参加的话，就意味着未来政党会运转失灵。因此，政党必须动员和鼓励公民一起实现这一目标。

谢谢。

栾建章
中共中央对外联络部研究室主任

女士们、先生们，各位嘉宾：

作为主办方，感谢大家坚持到现在，感谢各位的精彩发言。我知道会议即将结束时多说一句可能都是多余，但还是要说，因为我感觉到大家的发言很有激情，也有很多共识。我简要提五点：

第一，从大家的发言看，感到这个世界变了，而且正处在变的十字路口。大家提到的全球化和逆全球化、国家利益优先与多边主义、和平与战争、聚变与裂变等就表明了这一点。我们不得不承认，我们面对的这个世界已经和过去不一样了。

第二，既然世界变了，我们的观念就需要改变。我们不能停留在过去

269

的观念里，所以中国主张树立人类命运共同体理念，这个理念今天得到大家的高度认同，说明其实并非很悬乎。习近平总书记说要有一个大家庭的概念，要有一个你好、我好、大家好的概念。现在大家都连在一起了，不能老是想自己的事，也要想想你的邻居的事情，想想其他国家的事情，想想怎么合作，这就是人类命运共同体。我们要超越你的和我的那种传统界限，树立一种"大家"的观念。

第三，世界变了，观念要变，政党的责任也要变。今天，很多人提到政党的作用，也提到了政党的担当。不得不承认，在国际形势新的变化背景下，政党的功能这些年实际上在弱化，因为有信息、有网络、有非政府组织一天天地在崛起，民意的代言人多了，不像以前那样，政党几乎是唯一的代言人。面对这种形势，我觉得政党应该奋发图强，应该自己争气，应该更多代表人民，发挥好自己的作用。但是，我注意到很多人在发言中提到，不能光顺应民意，还要引领民意，作为政党应该看得更远一点，要有担当，要对历史负责。不能仅仅看到眼前的利益，不能成了人民的尾巴，我觉得这是大家的共识。

第四，我注意到很多人提到要超越差异地进行交流。政党之间的政见不同、意识形态不同、文化不同、宗教不同，怎么超越差异开展交流，在世界上形成政党的声音，提出政党的方案，至关重要。政党之间总是吵来吵去，不可能有共同的声音，现在世界上有达沃斯世界经济论坛，有各种各样的论坛，唯独缺乏广泛汇聚政党的论坛。中国共产党与世界政党高层对话会实际是填补了这么一个空白，为政党聚在一起交流提供了可能。这次会议的一个重要特点就是跨党派，很多不同政见、不同意识形态的人聚在一起进行交流，非常重要。

第五，我觉得每个党都要率先垂范。中国共产党作为一个世界大党，可能负的责任更大一点，每个党也要把自己的事情做好，为携手构建人类命运共同体和建设更加美好的世界作出自己的贡献。

总之，我觉得今天的讨论非常有价值，希望这种讨论再继续。再次感谢大家贡献的智慧。

我讲这几点，与大家共勉。谢谢！

四　附　录

（一）外方参会政党和政治组织名单

（按国家英文字母排列）

1. 阿富汗民族联盟

2. 阿尔巴尼亚社会党

3. 阿尔巴尼亚民主党

4. 阿尔巴尼亚争取一体化社会运动党

5. 阿尔及利亚民族解放阵线党

6. 阿尔及利亚民族民主联盟

7. 安哥拉人民解放运动

8. 安提瓜和巴布达工党

9. 安提瓜和巴布达联合进步党

10. 阿根廷共和国方案党

11. 阿根廷正义党

12. 阿根廷共产党

13. 阿根廷激进公民联盟

14. 亚美尼亚共和党

15. 奥地利社会民主党

16. 孟加拉国人民联盟

17. 孟加拉国民族主义党

18. 孟加拉国共产党（马列）

19. 巴巴多斯民主工党

20. 巴巴多斯工党

21. 白俄罗斯共产党

22. 比利时法语社会党

23. 玻利维亚争取社会主义运动

24. 玻利维亚共产党

25. 波黑克族民主共同体

26. 波黑塞族民主党

27. 波黑塞族独立社会民主人士联盟

28. 圣保罗论坛

29. 巴西民主党

30. 巴西社会党

31. 巴西共产党

32. 巴西劳工党

33. 巴西社会民主党

34. 巴西民主运动党

35. 巴西中国工商总会

36. 保加利亚社会党

37. 布隆迪保卫民主力量

38. 柬埔寨人民党

39. 喀麦隆人民民主联盟

40. 加拿大自由党

41. 佛得角争取民主运动

42. 乍得爱国拯救运动

43. 智利争取民主党

44. 智利社会民主激进党

45. 哥伦比亚民族团结社会党

46. 哥伦比亚保守党

47. 哥伦比亚自由党

48. 哥伦比亚激进变革党

49. 刚果（金）争取重建与民主人民党

50. 刚果劳动党

51. 哥斯达黎加公民行动党

52. 哥斯达黎加民族解放党

53. 哥斯达黎加广泛阵线

54. 科特迪瓦共和人士联盟

55. 克罗地亚民主共同体

56. 克罗地亚人民党

57. 古巴共产党

58. 塞浦路斯民主大会党

59. 塞浦路斯劳动进步党

60. 捷克和摩拉维亚共产党

61. 捷克社会民主党

62. 吉布提争取进步人民联盟

63. 多米尼克工党

64. 厄瓜多尔共产党人党

65. 厄瓜多尔社会党

66. 厄瓜多尔民主左派党

67. 埃及自由埃及人党

68. 埃及祖国未来党

69. 埃及华夫脱党

70. 埃及祖国保护者党

71. 埃及大会党

72. 埃及保守人士党

73. 埃及自由党

74. 埃及集团党

75. 埃及共产党

76. 埃及社会主义党

77. 埃及亚非人民团结组织

78. 赤道几内亚民主党

79. 厄立特里亚人民民主与正义阵线

80. 埃塞俄比亚人民革命民主阵线

81. 欧洲议会社会党党团

82. 欧洲议会人民党党团

83. 斐济优先党

84. 芬兰中间党

85. 芬兰共产党

86. 法国共和党

87. 法国共和国前进党

88. 法国共产党

89. 加蓬民主党

90. 冈比亚联合民主党

91. 德国社会民主党

92. 德国左翼党

93. 加纳新爱国党

94. 希腊左翼联盟党

95. 格林纳达新民族党

96. 几内亚人民联盟

97. 几内亚比绍几内亚和佛得角非洲独立党

98. 几内亚比绍社会革新党

99. 圭亚那人民全国大会党

102. 圭亚那变革联盟

101. 圭亚那人民进步党

102. 匈牙利青年民主联盟

103. 匈牙利社会党

104. 印度共产党（马克思主义）

105. 印度共产党

106. 印度尼西亚民主斗争党

107. 印度尼西亚国民使命党

108. 伊朗确定国家利益委员会

109. 伊朗伊斯兰联合党

110. 伊拉克伊斯兰达瓦党

111. 伊拉克伊斯兰党

112. 伊拉克共产党

113. 伊拉克全国权利党

114. 意大利民主党

115. 牙买加工党

116. 牙买加人民民族党

117. 日本公明党

118. 日本自民党

119. 日本立宪民主党

120. 日本维新会

121. 日本社会民主党

122. 约旦共产党

123. 哈萨克斯坦"祖国之光"党

124. 哈萨克斯坦光明道路党

125. 哈萨克斯坦共产人民党

126. 肯尼亚朱比利党

127. 韩国共同民主党

128. 吉尔吉斯斯坦共同党

129. 吉尔吉斯斯坦国际事务和国防安全委员会

130. 吉尔吉斯斯坦进步党

131. 吉尔吉斯斯坦社会民主党

132. 吉尔吉斯斯坦吉尔吉斯斯坦党

133. 吉尔吉斯斯坦共和国 – 故乡党

134. 吉尔吉斯斯坦祖国党

135. 吉尔吉斯斯坦共产党人党

136. 老挝人民革命党

137. 拉脱维亚"和谐"社会民主党

138. 拉脱维亚绿色农民联盟

139. 拉脱维亚民族联盟—"一切为了拉脱维亚及祖国自由联盟"党

140. 黎巴嫩社会进步党

141. 黎巴嫩阿迈勒运动

142. 黎巴嫩叙利亚社会民族党

143. 黎巴嫩民主党

144. 黎巴嫩共产党

145. 黎巴嫩联盟党

146. 黎巴嫩人民会议

147. 黎巴嫩伊斯兰行动阵线

148. 黎巴嫩纳赛尔独立人士运动

149. 黎巴嫩纳赛尔民主人士运动

150. 阿拉伯左翼论坛

151. 立陶宛社会民主党

152. 马拉维民主进步党

153. 马来西亚马来民族统一机构（巫统）

154. 马来西亚华人公会

155. 马里联盟党

156. 马耳他工党

157. 毛里塔尼亚争取共和联盟

158. 毛里求斯社会主义战斗运动党

159. 墨西哥民主革命党

160. 墨西哥革命制度党

161. 蒙古人民党

162. 蒙古民主党

163. 蒙古民族民主党

164. 蒙古公民意志绿党

165. 黑山社会主义者民主党

166. 摩洛哥真实性与现代党

167. 摩洛哥全国自由人士联盟

168. 摩洛哥人民运动

169. 摩洛哥人民力量社会主义联盟

170. 摩洛哥进步与社会主义党

171. 摩洛哥民主力量阵线

172. 莫桑比克解放阵线党

173. 缅甸全国民主联盟

174. 缅甸联邦巩固与发展党

175. 纳米比亚人组党

176. 尼泊尔共产党（联合马列）

177. 尼泊尔共产党（毛中心）

178. 尼泊尔大会党

179. 新西兰工党

180. 新西兰国家党

181. 尼日尔争取民主和社会主义党

182. 巴基斯坦穆斯林联盟（谢里夫派）党

183. 巴基斯坦人民党

184. 巴勒斯坦民族解放运动（法塔赫）

185. 巴勒斯坦人民斗争阵线

186. 巴勒斯坦人民党

187. 巴勒斯坦民主联盟

188. 巴勒斯坦全国倡议党

189. 解放巴勒斯坦人民阵线

190. 解放巴勒斯坦民主阵线

191. 巴拿马主义党

192. 巴拿马人民党

193. 巴布亚新几内亚人民全国代表大会党

194. 秘鲁阿普拉党

195. 秘鲁共产党（团结）

196. 秘鲁共产党（红色祖国）

197. 秘鲁"为了变革的秘鲁人"党

198. 秘鲁人民力量党

199. 秘鲁民族团结党

200. 菲律宾民主人民力量党

201. 菲律宾基督教穆斯林民主力量党

202. 波兰人民党

203. 葡萄牙共产党

204. 葡萄牙社会党

205. 罗马尼亚国家自由党

206. 罗马尼亚社会民主党

207. 俄罗斯统一俄罗斯党

208. 俄罗斯联邦共产党

209. 俄罗斯公正俄罗斯党

220. 卢旺达爱国阵线

221. 圣多美和普林西比民主独立行动党

222. 沙特研究和知识交流中心

223. 塞内加尔争取共和联盟

224. 塞尔维亚前进党

225. 塞尔维亚社会党

226. 塞舌尔人民党

227. 塞拉利昂全国人民大会党

228. 新加坡人民行动党

229. 斯洛伐克方向党

230. 南非非洲人国民大会

231. 南非共产党

232. 南苏丹苏丹人民解放运动

233. 西班牙工人社会党

234. 西班牙人民党

235. 斯里兰卡自由党

236. 斯里兰卡统一国民党

237. 苏丹全国大会党

238. 非洲政党理事会

239. 苏里南民族民主党

240. 苏里南进步改革党

241. 塔吉克斯坦人民民主党

242. 塔吉克斯坦共产党

243. 坦桑尼亚革命党

244. 泰国民主党

245. 多哥保卫共和联盟

246. 突尼斯呼声运动

247. 突尼斯复兴运动

248. 突尼斯前景党

249. 突尼斯计划运动

250. 突尼斯人民阵线

251. 土耳其正义发展党

252. 土耳其爱国党

253. 土库曼斯坦民主党

254. 土库曼斯坦农业党

255. 土库曼斯坦工业企业家党

256. 乌干达全国抵抗运动

257. 阿联酋战略研究中心

258. 英国保守党

259. 英国共产党

260. 美国共和党

261. 美国民主党

262. 美国东西方研究所

263. 美国美中合作委员会

264. 乌拉圭广泛阵线

265. 乌拉圭红党

266. 乌拉圭独立党

267. 乌兹别克斯坦人民民主党

268. 乌兹别克斯坦议会立法院国防安全委员会

269. 乌兹别克斯坦"公正"社会民主党

270. 乌兹别克斯坦"民族复兴"民主党

271. 乌兹别克斯坦自由民主党

（二）外方参会学术机构和社会组织名单

（按国家英文字母排列）

1. 澳大利亚澳中关系研究院
2. 孟加拉国和平理事会
3. 巴西中国工商总会
4. 克罗地亚－中国－东南欧洲商会
5. 丹麦哥本哈根商学院亚洲研究中心
6. 欧盟－中国欧盟商会
7. 法国展望与创新基金会
8. 全球合作基金会（意大利）
9. NPO 法人日中亲善教育·文化·商务支持中心
10. 尼泊尔中国经贸协会
11. 菲律宾马尼拉商业贸易促进会
12. 罗马尼亚罗中商业发展协会
13. 俄罗斯俄中经贸关系发展协会
14. 斯洛伐克斯中商业联合会
15. 西班牙中国政策观察所
16. 泰国泰中文化经济协会
17. 土耳其土中商业促进友好协会
18. 英国英中贸易协会